金錢如何影響愛與教養？

貧富不均下的育兒經濟學

Love, Money, and Parenting

How Economics Explains the Way We Raise Our Kids

Matthias Doepke & Fabrizio Zilibotti
馬蒂亞斯・德普克、法布里奇歐・茲里波提——著
吳凱琳、劉復苓——譯

法布里奇歐獻給瑪莉亞與諾拉，
並紀念他逝去的父母佛蘭西絲卡與沃爾特。

馬蒂亞斯獻給瑪麗莎、盧卡斯、尼可、奧斯卡爾，
以及他的父母安瑪利和迪特瑪。

目次

◀全書注釋參考

推薦序

育兒是誰的焦慮？當拚經濟遇上拚教養

張慧慈（小花媽）《咬一口馬克思的水煎包》作者

撰寫這篇文章時，陪伴我的背景音樂是由義大利著名指揮家黎卡多．慕提（Riccardo Muti）在芝加哥交響樂團指揮的《貝多芬第九號交響曲》，以及皮亞佐拉（Piazzolla）創作的探戈輕歌劇《布宜諾斯艾利斯的瑪麗亞》（*Maria de Buenos Aires*）。

教育是翻轉一生的關鍵

我是家中長女，底下還有三個弟妹。我爸爸是泥水匠，媽媽原本做美髮，在弟弟出生後轉為全職家庭主婦。從我有意識開始，媽媽對我的教育非常嚴厲。幼稚園時，她讓我跟著一群小朋友走路上學訓練我獨立；快畢業時，媽媽找尋學區房讓我們有好環境求學。

我升國小時，全家搬到離學校走路只要五分鐘的地方，媽媽繼續邊做手工邊緊盯我的功課。她常說：「我以前沒錢讀書很懊悔，就算借錢也要讓你們讀到不想讀。你是姐姐，是榜樣，你讀不好其他弟妹就不能讀書了。」

國小二年級我數學考八十分，媽媽感到天崩地裂，立刻把我送去學心算，短短半年我從五級考到一級；三年級我不會寫書法，媽媽握著我的手一筆一畫教我寫，老師說我書法寫得很好，還派我去參加國語文競賽。五年級導師是剛畢業的年輕女老師，一來就教我們很難很新的輾轉相除法，我學不會回家大哭。某天媽媽說她來教我，後來我成為班上永遠的前三名。

六年級時老師結婚，臨走前她告訴我：「慧慈，你媽媽曾經午休來問我：『老師，你可以教我什麼轉轉相除法嗎？我要回去教我女兒，她不會。』你要好好珍惜你媽媽，你未來一定無可限量。」

後來弟弟生病、妹妹出生，媽媽為了生計在工廠做夜班。為了我們的課業，她帶我跟大妹去跟補習班主任拜託分期付款繳補習費，弟弟和小妹則去便宜且可以待很久的安親班。雖然變窮了，投入的成本縮水，但不變的是對我課業的要求，以及在我做錯事時一邊拿藤條打我，一邊問我哪裡做錯，等我睡著時則幫我擦藥，邊擦邊哭著說：「要好好讀書，長大後才不會像媽媽一樣，只能嫁人、在工廠工作。」

大學考上清大，我爸不打算讓我升學，一個留學美國的叔公打電話給我阿公說，清大比台大輸一點而已，加上有助學貸款我才順利就學。大學是翻轉我一生的關鍵，我也堅持讀大學的重要性。

在研究所跟藍佩嘉老師討論到工人階級流動裡，媽媽對教育的關注是關鍵。媽媽讓我學心算、做科展、問老師數學、買書放家裡，隨時關心教育新資訊，她把自己得不到的投射在我身上，對弟妹則希望他們輕鬆愉快。我感受到她的焦慮，擔心把我們教不好、教壞，變得跟她一樣，幼稚園我媽就開始教性教育，說未婚懷孕會「烏有去矣」。

家長的教養選擇至關重要

《咬一口馬克思的水煎包》簽書會時，一對年輕夫妻皺著眉頭，舉手問：「我們都是工人階級出身，現在收入不錯，但我們怕把孩子教壞，可以教我們怎麼教小孩嗎？」陸續有人提出這樣的疑問，我才發現「拚教養」、「育兒」是當代社會最大的焦慮點，也是讓夫妻不敢成為父母最大的關鍵。

台灣的出生率是世界第一低，政府祭出許多補助，希望更多人增產報國。我許多大學同學是獨生子女，現在也多半不婚不生。國家重視生育率，父母重視教養品質，質與量擺在一起，品質變成了生育關鍵。我曾經問過幾對夫妻月收入超過十萬元的朋友，為什麼還不生小孩？他們總是回答：「不敢生。」最近跟一個年收入兩百萬以上的朋友聊到，未來小孩如果想出國怎麼辦？她冷冷說：「不要說出國了，他以後買房你能幫忙付多少頭期款？不想生了吧？」

本書提出的關鍵論點，即「貧富不均」是影響教養最重要因素，這個問題在台灣、美國、歐洲都有愈來愈嚴重的趨勢。教育是階級流動成本最低的方式，教育成本愈高，貧富不均就愈嚴重。當貧富不均落差擴大，教養落差也隨之擴大，進而使貧富不均更加惡化，導致階級陷入緩慢流動甚至不動的惡性循環。

父母的目標是用最有效的方式，把孩子推向最容易成功的道路。作者指出，未來家長會花更多時間投入孩子的教育，「密集教養」將成為教養顯學。我們也看到愈來愈多爸媽平日買書、假日參加講座，手機裡有各種教育資訊的ＬＩＮＥ群組，生怕漏掉重要訊息。為了提高教育投資報酬率，「少生一點」實是不得不然，也使國家生育率持續惡化，進而拉大貧富不均，加深教養落差。

我很喜歡作者最後的樂觀，他們認為當代以為最有用的教養方式是投入大量心力、密集教養，當貧富差距拉大，中上階級更能鞏固自身階級地位，中下階級則趨向停滯。但國家政策可以有效解決這個趨勢，例如設立更多公共托育、提早介入弱勢族群教育、降低女性因生育對職涯的影響等，而這樣的選擇權在人民身上。選擇提出有效教育政策的訂定者，藉由良好的公共政策的訂定，讓經濟落差可以被政策落差弭平，如此一來，像我這種工人階級出身的人，也可以有階級流動的可能。

回到開頭提到的《貝多芬九號交響曲》與《布宜諾斯艾利斯的瑪麗亞》，貝多芬學校會教，皮亞佐拉卻是額外的品味。本書指出，教養的選擇是一生中最重要的決定，也是改善社會不平等的最重要因素。生育是經濟理性的選擇，教養是愛與經濟的成果展。金錢會影響愛與教養的方式，但金錢只是一種拚教養的方式，如果再遇見那對皺著眉頭的夫妻，我會跟他們說：「你們的焦慮全世界父母都有，不要害怕也稍稍放過自己，這本《金錢如何影響愛與教養？》，可以帶給你們生養的勇氣！」

導讀

透過經濟學，看見你的教養定位

蔡依橙
「素養教育工作坊」核心講師／「蔡依橙的閱讀筆記」版主

你曾經因為教養問題而感到焦慮嗎？我們都有過，我也不例外。之所以會焦慮，是因為我們不知道自己這樣做，是不是對的？不管是路線選擇的不確定，或者教養方式的不確定。

這些自我懷疑像是：我這樣都讓孩子決定，可以嗎？我這樣課業看、課外活動也看，考試、比賽都接送關心，會不會過度教養？過度教養會不會養出爸寶媽寶，小孩沒辦法獨立？但放著不管，孩子靠自己，會不會錯過什麼重要的機會？

這類焦慮出現時，我自己的處理方法是，藉由閱讀，用更大的視野，回看自己。用經濟學、社會學、數據分析、比較文化、歷史歸納等概念，去認識教養之後，就能意識到自己在這個世界上的位置、了解我們今天的行為，其實是受到哪些動機的驅動；也了解所走的方向，是否適合自己和家人。大方向對了，在一些小事情上，就能比較釋懷。

這本《金錢如何影響愛與教養？》就是這類的書，而且跟同類書籍相比，完整度跟解釋力都很不錯，值得各位細細閱讀並思考。

本書由兩位美國知名大學的經濟學家合著，主要想藉由數據分析證明，我們今天採用的教養方式，以及產生的教養焦慮，原來大部分都能用經濟學概念解釋。其中兩個最重要的因素，就是所在社會的貧富差距，以及教育的投資報酬率，並有大量數據與統計支持。

舉例來說，如果有個社會，小孩不管是用心養還是隨便養，成年之後都很容易找到工作，薪水差異也不大，如此一來，家長就沒有動機花時間陪孩子閱讀、比賽、考試，甚至督促他挑戰大學研究所。

像是美國煤礦的黃金時代，高中畢業的孩子，好手好腳進礦坑工作，年薪就有十萬美元；讀大學研究所的，年薪只多一些。貧富差距不大、高等教育投資報酬率不高，家長就比較不會選擇花那麼多時間在孩子身上，督促他們寫功課、陪他們評估學校，度過那些高強度的考試。

正如作者書中提到的親身經歷，義大利波隆那由共產主義者連續執政時，左派的政策補助使白領跟藍領的薪資幾乎一樣，當時的社會文化認為，功課好的孩子應該感到羞赧，白領家庭要對自己的職業低調。因為強制重新分配財產，造成貧富差距小，教育的投資報酬率不高，家長幾乎沒有動機採取密集教養，不需要幫孩子看功課、注意孩子的學習。

全球化後的美國與台灣

經歷過一九八〇年代至今的全球化浪潮，如今美國貧富差距大（二〇一九年家戶吉尼係數為〇．四八），是教育投資報酬率超高的代表，家長自然會採取密集的教養策略，投注更多時間、注意力、資源在孩子身上。台灣貧富差距雖然沒有美國大（二〇一九年家戶吉尼係數為〇．三三），但教育投資報酬率高，大家都知道孩子考上好學校、前幾志願或醫學系，預期的年收入就是不一樣，因此才會那麼多人要擠進明星高中，這樣的升學狂熱，甚至延伸出考私立國中的熱潮。

對台灣讀者來說，從經濟學的動機角度來看，的確能有效解釋大量家長採取密集教養的原因。我們這些做家長的就能稍微釋懷，其實不是自己愛管，也不是有強迫症，我們只是跟人類史上絕大多數的父母一樣，愛自己的孩子，希望他們未來更好，根據手邊擁有的有限資源，做出最理性、最有效的投資選擇。

密集教養：威信型vs專斷型

密集教養其實還細分成回應小孩需求的威信型，以及不回應小孩需求的專斷型。差別在於，在與孩子意見不同時，威信型會用勸的、用講道理的，希望潛移默化孩子，但最終還是以他們自己的決定為主；專斷型則是直接替孩子決定好，沒有商量的餘地，也沒有反駁的機會。多數家長會混合使用這兩種教養方式，比例各有不同。根據書中的歷史分析與跨國研究，這兩種教養模式各有好壞，也能對應家長對未來的認知。

威信型家長把最後的決定權交到孩子手上，是因為他們認定未來是不可預測、充滿許多機會的，而且年老的自己可能看不懂也看不見這些機會。與其現在要求孩子一定要走什麼路，他們更認為，子女成年後必須根據自己的判斷，做出最好的決定。威信教養方式養出來的孩子，成年後能獨立做決定，比較能在自由且充滿機會的世界裡成功。

而專斷型家長，可能是因為認為世界有不變的法則，未來的世界也會遵循一樣的規律，覺得自己多年社會經驗所選擇的這一套最正確，孩子不用有自己的意見，照著做就對了。或是他們看到的世界有真實存在的風險，一旦想了不該想的事、說了不該說的話、跟不對的人合作，可能瞬間失去財產甚至生命，自然會希望把孩子雕塑成安全的模樣，認為順從與規訓才是重要的價值。

這也能說明，戒嚴時期的父母為何多是打罵教育，而總統直選後的時代，開始有愈來愈多父母，給孩子更多的自由。從「直接規定孩子」到「給孩子決定權」的變化，見證了台灣政治體制的轉變。

本書建議閱讀方式

前面提到，貧富差距與教育投資報酬率，只能解釋大部分的教養選擇問題。因此作者也採取了其他角度，協助我們用更宏觀的視野來看待教養，包括歷史、社會學、跨國比較、宗教、教育制度等，非常精采。

由於本書比一般教養書要更學術一點，建議閱讀時可以不照章節順序，依自己的興趣閱讀。首先把第一章〈教養方式經濟學〉讀完，認識四種教養方式後，就能跳到自己喜歡的章節。

如果你好奇其他國家父母都怎麼教小孩，以及為何這樣教，建議可以先讀第三章〈現代全球教養方式〉，以及第九章〈學校系統組織〉。作者採取了較多面向的分析角度，說明為什麼這些國家的教養會長成現在的模樣，也能解釋為何那些如夢似幻的自由教養故事，在台灣導入時總覺得格格不入。

如果你對前陣子網路熱議的少子化議題有興趣，第七章〈生育率與教養成本〉則是從歷史角度、經濟動機、二戰前後的社會、女性勞動參與率等面向切入，說明為什麼工業化國家的生育率，普遍低到不行。

對階級敏感、喜歡探討社會議題的讀者，第四章〈不平等、教養方式與教養陷阱〉就是你的菜，該篇探討社經階層對教養的影響、社會流動的可能、各種不同婚姻狀態、單親家庭、種族、出生國、婚姻市場，以及可能造成的教養陷阱。裡面甚至有張圖表告訴你，不同教養方式最終產生階級向上流動的機會截然不同。至於答案，就請各位自行翻閱囉！

我個人最喜歡的是第八章〈階級與價值觀〉，相當有歷史縱深，針對工業革命前的英國貴族、中產階級、勞工，分析不同的價值觀、教養觀，以及後來在工業革命時代造成的劇烈階級流動，非常發人深省，也清楚說明為什麼今天的中產階級教養觀，那麼重視耐心、長遠思維、延遲享樂、知識與技能教育。

教養認知框架＋清楚的自我定位＝更少的焦慮

本書提供很好的框架，協助我們看清楚自己在世界上的位置，不只是空間的（跨國比較），更是時間的（歷史縱深），讓我們有更多思考工具，能面對教養時遇到的每個難題，也更清楚每個決定可能導向的未來。一旦清楚自己的位置、想法更為完整，自然能大幅減少焦慮。

願你我都能在教養的路上，一起加油！

作者序

經濟誘因如何改變教養方式？

這本書的出版，最初始於一篇由我們撰寫並刊登在學術期刊的文章，標題為〈教養方式：代間偏好傳遞的利他主義和家長主義〉（*Parenting with Style: Altruism and Parentalism in Intergenerational Preference Transmission*）。[1] 我們從經濟角度去思考教養問題，發現許多學科（人類學、教育、歷史、心理學、社會學，當然還有經濟學）在討論育兒方法時，彼此很少有相互交流的機會。為了促成更廣泛的討論，我們在入口網站 voxeu.org 推出專欄「虎媽與直升機父母：教養方式經濟學」（Tiger Moms and Helicopter Parents: The Economics of Parenting Style）。不少讀者提出回饋，鼓勵我們出書與更多讀者分享觀點，包括父母與希望更深入理解教養的一般讀者。這就是本書出版的緣起。

多年來，父母和小孩一直是我們的研究焦點。在開始研究教養方式前，我們主要研究人力資本累積、偏好（preference）、文化傳遞（cultural transmission）在家庭內部所扮演的角色。我們針對這些主題撰寫許多篇科學論文，而在過程中所學到的，比刊登於學術論文的摘要更多。在撰寫本書時，我們重新回顧過去幾年所做的研究，試圖運用前後一致的軸線整合這些研究；除了科學文獻外，也參考多種媒體出版資源（報紙、部落格、暢銷教養書籍等），深入了解人們如何看待教養問題。

在本書的一開始，我們分享自己身為父母和小孩的經驗，透過回想兒童時期的記憶，與現在的家庭生活相互對照。如今我們扮演的父母角色已經與上一代大不相同，當然這不是說我們做得比自己的父母好。我們相信若處於相同環境，我們的做法大概也會和上一代一樣。今天我們採用不同的方式養育小孩，並不是因為擁有較豐富的知識或見解，而是因為養育兒童的環境已和以往大不相同。基於這種精神，本書的主要目的是說明「父母養育小孩的環境，如何影響他們的教養決策」。我們希望了解父母實際行為背後的動機，而不是提供建議，告訴家長應該怎麼做。

我們也參考了法布里奇歐太太的瑪莉亞（María）與馬蒂亞斯太太的瑪麗莎（Marisa）的經驗，並發現他們的兒時記憶和我們非常不同。再次強調，我們沒人宣稱自己擁有「最優秀的父母」，而是在四個不同國家成長：德國、義大利、西班牙和美國。在我們年幼時，這四個國家的育兒方式非常不同。更深入研究後，我們發現不同國家的教養方式，至今仍有顯著的差異。而我們四人成年後也各自在不同國家生活，因此又多了個人的成年經歷。我們結合這些個人經歷與學術知識，試圖理解為何各國的教養方式存在如此巨大的差異。

第一部探討的是現代的教養方式。我們的研究發現，最近數十年，美國及其他富有國家的教養方式日趨嚴格。在一九七〇與一九八〇年代，父母的教養方式比現在放鬆許多，要如何解釋「直升機父母」（helicopter parents）和「虎媽」（tiger moms）現象的突然崛起？我們的解答是「經濟誘因改變」，其中很大一部分原因是同時期的貧富不均加劇。接著我們開始分析不同國家的情況，試圖了解為何不同國家的教養方式差異如此明顯，答案是不同國家的經濟誘因也不盡相同。第三，我們觀察到在先進經濟體系，不同社會階層的父母做選擇時有「教養落差」（parenting gap）。是什麼原因造成這樣的落差？我們將說明收入和教育程度不同，面臨不同限制條件的父母，他們的經濟誘因有何差異。

第二部則是回溯歷史。為何過去幾世紀嚴格的教養方式如此受歡迎，但現今多數父母在小孩做錯事時不願懲罰？我們認為原因同樣是「經濟誘因改變」。透過同樣的視角，我們研究了性別角色在教養上的轉變；隨著經濟發展，從大家庭到小家庭的轉變過程；父母對於童工態度的改變；不同社會階層，如何形成不同偏好與價值觀並加以傳遞。

第三部是展望未來。我們研究政策與機構的影響，先聚焦於學校與教育機構，再探討政策干預，認為是富有與貧窮家庭的教養落差，進一步導致不同家庭背景的兒童機會更加不均，同時探討如何彌補落差。此外，我們也提出以下問題：如果現今貧富不均惡化的情況持續，下個世代的教養方式會是什麼樣貌？

如果沒有許多人的協助，本書不可能順利出版。瑪莉亞及瑪麗莎從一開始便鼓勵我們啟動這項專案。在實際教養小孩的過程中，她們也是我們的夥伴，影響了本書對於諸多議題的思考。關於本書的書寫要如何進行，她們持續給予我們支持並提供建設性的批評。在此也感謝孩子們激發我們的靈感，同時還得忍受我們長時間投入理論研究、忽略實際的教養責任，允許我們將大家的共同經驗寫進書中。

還要謝謝編輯莎拉・卡羅（Sarah Caro）鼓勵我們完成這專案，而且從第一份初稿到最後定稿，不斷給予精闢的編輯指導。謝謝我們的學校——西北大學與耶魯大學——給予的支持。書中提到的研究獲得了國家科學基金會（National Science Foundation）（補助案 SES-0820409，德普克），以及瑞士國家科學基金會（Swiss National Science Foundation）（補助案 100080_165616，里斯波提）的財務補助。我們有幸得到蘇黎世大學、西北大學和耶魯大學的優秀研究助理的協助，包括泰坦・艾隆（Titan Alon）、史蒂芬・賓德爾（Stefan Binder）、賽維林・連哈德（Severin Lenhard）、艾莉莎・瑪奇（Elisa Macchi）、尼娜・穆勒拜克（Nina Mühlebach）、薩巴斯提安・奧廷格（Sebastian Ottinger）、馬蒂亞斯・席夫（Mathias Schief）、維若妮卡・賽萊茲尼娃（Veronika Selezneva）、艾希利・王（Ashley Wong）、瑞秋・吳（Rachel Wu）與羅拉・茲維斯克（Laura Zwyssig），沒有他們的協助，不會有這本書的出版。還有提供我們有用回饋與評論的海蓮娜・艾波伯格（Helena Appelberg）、蓋布瑞爾・蓋塔尼亞（Gabriele Gatania）、庫夏爾・戴夫（Kushal Dev）、帕蜜拉・杜克曼（Pamela Druckerman）、盧卡・法薩尼（Luca Fasani）、凡妮莎・韓（Vanessa Han）、梁立新（Lixing Liang）、劉劉（Liu Liu）、大垣昌夫（Masao Ogaki）、艾莉絲・奧里諾（Alice Ollino）、裘蒂・歐諾（Jody Ono）、奇亞拉・普隆札托（Chiara Pronzato）、朱利安・沙樂爾（Julian Schärer）、魏翔（Xiang Wei）、張通（Tong Zhang）。我們的朋友與合作夥伴費邊・金德曼（Fabian Kindermann）、喬爾・莫基（Joel Mokyr）、蜜雪兒・泰提爾特（Michèle Tertilt），對書稿提供了寶貴的回饋意見。

最後（但不表示最不重要），我們要謝謝朱塞佩・索倫提（Giuseppe Sorrenti），他對這專案的協助遠超出助理的工作範圍。如果沒有其熱忱、想法、豐富的知識與投入，這項專案永遠無法完成。

前言

談到教養，一般人多半不會想到經濟學。但經濟學屬於社會科學，主要目的是了解人們如何做決定，而我們身為父母，所做的決定至關重要。在本書中，我們會說明經濟學如何幫助我們了解：人們會有多少小孩、父母會投入多少教養資源，以及選擇何種教養方式。

本書不同於其他教養書籍，並非是教養指南。身為社會科學家，我們相信自己的任務不是告訴父母該怎麼做，而是去了解他們實際行為背後的動機與力量。為了達成目的，我們的觀點是讓父母整體了解不同教養選擇的利弊。有了這些知識，他們會選擇採取對自己和孩子最有利的行動。

我們證明了經濟觀點是很有效的工具，可以提供關於教養問題的重要觀察，從近期的改變，包括嚴格的直升機教養方式（例如監督小孩的所有行動，隨時在其上空「盤旋」），到過去的歷史轉變，像是每位女性平均生育的小孩數量大幅減少，導致現代核心家庭興起。

來自個人經驗的體悟

撰寫本書時，我們不僅依賴實證資料和過往的經濟學訓練，還包括身為父母的親身經歷，以及更早的兒時經驗。正因如此，我們決定從介紹自身成長背景開始。我們是生活在美國的歐洲學者，各自成長的環境（包括地理位置、文化和經濟條件）與後來養育小孩的環境已大不相同。因為自身的專業，我們必須四處旅行，接觸不同的文化與育兒方式。我們注意到各地父母育兒方式有極大差異（包括不同國家與不同時代），這也促使我們將經濟學和社會科學的啟發，應用在教養研究上。

馬蒂亞斯成長於西德下薩克森邦（Lower Saxony）的村莊，那裡是典型的中產階級社區，距離下薩克森邦首府漢諾威不遠。他的父親是任職於邦政府的公務員，另外還經營一座農場。馬蒂亞斯的母親原本是教師，但在他還小的時候就辭去教職，在農場工作並養育四個小孩，生活非常忙碌；後來她開始參與地方政治事務，擔任小鎮鎮長多年。馬蒂亞斯自柏林洪堡大學畢業後，二十四歲時移居美國，首先落腳明尼亞波利斯，之後搬到芝加哥，並取得了芝加哥大學經濟學博士學位。他在加州找到第一份工作，然後與美國人瑪麗莎（當時擔任電視節目暨電影選角導演）結婚。之後瑪麗莎和馬蒂亞斯的兩個小孩接連誕生，分別是奧斯卡爾和盧卡斯。二〇一〇年他們搬回芝加哥，目前住在埃文斯頓的富裕郊區，他們的第三個小孩尼可在二〇一三年出生。截至撰文之際，奧斯卡爾、盧卡斯和尼可分別是十歲、七歲和四歲。三個小孩都能說流利的德語和英語，就讀於芝加哥德國國際學校。

法布里奇歐出生於艾米利亞羅曼尼亞（Emilia Romagna），根據羅伯特．普特南（Robert Putnam）的著作《讓民主運轉》（*Making Democracy Work*）所述，這裡是義大利具有高度公民意識的地區。[1]

法布里奇歐的父親是白領工作者（更確切說是一名技術人員），任職於義大利國家公共廣播機構RAI，他的母親是裁縫師，在地方一家時尚公司工作。法布里奇歐在波隆那完成學業後飛往倫敦，取得經濟學博士學位。他在倫敦認識西班牙人瑪莉亞，隨後兩人共結連理。瑪莉亞和法布里奇歐在歐洲各地生活：一開始住在巴塞隆納，之後又待過斯德哥爾摩、倫敦、蘇黎世，最後在二〇一七年移居美國。目前住在康乃狄克州的紐哈芬，他們的女兒諾拉就讀於蘇黎世的瑞士聯邦理工學院（Swiss Federal Institute of Technology）。

諾拉小時候曾進入斯德哥爾摩和倫敦的幼兒學校就讀，接著在斯德哥爾摩讀幼兒園與小學。二〇〇六年她隨家人移居屬於德語區的蘇黎世，但她父母完全不會說德語：身為學者，他們不論是在工作或社交場合，永遠都是說英語。因此，諾拉必須學習適應她父母不熟悉的學校系統和語言。現在她能說出流利的英語、西班牙語、義大利語和德語，也精通法語，並且記得小時候聽過的瑞典語。她的案例曾被第二語言專家肯德爾・金（Kendall King）與艾莉森・麥基（Alison Mackey）寫入《雙語優勢》（*The Bilingual Edge*）一書中：「儘管諾拉的父母以她為傲，但小時候的諾拉並非天賦異稟。相反，她只是湊巧成長在有助於發展多國語言能力的理想環境。」[2]

除了在不同國家生活外，我們也花大量時間出差到全球各地。法布里奇歐有很長時間待在中國和挪威，馬蒂亞斯則時常飛往德國與比利時。最令人驚訝的是，我們發現即使是文化相近的國家，育兒方式仍存有極大的差異。

中國和美國父母的教養行為有所差異或許不令人意外，因為即使在全球化的世界中，這兩個國家相距遙遠，擁有非常不同的經濟和政治制度，而且數千年來文化有明顯差異。但同樣生活富裕、常被別國觀光客搞混的兩個歐洲國家（例如瑞士和瑞典），為何育兒原則會出現顯著的差異，則不是一件容易解釋的事。

教養方式的國際差異

瑞典正是典型案例，當地文化鼓勵縱容和放任的教養方式。有愛心的瑞典父母認為，要求學齡前兒童安靜坐在餐桌前，是違反基本人權的行為。多數瑞典父母不同意任何形式的懲罰，包括口頭責罵，更別提體罰——自一九七九年起，體罰便被視為違法。多數國家父母認為不當的兒童行為（例如打擾陌生的成年人）在瑞典都能被理解且原諒，因為他們認為這就是孩子的天性。有一次瑪莉亞和法布里奇歐拜訪瑞典朋友，主人的六歲兒子對著他們兩人大叫：「閉嘴！我正在看電視。」家長的反應竟是面露自滿的微笑，然後態度溫和的建議大人們移動到另一個房間，避免打擾小孩看電視。

瑞典的學校也同樣採取自由思維。多數瑞典幼童和學齡前兒童都會進入免費的幼兒學校就讀。這裡的環境恬靜歡樂，由一群有能力、充滿幹勁的專業人員負責管理，他們的原則是：任何正式教導都是被禁止的。對兒童的限制必須降到最低。不當行為會受到控制，但幾乎不會因此受罰。瑞典的兒童到七歲後才開始接受正式教育，學生在十三歲前不會收到成績分數；壓力和焦慮被視為絕對的惡魔，小孩應該遠離這些情緒。有些老師會明確勸阻有企圖心的學生不要「過度」，並斥責父母太過強勢，導致小孩壓力過大是「不負責任」的行為。瑞典小孩的競爭精神只限於體育活動（瑞典人認為在這領域保有競爭心是可接受的）。態度積極的父母無法獲得社會認同。當諾拉的父母詢問是否可能讓她提早就讀小學（六歲，而非七歲），得到的答覆是：「當然，她可以應付得來。但我絕不會讓自己的小孩這麼做。」

依據國際標準來看，瑞士也同樣擁有自由的教養文化。然而，瑞士的教養和學校教育方式顯然比瑞典嚴格。從低年級開始，教師便會展現他們的威信，所有年紀的學生進入教室時都必須和老師握手，而且要用禮貌且正式的「他」（第三人稱）來稱呼老師，不可直呼老師的名字。當老師說話時，學生必須安靜聆聽。[3] 從二年級開始，學生就會收到課業分數與成績表，但他們的瑞典同儕這時才正要開始進入學校就讀。到了六年級，瑞士的孩子必須參加入學考試，其中有二〇%學生會進入偏學術導向的文理科高中（Gymnasium）教育系統（瑞士沒有國中教育，學生小學畢業後直接讀高中）。這項入學考試的非正式名稱為「高中入學考」（Gymiprüfung），對十二歲的小孩來說是個重大的考驗。許多父母會另外聘請私人家教、為小孩備考，大幅縮減孩子的自由時間，有些父母甚至辭職在家陪小孩讀書。這已不是單純的偏執行為。高中是進入大學教育的入口，雖然年紀更大的學生仍有機會升學，但進入高中就能接觸到更高階的研究課程，以及通過考驗的同儕團體；因此，入學考試無疑十分重要。

雖然學校系統的組織（例如高中入學考試的存在）影響了父母的行為，但不應將之視為瑞士教養模式的終極驅動力量。相反，學校組織只是體現出另一種不同的教育方式。競爭思維在瑞士的接受度高於瑞典，他們認為更有天賦的小孩應該被區隔開來，並且要接受比其他小孩更有挑戰性的教育。父母會因為自己的孩子學校課業表現優異而感到驕傲，而且願意投入金錢和努力，支持自己的孩子達到個人成就。

儘管存在著上述差異，但瑞士父母並不是瑞典父母的另一個極端。就父母的要求與對課業成功的重視程度來看，瑞士父母遠遠稱不上極端。如同稍後我們將探討的內容，比起法國和北美地區的父母，瑞士父母較不專斷、不強勢。至於在美國，即使是標準的白人直升機父母，依舊不如許多亞裔父母。確實，許多美國白人看到亞裔社群嚴格的教養方式時，總是帶有驚恐與崇敬的複雜情緒，再加上擔心亞裔美國人比白人更樂於追求卓越與成功，這也影響他們看待亞裔父母教養方式的心態。但是，中國父母甚至比華裔美國人還要嚴格。

是什麼原因導致不同國家和種族有如此大的差異？常見的答案是這反映了文化差異。然而，文化態度並非靜止不變，而會隨著時間演變，有時相當快速，並且常是社會經濟轉變導致的結果。舉例來說，在毛澤東時期的中國，最重要的價值觀是平等與均等主義（egalitarianism），一九八〇年代以前的不平等現象相當少見。毛澤東過世後，中國在鄧小平的領導下開始推動經濟自由化，重新改造社會與價值觀，為日後中國轉為追求個人經濟成功的民族埋下伏筆。整體社會肯定個人差異、鼓勵創業家精神，一般民眾因此有機會在社會階層中向上爬升，數百萬人民成功脫貧，但貧富不均問題急速惡化。現在的中國社會十分強調個人主義，中國父母相信透過勤奮與努力就能成功。

相反，多年來瑞典社會的貧富差距相對溫和，均等主義價值成為社會主流。但瑞典社會並非總是如此，在二十世紀之前，瑞典的貧富差距相當大，而且非常傳統保守、充滿階級歧視、社會階層嚴明。之所以出現轉變，主因是工業化興起及農業沒落，導致土地所有權（貧富差距的主要來源）變得愈來愈不重要，完全扭轉了擁有土地的貴族階級、隨工業化崛起的資產階級，以及勞工運動之間的權力平衡。中國和瑞典的案例，顯示了文化（包含育兒方式）並非一成不變，而會隨著經濟發展而演變。

經濟因素很重要

我們的主題是經濟條件及其隨時間改變的方式，對於教養方式與人們如何看待教養問題，將會產生重要的影響。明確來說，本書並非是基於以下假設：父母是自私的，受到金錢動機驅使（某些讀者可能期望兩位經濟學家說出這種假設）。相反，我們相信親子關係大部分是受到愛與利他主義驅使，並認為所有社會都是如此：整體而言，中國父母對小孩的愛和北歐父母是一樣的。我們也不認同以下觀點：富有國家的父母做得比較好，是因為他們更能意識到良好教育的重要性。我們就跟多數的歐洲父母一樣，不喜歡用打小孩的方式進行管教；但我們不認為所有懲罰小孩的父母都是無知或缺乏同理心。

我們相信，整體而言父母會盡力幫助小孩做好準備，適應未來生活的社會。育兒方式的差異與社經環境有關，包括父母成長的背景、父母與小孩互動的環境，以及父母對孩子成年後生活環境的期望。換句話說，父母會努力形塑孩子的價值與行為，為小孩日後可能面臨的挑戰做準備。但父母同樣面臨了不同的限制條件：他們可能富有或貧窮、有能力或沒能力協助小孩做功課、需要或不需要忙自己的工作、消息靈通或資訊匱乏。我們在本書證明了經濟誘因和限制條件（例如財務資源、能力或時間等）之間的交互作用，可以解釋多數的父母行為。[4]

某些讀者可能會質疑經濟因素對「理解父母如何應付小孩」的重要性。先前我們曾比較過經濟發展程度相近的工業化國家案例，在這些國家中，教養選擇與平均生活水準間並沒有顯著關聯。然而，平均所得並非是唯一相關的經濟指標。事實上，談到教養方式，我們發現所得不均這因素，比整體經濟發展程度更為重要。更精確的說，關鍵因素在於，小孩未來的經濟繁榮程度，一方面取決於教育的成功，另一方面則取決於教育機會不均。在所得高度不均、出生背景決定一切的社會，父母若要求小孩必須脫穎而出，成為出類拔萃的學生，基本上毫無意義。然而，如果社會所得高度不均，但教育程度高（及畢業於更好學校）的工作者收入遠高於他人，那父母絕對有理由這麼做。

我們從研究中發現，低度貧富不均、教育投資報酬率低的國家，父母較為放任；高度貧富不均、教育投資報酬率高的國家，父母不僅較為專斷，而且更常會灌輸小孩實現遠大目標的動力。貧富不均這因素能完整解釋先前我們討論的案例：教養方式放任的瑞典，貧富不均程度相當低；成就導向的瑞士，貧富不均程度相當高。至於憂心忡忡的直升機父母當道的美國社會，貧富不均的程度更高。

隨著時間改變：從放任型父母到直升機父母

育兒方式不僅在不同國家有所差異，長時間的文化演變也同樣有趣。我們年輕時，父母常說他們小時候受到的教養比我們嚴厲許多，這在我們的世代很常見：成長於一九七〇年代，此前十年興起的反獨裁浪潮，正好在當時達到高峰。

雖然我們的中產階級父母不會宣稱自己反獨裁，但他們仍吸收許多與這文化運動有關的價值觀。在許多案例中，採納新的放任價值觀並不是個人的獨立選擇，而是反映社會整體的轉變。從小學開始，老師便一再強調自由、獨立，以及擺脫傳統束縛的重要性。在法布里奇歐兒時所處的義大利，法西斯主義（fascism）會讓人立刻聯想到（而且經常如此）任何形式順從權威原則的行為。父母被要求不要干涉小孩的家庭作業。在許多領域，傳統主義（traditionalism）不斷受到攻擊。我們的父母（就和六十年後我們的小孩一樣）必須背誦九九乘法表，但我們有機會接觸到全新的數學教學方法：在理解算術之前，就已經學會集合論、二進位碼、歐拉圖（Euler diagram）。如果父母因小孩學習加法和乘法進步緩慢而驚慌失措，學校老師會面露得意的笑容回應其困惑。打分數被認為是過時的做法，而且被譴責是在羞辱成績不佳的學生，因此逐漸被口頭評估取代（結果也沒太大的不同，不過相較於數字，大家認為口說比較不會讓人感到不舒服）。兒童和青少年也會受到鼓勵，自行在同儕團體內解決衝突和問題，而非讓父母或老師介入。如果小孩向有權威地位的人物求助，就會被排擠。相反，獨立和自我依賴才是被看重的特質。上述情況適用於法布里奇歐兒時所處的義大利，以及馬蒂亞斯兒時所處的德國。

如果我們思考本身及自己孩子接受的教養方式有何差異，最令人驚訝的是，我們更深入參與、介入孩子的日常生活，程度遠超出我們上一輩所能想像。這讓人頗為意外。在有小孩之前，我們自以為會是非常寬容的父母，因為這就是我們成長的方式。但就如同我們父母在一九七〇年代的經歷，我們的教養方式愈來愈受現在生活的經濟和社會條件影響，而非自己兒時接觸的教養文化。確實，我們之所以研究教養經濟學，其中一個原因就是想要了解，為何自己的行為與期待有所差異。

身為父母，我們愈來愈深入參與小孩的生活。如今的中產階級父母認為，這是教養小孩的「標準」方法，但在數十年前絕非如此。現在我們會幫小孩報名音樂和運動課程，（不時）確認他們有做功課，安排好遊戲時間，陪小孩一起讀書。此外，我們通常會密切監督小孩，目的並不是為了減少出現不當行為的機率，而是提供協助和支持，誘導他們依靠自己的「自由意志」做對的事。但是，上一代的父母完全沒做這些事——至少不到可相比的程度。我們這代人的小時候，通常會四處晃蕩直到太陽下山，自己選擇到哪個朋友家串門子，功課沒有人會檢查，也不用參加任何有組織的活動，直到年紀稍大一些，情況才變得不同。

現在父母和教師的關係也和過去不同。在一九七〇年代，許多年輕老師看不起舊式資產階級的生活方式，認為某些家庭只想要維持傳統。但現在父母和教師間的權力平衡出現翻轉。面對要求嚴格、固執己見的父母，如今的教師承受了莫大壓力，特別是在生活富裕的地區。有些父母抱怨學校課程缺乏企圖心，有些父母則抱怨老師無法看出他們小孩的天賦。

我們的教養選擇與上一代出現差異，反映出整體教養方式趨向更為密集（intensive）的轉變，而這正是貫穿本書的主題。我們認為教養方式的改變，其實是針對同時期發生的經濟變動所做出的回應；但這並不表示經濟因素是影響教養的唯一決定性因素。不過若回想四十年前的情況，令人訝異的是，許多現代父母共同抱持的觀念，在我們小時候完全不存在。在德國和義大利，進入學校和大學就讀完全免費，而且各個學校的教學品質相當平均（兩國都沒有所謂的長春藤名校）。只要一個人分數達到最低標準，進入高中就讀，他十八歲前在學校的所作所為，都不會造成長期的影響。我們不需要參加大學入學考試，也沒有招生委員會審查我們的課外活動。即使沒有進入大學就讀，這些孩子依舊能擁有光明的前途。在德國，畢業於低階學校的學生可以參加學徒課程（apprenticeship program），最終他們的薪資（例如在附近的福斯汽車工廠工作）不會與教師甚至醫師差太多。失業率低，而且勞動階級價值觀的社會地位相對較高。在這種情況下，父母要求小孩努力學習並不會得到太大的回報，也難怪上一代父母會採取放鬆的態度，讓我們享有歡樂的童年時光。

但此後情況出現轉變。一九八〇年代開始，貧富不均急速擴大，同時「贏家通吃」的文化形成。在持續變動的世界，父母愈來愈擔憂自己的小孩落於人後，因此開始要求小孩在年幼時就必須有所成就。高等教育成為達到經濟和社會成功不可或缺的先決條件，於是有愈來愈多上層和中產階級父母，努力協助自己的小孩在學校取得成功。貧富不均加劇、教育投資報酬率提高、學業成就對未來的發展影響重大等原因，很大一部分使我們的行為與上一代父母不同，並且採取更為密集的教養方式。

建立更好的制度

正如同我們一開始所說，本書的目的是解釋**為什麼**父母會做出特定選擇，而不是出版另一本「指南」，告訴父母**應該**如何養育小孩。但這不表示讀者無法從我們的發現獲得任何啟發。我們的主要論點在於，父母會針對小孩生長的環境，以及自己對小孩未來生活環境條件的期望，盡力做出最好的因應對策。這些環境的樣貌，在一定程度上決定不同社會如何做出政策選擇。

最直接的方法就是觀察教育系統的設計：學校品質的差異，學校系統的追蹤，透過高風險測驗將學生分流至不同教育體系，招收學生進入學院和大學就讀的系統等，很大程度決定了父母的回應方式。這些制度特色也將歸結到政策決定。其他與教養相關的政策選擇還包括：給予父母財務補助與育嬰假政策；累進稅率及移轉對所得重分配的影響程度；還有可能決定年邁父母是否要依賴小孩扶養的退休金政策。

我們可以也應該要問的是，不同政策選擇對教養會產生何種影響，以及是否可能建立有助於創造更好結果的政策與制度。為什麼政策干預是必要的？我們特別強調其中兩大原因。第一是所有小孩都能獲得平等的機會。我們將提供證據說明，工業化國家的貧富不均擴大，不僅導致整體教養方式變得更密集，也使不同背景家庭的教養方式落差日益擴大。低收入家庭的小孩若無法與其他小孩有同等的機會，就可能陷入社會流動性偏低的惡性循環，進一步擴大同世代間的貧富差距。我們將討論公共政策如何發揮作用，化解上述威脅。

第二種需要政策干預及改善制度的情況是：教養變成零和競爭，使所有家庭的處境惡化。假設在某個國家，人生成功取決於十六歲時的一場考試（例如考試成績前一百名的人，可以取得有特權的公職工作）。此外，假設這項考試要測驗的專業知識與實際生活毫無關聯；考試的唯一功能就是在人生道路上取得領先。若是如此，父母絕對有理由要求孩子認真讀書準備考試、請家教，或是付費讓小孩參加協助學生應考的「補習班」。但整體社會環境將日趨惡化，因為認真讀書或補習，都不會產生實質的效益。當然，認真讀書可以讓某些小孩取得夢寐以求的職務，但代價是其他小孩因此被拋在腦後：工作機會的數量是固定的，競爭職缺成了零和遊戲。如果轉變成不同的制度，讓父母和小孩擁有更多空間享受共處的時光，整體社會才能真正受益。

不可否認，表面上沒有國家符合我們描述的零和情境。在許多國家中，高風險考試對小孩的成功扮演了重要角色，一般來說這些考試所測的某些知識確實與實際生活相關（也就是說孩子學習這些知識是有價值的），而且確實有助於篩選出最有天分的人。在一個人人機會均等的理想世界，精確的錄取制度對每個人都是有價值的：最有能力的人得以在企業和政府身居要職，整體社會也將因此受益。

我們還可以繼續問，既有的制度是否能達成適當的平衡。舉例來說，在美國若要進入頂尖大學就讀，就必須取得幾乎完美的學業成績，在大學入學考試得到幾乎完美的分數，在音樂、運動和志工活動等領域有令人印象深刻的課外活動經歷。為了回應上述誘因，父母對小孩施加愈來愈大的壓力，結果讓青少年的行程安排比頂尖企業執行長還要緊湊。此外，某些考試和錄取方法過度偏向出身富裕或家庭教育程度高的學生，像是只有富裕家庭的小孩能進入的私立學校或地方籌資的公立學校，這些都是進入精英大學的墊腳石；另一個因素是課外活動費用昂貴。因此錄取與否愈來愈取決於家庭背景，而非學生的個人能力。我們可以用經濟分析來了解是否有更好的方法。

當我們探討政策與制度所扮演的角色，並不是說每個社會都有唯一的最佳設計架構。我們完全同意，不同教養方式會形成不同的社會樣貌，但究竟哪種教養方式更可取？這並沒有明確的答案。美國是強調個人主義、創新與工作導向（有些人可能會用工作狂來形容）的社會。北歐的工作習慣雖然比較放鬆，但他們具備更好的合作與團隊工作能力。人們長大後，多半會固守自己的生活方式：許多美國人發現歐洲社會太放鬆，不夠精英導向；相反，許多歐洲人認為美國社會過度競爭、壓力過大，而且不平等。

我們將在本書探討不同形式的貧富不均及教養方式，如何自我維持與相互強化，甚至影響不同制度的選擇。瑞典的貧富不均程度偏低，因而促成有助於減少貧富不均的育兒方式。瑞典社會強調均等，在這環境成長的兒童，成年後比較願意支持高稅賦與所得重分配。相反，在較不平等、強調競爭的社會中成長的兒童，例如美國，就比較不願意支持所得重分配。我們認為不同社會可以相互學習彼此的經驗，而且嘗試不同方法絕對有利無害。

大綱

本書主題是探討經濟條件如何影響父母的選擇，以及他們與小孩的互動方式。在接下來的章節，我們將更詳細描述如何用經濟學角度思考教養問題，這樣做的目的是希望能了解不同國家和不同歷史時期，關於教養問題的事實真相。

第一章介紹教養經濟學的基本要素，討論重點是經濟學家在眾多社會科學領域中，如何提出有用的指引，協助大眾理解父母和兒童的行為。因此，我們的工作其實與發展心理學領域相關，這門學科也探討育兒選擇背後的意義。我們採納的教養概念來自於發展心理學。心理學家主要考量的是不同教養方式對兒童發展的影響，我們認為經濟學概念同樣可以幫助我們說明，為何父母最終會選擇某種教養方式。

第二章主要探討過去數十年，富有國家教養方式的轉變，同時比較我們自身與上一代的教養選擇差異。我們認為潮流與教養方式的轉變，例如一九六〇與一九七〇年代的放任教養熱潮，以及近幾年出現的直升機父母現象，都可以用貧富不均惡化的理由來解釋，並提供實際證據說明教養方式日趨密集，而這些轉變與經濟趨勢有關。我們也會探討不同教養方式對兒童取得優異學業成就的影響，而這些影響又如何左右父母的教養選擇。

第三章會比較不同國家的教養差異，例如瑪莉亞和法布里奇歐在養育他們的女兒諾拉時，面臨瑞典和瑞士兩國教養方式的顯著差異。我們會探討不同國家的不同經濟條件，如何說明某些國家的父母採取放任態度，某些國家的父母則態度嚴格。為此我們運用跨國統計分析方法，深入剖析特定國家的情況，並認為所得不均的程度扮演關鍵角色。我們也證明在貧富不均日益惡化的國家中，父母會變得愈來愈嚴格；至於貧富不均程度逐年下滑的國家，父母依舊維持較為自由、放任的態度。

第四章的焦點轉向各國國內社經地位不平等對教養的影響。我們將分析不同所得、教育程度、種族或民族背景的群體之間，教養選擇有何差異，還有這些差異如何回應經濟環境的轉變。我們將探討不同社經族群間的「教養落差」，是否可能導致下一代的貧富不均現象持續惡化，以及不同人口族群間的社會流動性降低。此外，我們透過上述的討論來檢視政策所扮演的角色，分析怎樣的政策有助於縮減教養落差，讓不同背景的小孩都能獲得均等的機會。

第五章開始將分析範圍延伸至不同的歷史時期。我們認為教養經濟學適用於生活在一百年前的父母，以及為如何養育小孩感到頭疼的現代父母。首先我們從聖經時期開始，說明教養方式如何隨歷史演變。從長時間的歷史縱深來看，其中不可忽視的重要事實是，嚴格的專斷教養方式逐漸被淘汰，包括經常使用體罰。我們也深入分析不同的經濟和文化因素（例如宗教和宗教性），如何解釋教養方式的差異。

第六章思考性別因素的影響，探討父母養育女兒和兒子的方法有何不同，並再度觀察到長期的歷史演變：現在許多父母希望以性別中立的方法養育小孩，但直到不久前，女孩和男孩的兒童生活經驗仍有極大的差異。我們將這些差異歸因於數十年前工業化國家兩性角色平等的現象愈來愈普遍，在許多開發中國家兩性角色仍有重大影響。

第七章跳脫教養方式的問題，轉向父母做出的更基本決定，例如一開始計劃要生多少小孩。我們有證據證明，養育小孩的數量如何隨著經濟發展而出現變化，從工業化時代的大家庭、大批童工及高死亡率，到如今工業化國家多數家庭只有一、兩個小孩。我們分析了家庭人數多寡的決定，如何與教養方式相互影響，尤其是關於童工與學校教育間的選擇，也特地分析某些歷史時期，例如二戰與戰後嬰兒潮。

第八章分析了階級嚴明社會的教養選擇。本章主要聚焦於工業革命期間與之前的英國社會，當時的貴族、勞動階級，以及由工匠和商人所組成中產階級的經濟生活差異顯著。我們認為經濟誘因可以解釋，為何這些階級採取的教養價值觀存有極大的差異。例如中產階級家庭強調耐心和工作倫理（與現在的父母相近）；上層貴族階級鄙視勞動，特別看重餘暇活動的追求。此外也探討早期階層嚴明社會所造成的長期影響，是否能為現代社會貧富不均惡化的問題帶來一些啟發。

第九章探討制度的角色，以及學校系統組織對教養策略的影響。在分析長期的歷史演變後，我們要詳細說明各國如何設計教育系統，包括中國、日本、芬蘭、瑞典與法國，以及教育系統的設計如何影響父母的選擇。

經過前面幾章的分析後，我們將重新聚焦以下主題：父母的行為取決於他們對小孩未來生活的希望與期盼。就我們自身的教養經驗來看也是如此：我們時常思考，盧卡斯、尼可、諾拉和奧斯卡爾未來會生活在什麼樣的世界。結尾的第十章將依據本書探討的議題，反思這樣的未來將會呈現何種樣貌。我們將深入探討，如果當今的經濟發展趨勢持續不變，教養方式會如何演變，以及在形塑下一代教養方式上，公共政策可以扮演什麼樣的角色。

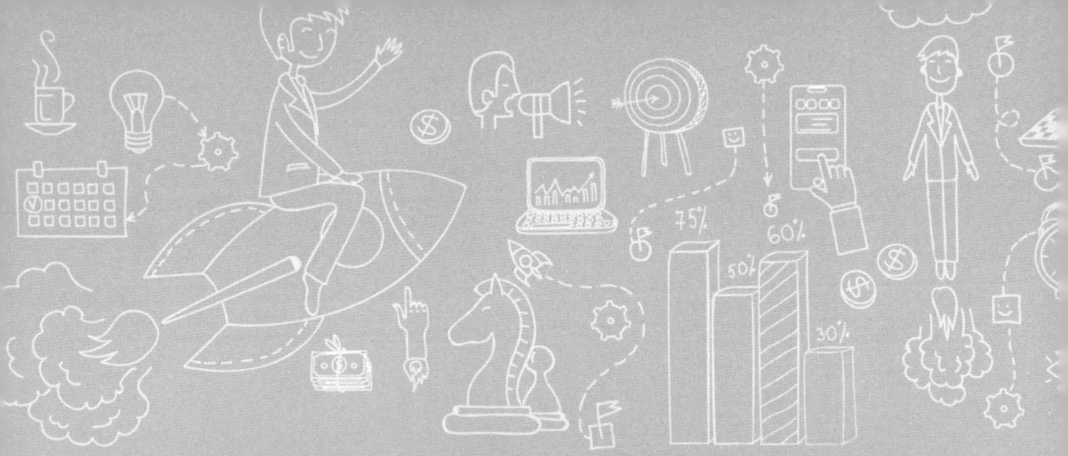

第一部

在不平等時代養育小孩

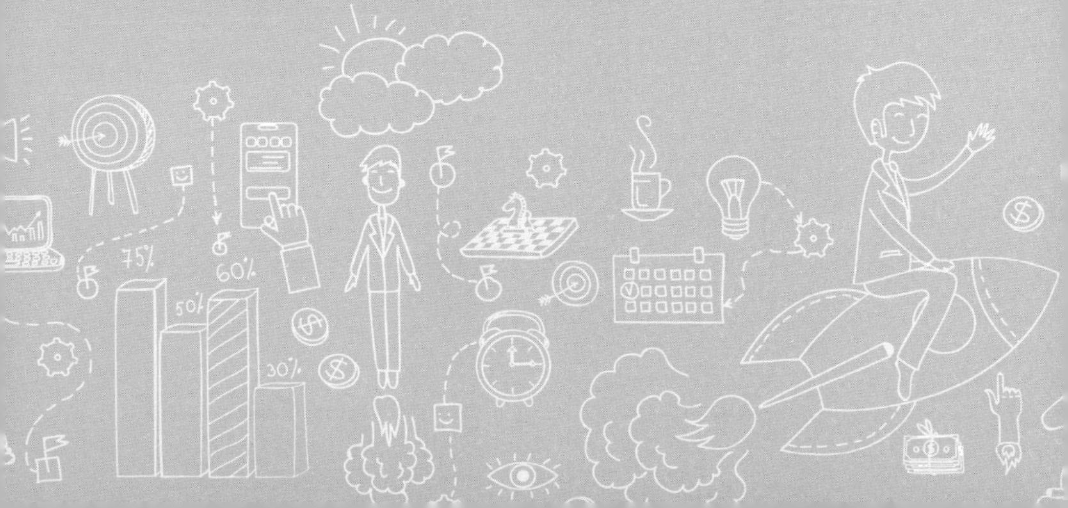

第一章

教養方式經濟學

運用經濟學理論理解父母的行為，到底是什麼意思？這是個好問題：直到數十年前，沒有人想得到經濟學家可以對教養問題提供實用的見解。傳統經濟學多半處理金錢與獲利，而且整體來說，主要是分析發生在企業與市場上的活動。相反，養育小孩是發生在家庭的活動，雖然必定會牽涉到金錢，但教養問題終究與愛和情感有關。

今日教養經濟學之所以成立，很大一部分要歸功於諾貝爾獎得主蓋瑞．貝克（Gary Becker）極具開創精神的著作，他正好是馬蒂亞斯在芝加哥大學的論文指導教授之一。根據貝克的說法，經濟學是用來分析人類行為的通用工具，這裡所說的人類行為不限於狹隘的傳統主題。貝克在自己的著作中，將經濟學的範圍延伸至社會現象，例如犯罪、政治、宗教與家庭。[1] 在我們讀研究所的時候，貝克的想法已然成為主流，他的著作對我們影響深遠。我們有不少研究是遵循貝克的研究案例，透過經濟學去了解傳統上由其他學科（例如社會學或政治學）負責研究的領域。

運用經濟學分析人類行為的重點在於，我們假設人們在面臨環境的限制下，會盡可能達成他們的目標。舉例來說，我們在思考企業的決策時，會假設經理人面臨各種限制條件的情況下，像是公司的產品技術、員工的技能、投入要素價格，以及公司產品需求，其工作目標就是透過一連串的行動來讓公司獲利極大化——包括雇用員工、投資機器設備或開發新產品。

人們當了父母後也會面臨類似的處境，本書正是要探討父母如何做出決策。為此，首先我們必須理解父母的目標與面臨的限制條件，就如同上述的企業情況。父母希望達成什麼樣的成就？什麼樣的限制條件會阻礙他們的行為？

父母的目標與限制

讓我們先從父母的目標開始。每當提及形容詞「經濟的」，通常指涉的是「金錢的」或「財務的」。在特定情況下，將父母想成是利用小孩做為他們的經濟資源，藉此達成金錢目標，這種想法是合理的。童工現象在目前許多開發中國家非常普遍，而工業化國家過去也很常見到童工的身影（我們將在第七章特別探討童工議題）。同樣，在某些社會中，父母養育小孩的目的，是期望當自己年老時，能夠被孩子扶養。不論身為勞動者或照顧者，我們都可以將小孩某種程度視為父母投資的經濟資產。[2]

但假如父母養小孩最主要的目的是為了財務理由，這種想法就好像一幅缺少了主圖的諷刺漫畫。財務問題確實扮演了某種角色，但是對大多數父母來說，養育小孩主要與惻隱之心、同理心及愛心有關。父母對小孩的關心包含了現在（希望孩子快樂）與未來（希望孩子未來生活過得好）。

如果父母的目標是希望孩子快樂、生活過得好，那麼會需要考量哪些限制因素？這裡所說的「限制因素」，是指人們做決定時面臨的所有限制與約束。在傳統經濟學中，最熟悉的限制因素是預算限制：人們喜歡買很多東西（更大的房子、高檔的轎車、昂貴的渡假等），卻受限於他們所能負擔的範圍。

就教養問題而言，有限的資金會限制父母的能力，例如支付最好私立學校的學費，或是滿足小孩購買最新遊戲機的需求。但限制因素和目標一樣，不完全是財務面的問題。對許多父母來說，最重要的限制因素是時間與能力。某些父母必須長時間工作，因此減少了花在小孩身上的時間。某些案例時間受限的情況相當極端：一些父母被關在監獄；一些父母為了工作移民，但家人沒有同行，因此被迫長年與小孩分隔兩地。父母的能力與知識有限，也是重要的因素。有些父母或許有時間和資源照顧小孩，卻無法提供適當的飲食，因為他們不了解不同食物類型的營養價值。還有些父母低估教育對小孩未來在社會上立足的重要性，沒有盡力激勵孩子在學校取得優異的成績。談到人們面臨不同限制因素與機會（特別是富人與窮人的差異）時，我們深受英國經濟學家湯尼·阿特金森（Tony Atkinson）的著作影響，他是法布里奇歐在倫敦政經學院的導師之一，傾盡畢生精力研究不平等與貧窮問題，如果他夠長壽，絕對有資格得到諾貝爾經濟學獎。

父母面臨某些限制因素是不可否認的生活現實，就算他們有某些目的，也沒什麼好議論的。經濟學家與其他社會科學家的差異在於，整體上我們認為，人們會為了達到目的而有意採取某些行動。美國經濟學家詹姆斯·杜森貝里（James Duesenberry）在評論貝克關於生育選擇的著作時寫道：「經濟學探討的是人們如何做出選擇；社會學則是探討人們如何別無選擇。」[3]

最終，我們以選擇為核心的分析方法是否有效，取決於它能否解釋社會現象。在某些特定的教養案例中，經濟學方法能夠多完整的解釋，教養方式確實會隨時間與空間而改變？不同的個體會有哪些差異？換句話說，我們的任務是將「教養方式的改變」與「父母在達標過程中面臨的誘因和限制因素變動」相互連結。這本書要強調的是，經濟方法能成功解釋父母的行為。

黛安娜．鮑姆林德的教養方式

我們希望了解的核心選擇是**教養方式**的選擇。這概念是由發展心理學所提出。因此我們首先要解釋，心理學家如何思考教養方式？他們的分析方法和我們有何不同？發展心理學所說的教養方式，是指父母養育小孩採取的整體策略。發展心理學已完成多項實證研究（我們在後面的章節會說明某些研究結果），結果顯示教養方式確實會影響兒童的發展——換句話說，接受不同教養方式的小孩，長大後會有不同的偏好、態度與能力。

發展心理學對我們理解教養方式提出開創性的洞見，得歸功於加州大學柏克萊分校的黛安娜．鮑姆林德（Diana Baumrind），她歸納出三種主要教養方式：專斷（authoritarian）、放任（permissive）、威信（authoritative）。[4] 以下簡要說明這三種基本教養方式。

專斷教養方式

專斷教養方式正如其名，父母會要求小孩順從，並嚴格控制孩子的行為。鮑姆林德說道：

專斷型父母會根據一套行為標準，而且通常是絕對標準，訓練、控制和評斷小孩的行為與態度，這些行為標準是由更高層權威建構而成，而且帶有神學動機。她（家長）將順從視為美德，當小孩的行為或信仰與她認為的正確行為相互牴觸時，就會傾向透過懲罰、強迫的方式去控制小孩的自我意志。她認為父母應要求小孩安分守己，限制他們的自主能力，讓小孩承擔家務責任，灌輸他們對工作抱持敬意。她將維持秩序與傳統結構視為崇高的目的。她不鼓勵口頭上的交流，相信當父母說什麼才是對的，小孩就應該接受。[5]

瑞典導演英格瑪・伯格曼（Ingmar Bergman）執導的電影《芬妮與亞歷山大》（*Fanny and Alexander*），其中的虛構角色路德派主教愛德華・維傑魯斯，就屬於專斷型父母。[6] 表情嚴肅、要求嚴厲、缺乏幽默感的維傑魯斯，只因為繼子亞歷山大稍稍表現出不順從和不尊重，就決定要給他殘酷的懲罰，包括毆打、鞭打和羞辱這悲慘的小孩。亞歷山大仍記得生父死前的家庭生活，那時他生長在自由且歡樂的藝術家庭（包括他的母親艾蜜莉），這讓亞歷山大的處境更為悲涼。但維傑魯斯並不是虐待狂：他相信自己的行為是為亞歷山大的長期利益著想，也是順服上帝的旨意。

專斷型父母通常會使用體罰。但我們必須清楚專斷型父母與真正的兒童虐待之間有何區別。實際上，肉體虐待多半是失能家庭的徵兆，例如父母染上毒癮或酗酒，抑或是其他形式的心理疾病。本書不去探討這些社會病狀，那並不是我們心裡所想的專斷型父母。相反，重點在於父母心懷善意，認為小孩應該要順從，因為這才符合小孩的自身利益。

知名網球好手安德烈・阿格西（Andre Agassi）的父親邁可・阿格西（Mike Agassi）是另一個專斷型父母的例子。邁可曾是拳擊手，之後成了兒子的網球教練。邁可在安德烈年幼時就清楚告訴他，必須成為全球最優秀的網球選手。不論安德烈個人喜不喜歡網球、是否熱衷其他活動、當下快不快樂，這一切都不重要，也不能影響前述的最終目標。安德烈在自傳中回想起某一天，當他說出自己其實想踢足球而非打網球時，父親對他大吼：「你是網球選手。你會成為世界第一！你會賺很多錢。**這就是我們的計畫，這就是目標。**」[7] 邁可是意志堅定的父親，而且就跟維傑魯斯一樣不是虐待狂。邁可和維傑魯斯都相信，自己知道什麼對孩子最好。

維傑魯斯和邁可採取的是高壓教養方式，幾近虐待邊緣，不過專斷型父母不一定冷酷。有些父母或許很嚴厲，要求小孩順從，但也很有愛心、情感豐富。溫柔仁慈的專斷型父母典型，就是瑪莉亞的母親泰瑞莎（也就是法布里奇歐的岳母）。瑪莉亞生長於一家六口的天主教家庭，當時西班牙正值法蘭西斯科・佛朗哥獨裁統治時期（Francoist dictatorship）。泰瑞莎是很有愛心的母親，她相信自己的使命是要求小孩符合「更高權威建構的行為標準」，規則不需要被解釋，不需要被同意，也不需要被內化，只需要被遵守。借用鮑姆林德的話來說，泰瑞莎認為「當父母說什麼才是對的，小孩就應該接受」，她與維傑魯斯和邁可不同，並沒有讓小孩的生活苦不堪言。相反，瑪莉亞的父母非常大方，而且為小孩的未來著想，在經濟上做出很大的犧牲：他們資助所有小孩的高等教育學費，以及一切物質所需，不過都是依據父母自我的主張來進行。

就在兩位姐姐展現出一九七〇年代的反抗精神（被指責過度自由，受到同儕的「不良」影響）之後，瑪莉亞被父母送入天主教保守組織經營的寄宿宿舍「主業團」（Opus Dei），她就讀瓦倫西亞大學時就住在那裡。父母負擔瑪莉亞在主業團的所有費用，包括食物、住宿，以及虔誠教區委員嚴格的監考服務。宿舍的規矩包括實施嚴格的宵禁、參加宗教儀式。回想起大學時光，瑪莉亞認為那是自己人生最黯淡的歲月，但她母親堅持這是送給女兒最好的禮物，更是她成年後取得學術成就的根本原因。儘管雙方對此事與其他問題看法不同，但瑪莉亞依舊愛母親，並認為自己是幸運的女兒。

這故事和馬蒂亞斯的祖父奧托類似。他和其他手足都記得奧托是個脾氣暴躁的老人，無法忍受小孩在家中大聲喧譁，即使孩子犯的錯在外人看來無傷大雅，仍會被奧托責罵。對馬蒂亞斯的父親迪特瑪而言，奧托採取專斷教養方式的背後目的更嚴格。奧托認為在五個小孩年滿二十四歲之前，必須由他為孩子決定應該學什麼、選擇怎樣的生涯。迪特瑪身為家中老大，自然是首當其衝，必須承受父親的教養態度：對奧托來說，迪特瑪最後無疑要接管農場。這項長遠的計畫決定了迪特瑪的生涯，他本身的喜好根本不重要，因此迪特瑪高中畢業後就在另一家農場實習。他完全沒有自主空間，甚至連要在哪家農場學習交易，也由不得自己：奧托為迪特瑪安排好一切，把他送到選定的組織學習。完成實習後，迪特瑪進入大學就讀，準備成為教師，因為奧托（和迪特瑪的祖父都是教師）認為教學生涯和經營農場可以相輔相成。在這決策過程中，迪特瑪的個人喜好（寧可攻讀物理學或法律）再次被完全忽略。之後，由於奧托強勢干涉迪特瑪的生活，雙方因而鬧翻，但這情況並未持續太久。最終，奧托達到自己想要的目的：迪特瑪完成學業，接管農場，和父親一樣在公務體系建立個人生涯。迪特瑪的弟妹雖然有較多獨立自主的空間，但依舊無法自由選擇自己的人生道路。

放任教養方式

鮑姆林德提出的第二種教養方式為放任教養，正好與專斷教養相反。放任教養採取自由放任的方式，讓小孩自行做決定，鼓勵他們獨立自主。鮑姆林德寫道：

> 放任型父母面對小孩的衝動、願望和行動時，會表現出不處罰、接受和肯定的態度。她（父母）會與他（小孩）商量該如何處理，並解釋家中的規矩。她很少會要求小孩必須承擔家務責任，或是行為必須遵守秩序。她希望在小孩面前，自己是隨時可被任意動用的資源，而非被模仿的理想典範，更不是負責形塑、改變孩子現在或未來行為的活化劑。她讓小孩盡可能規劃自己的活動，避免施加控制，也不鼓勵小孩表面順從既定標準。[8]

就如我們不將專斷型父母視為不良父母，所以一樣不針對「放任」一詞附加任何負面涵義。[9] 有些父母確實會忽略或放小孩自生自滅，我們稱之為忽略型（neglectful）或疏離型（uninvolved）父母，這是心理學家艾莉諾·麥柯畢（Eleanor Maccoby）與約翰·馬丁（John Martin）提出的名詞。[10] 相反，放任型父母在乎小孩，希望他們表現優異，並認為「給予小孩大量的自由」是達成這目標的好方法。以經濟學專業術語來說，放任型父母的概念，完全可以用自由型父母取代（我們偶爾也會這麼做）。

藝術家暨設計師布魯斯·齊納斯（Bruce Zeines）正是典型案例，他採取自覺的放任教養方式。齊納斯支持激進的獨立學習形式，他在紐約創辦了「講求民主自由」的布魯克林自由學校

（Brooklyn Free School）。這所學校對學生的唯一嚴格要求是「必須參加全校民主大會」，目的是讓小孩自由表達意見。根據齊納斯的說法，學校允許學生追求任何事，只要不妨礙到其他人的追求。如果真的造成妨礙，當事人可以召開會議。

齊納斯在其文章〈虎媽的反面〉（*The Opposite of Tiger Mom*）中提到，他之所以抱持這種觀點，源自本身在公立教育體系的經驗。[11]「我花了很多時間畫畫，對老師教授的課程完全不感興趣……我開始採取自己設計的學習路徑。我在校外學到的比在課堂上更多。」這段經驗也使他成了放任型父母。「身為父母，我的觀點是盡量不去干涉小孩，讓他們自行找到出路。你可以稱我們為懶散的父母。」齊納斯從不強迫兒子去做自己不喜歡的事，而是讓他跟隨自己的熱情去學習。「公立學校的小孩之所以讀書，是因為被要求這麼做，但強迫小孩去做某件事，只會讓他們討厭這件事。公立學校強調順從，尊重權威。我們希望教育出順從的小孩？或是希望教育出有能力自由思考，可以幫社會擺脫混亂的人才？」齊納斯認為自己的激進做法讓他的孩子無所畏懼，一旦認為大人的想法是錯誤或膚淺的，就會提出質疑。

有兩個虛構角色正好是典型的放任型母親，分別是青春喜劇電影《辣妹過招》（*Mean Girls*）其中一位主角瑞吉娜的母親——喬治太太，以及電視劇《奇異果女孩》（*Gilmore Girls*）兩位主角之一的萊拉・吉莫爾。喬治太太自稱「酷媽」，許多行為表現完全就像青少年。她使用青少年流行語和女兒說話，有時雖然看起來很蠢，但也因此能體會女兒的感受。她熱愛自由，不墨守成規；讓未成年小孩在家喝酒，知道青春期女兒性關係混亂也不加以阻止，甚至當瑞吉娜帶夏恩·歐曼回家時，還主動把保險套交給女兒。簡言之，喬治太太就是放任型父母，支持年輕女兒的喜好，不強迫她接受任何傳統的成年人價值觀。

相較於喬治太太，萊拉·吉莫爾是較為溫和的放任型父母。她有個專斷型母親和工作狂父親，生活過得並不快樂，長大後成了個性叛逆且獨立的女孩。她在懷孕後離家出走並生下小孩，成了單親媽媽，獨力將女兒羅莉撫養長大。身為母親，她試著做出自己母親從未做過的事。她從不做出評斷，反而對女兒抱持開放的心態，給予關愛、同理和支持。萊拉非常看重羅莉的意見，而且事實上，她常和羅莉商量自己在事業和情感上遇到的問題。雖然羅莉能為自己人生的一切做出最後決定，但萊拉仍積極參與女兒的人生，會關懷她的日常生活與學業成就。我們也可以說萊拉的教養方式是九〇%的放任與一〇%的威信。接著繼續介紹威信教養方式。

威信教養方式

威信教養方式介於前面兩種方式之間。威信型父母和專斷型父母目的相同，都是影響小孩的選擇。然而，他們不是透過命令和紀律，而是透過說理來影響孩子的價值觀。鮑姆林德如此寫道：

> 威信型父母試圖指導小孩的活動，但是採取理性且議題導向的態度。她鼓勵口頭的交流，與小孩分享策略背後的理由，若孩子拒絕遵從，她會詢問他反對的理由。她同時看重「獨立自主的自我意志」與「有紀律的遵從」。因此，當父母和小孩意見分歧時，她會嚴格掌控，但不限制小孩的行為。她會堅持自己身為成年人的觀點，但也認可小孩個人的興趣和特殊的行為方式。威信型父母接受小孩當下的人格特質，但也會為他未來的行為設定標準。她會運用理性、權力，並且透過體制（regime）和強化（reinforcement）的方式形塑小孩的行為，以此達到她的目標，但不會依據集體共識或個別小孩的願望做決定。[12]

近年來許多書籍、網頁、部落格為尋求建議的家長所提供的方法，與鮑姆林德的看法相當類似，其理念與現今許多工業化國家的家長嚮往的教養相呼應。我必須承認，鮑姆林德掌握我們想努力當個好爸爸的心理。如果本書只是另一本現代教養指南，那麼接下來的內容將充滿成為威信型父母的各種建議。但我們的目標不同：我們希望了解**為什麼**父母會採取特定的教養方式，他們的選擇如何因所處環境的社經條件不同而受影響。但在此之前，我們必須先了解不同教養方式產生的實質影響。

教養方式對於小孩發展的影響

發展心理學許多研究的目的，是想了解特定教養方式如何影響小孩的發展。在眾多實證研究中有項重要發現：平均而言，威信型父母的小孩在學校表現要優於接受其他教養的小孩。桑福德．多布施（Sanford Dornbusch）和多位學者共同合寫並被大量引用的一篇論文，抽樣研究舊金山灣區七千八百三十六名高中生，發現接受威信教養方式的小孩學業成績較高。[13] 還有其他研究運用美國不同地區的資料，進一步確認上述的結論。[14] 社會學家陳德榮與顧靜華研究不同教養方式對小孩學業成績以外的行為影響。[15] 他們使用英國家庭追蹤調查資料庫（British Household Panel Survey）的年輕人追蹤調查數據，結果發現接受威信教養方式的小孩不僅學業成就較高，主觀的幸福感與自尊也較高。此外，這些孩子的身體比較健康，也不太會參與高風險行為，例如抽菸、吸毒或打架。

是什麼原因使威信型父母的小孩在校表現比較好呢？根據心理學家凱薩·奧諾拉（KaisaAunola）針對瑞典青少年所做的研究，決定青少年學業成就的一項重要因素是他們的**成就策略**（achievement strategy），特別是他們回應挑戰的方式。[16] 這項研究結果顯示，接受威信教養方式的青少年面對困難時，比較不會表現出被動、無助的態度，也比較不害怕失敗，不會將失敗歸咎於自身能力的缺乏。此外，他們較不容易陷入憂鬱情緒，也更能專注和專心投入一項任務。有趣的是，這項研究也發現接受放任教養方式的瑞典小孩，表現與接受威信教養方式的小孩相當接近；相反，接受專斷或忽略教養方式的小孩表現較差。在第三章，我們會看到放任教養在瑞典相當流行，而且在教育程度較高的中產階級相當普遍。因此，或許有其他充分理由可以解釋，為何這種教養方式與瑞典小孩學業成績良好有關。我們在後面的章節會再回頭討論這議題。

威信型父母的小孩表現良好的另一個原因，很可能單純是因為父母花費極大心力參與小孩的學校活動。心理學家羅倫·斯坦伯格（Laurence Steinberg）針對威斯康辛州和北加州九所高中學生所做的研究顯示，威信型父母更願意協助小孩做功課、參加學校課程、觀看小孩的體育和課外活動、幫學生選課。[17] 此外，這些父母也比較清楚自己的孩子在做什麼、在校表現如何。最後，比起其他父母，威信型父母較會讚揚優異學業表現與勤奮的重要性。

如果威信型父母有助於孩子提升學業成績，典型的華裔美籍虎媽要如何被納入這類型的教養方式？心理學家曹路德（Ruth Chao）指出，雖然多數中國父母比威信型父母更專斷，但華裔美籍小孩在校成績表現通常很好。[18]這些小孩到底有何不同？根據曹路德的說法，問題在於常見的三種基本教養方式分類，掩蓋了某些重要的細微差異。中國父母可能會訂定許多規矩和禁令，但同時也很重視訓練，而且投入大量時間激勵和支持小孩的學習活動。這種教養方式結合了威信與專斷教養方式，而且根本上與前述瑪莉亞母親、迪特瑪父親的專斷教養方式不同（雖然這種做法可能與邁可．阿格西的教養方式有些共通點）。[19]在後面的章節，我們會不時提到「**密集教養**」（intensive parenting）的概念，也就是結合專斷與威信教養方式的特點——這些父母會積極參與並強勢干涉小孩的生活。

值得注意的是，雖然實證研究顯示，接受威信教養方式的小孩學業表現優異，但不能證明這種教養就是使小孩表現優異的終極原因。若要證明小孩的成績表現良好是**因為**接受了特定的威信教養方式，就必須另外進行實驗，隨機指派不同父母採取不同的教養方式。在這項假設性研究中，負責執行實驗的研究人員會告訴父母，要採取哪種方式養育小孩，不論個人的信念或意向如何，這些父母都必須遵循研究人員指示。但顯然在自由社會不太可能進行這種實驗。即使研究人員有辦法取得道德委員會的同意，也很難找到夠多願意參與實驗的父母，而且多數讀者會反對為了科學研究而對小孩體罰。

既然這種隨機實驗不可行，想要理解不同教養方式所產生的影響，我們前面提到的調查研究最能提供需要的證據。這些調查結果顯示威信教養方式與渴望的成果（desirable outcome）相關，特別是在校表現。但這種相關性也可能是有其他因素促使學生課業表現較好，而這些孩子的父母正好都採取威信教養方式，至少有部分案例就是如此。例如我們可能認為較富裕或教育程度較高的父母，小孩在校課業表現較為優異，而他們較可能是威信型父母。我們可以比較，收入相同或教育程度相近的父母在採取不同的教養方式時，會產生哪些不同的影響，最終的結果或許能提供部分解答。在接下來的章節，我們會提出其他證據，證明在考量其他額外因素，例如父母的收入和教育程度的情況下，不同國家的不同教養方式，對教育成就、考試分數及社會流動性的影響。我們會說明發展心理學的重大研究發現（例如威信型父母的小孩課業表現優異），確實能支持上述論點。

經濟學家對於教養方式的看法

前面是從發展心理學的角度提出證據，說明教養方式的影響，現在則回到經濟學。正如我們先前所說，心理學的研究重點在於，特定的教養方式會如何影響小孩的發展。我們可以比較生活情境類似（例如進同一所學校就讀）但接受不同教養方式的小孩，會有哪些不一樣的表現，這樣就能得出答案。但我們在以下三面向的做法有所不同：第一，將重點放在父母身上，並詢問他們**為什麼**做出特定的決定，而非視之為理所當然，接著觀察這些決定產生的影響。第二，我們希望做更廣泛的比較，了解為何不同國家和不同世代之間，教養方式會有如此顯著的差異，而不只是在特定的時間、地點進行觀察。第三，在回答這些問題時，我們採取的是經濟學方法——也就是認定父母在面臨限制條件時，會刻意做出某些決定以達成其目標。[20]

為了遵循經濟學方法，我們不會將父母分類為良好與不良的父母。過去幾世紀以來，絕大多數父母都是專斷型父母。為什麼？難道是因為我們祖父輩太過無知，無法理解優秀父母該怎麼做嗎？或者是一九七〇年代興起的放任教養潮流只是集體錯覺？抑或是現代父母因為少數幾位開明專家展示的正確育兒方式，最終獲得了拯救？但是這樣的觀點可能顯得膚淺或自大；所以本書採取另一種不同的做法。

我們認為父母的決定取決於兩大因素：一是出於對小孩的關愛而設定的目標；二是在父母達成上述目標的過程中，不同教養方式所帶來的利弊得失。這不表示我們假定父母已非常了解不同教養方式的影響：預測未來本來就不是容易的事，不論對家長、經濟學家或其他社會科學家都一樣。事實上，父母對於要採取何種教養方式，往往知識和能力有限，這也是他們面臨的部分限制條件。但我們假設父母大略知道自己在做什麼，並且會考慮他們所處的環境，做出合理的決定。

我們也該注意，採取經濟學的分析方法要考慮以下可能：父母或多或少是有意識做出決定。很少有父母生了第一個小孩後，會用試算表比較不同教養方式的利弊，然後具體提出討論。大多數時候，家長做出某些決定，是因為那對他們來說似乎是正確的，但並未深入思考為何如此。不過我們認為這流程所產生的結果，也能理解為父母**似乎**已仔細考量所有選項，最後做出了決定。父母經常會想像小孩成年後的生活樣貌，而經濟學方法的核心是假定父母經過了深思熟慮，最終決定採取何種教養方式。如果父母預期社會將變得更為不平等、競爭更為激烈，他們回應環境的教養方式，就會盡量讓小孩能在競爭激烈的環境生存，並期望孩子有所成就。我們的論點同樣適用於收入或其他財務因素。例如在重視公民自由的國家，可預期父母會鼓勵小孩勇於表達自我意見；但在壓抑自由的國家，父母比較可能主張應限制小孩的行為。

我們想用經濟學方法找出影響父母決定教養方式的經濟誘因，以及教養方式如何因應經濟誘因變動而改變。我們的終極目標是理解不同國家、不同時期、不同社經族群的父母，在選擇教養方式上會展現哪些不同的行為模式。正如先前所說，我們認為父母做決定的最主要目的，是出於對小孩的愛與情感。但這並不是說教養的目的都是為了提升小孩當下的幸福快樂，專斷型父母就是明確的案例。為了理解為何愛與情感可以驅動父母的決定，我們必須更深入探究，父母對小孩的關愛有哪些形式。

我們如何關愛小孩：利他主義和家長主義

父母通常會關注小孩現在與未來的幸福，而家長的行為表現（包括採取的教養方式）或許反映出這兩大目標對他們的相對重要性。某些父母認為，兒童時期應該是人生最快樂的階段，所以父母最主要的任務就是幫助小孩享受童年，不需要太過擔憂他的未來。相反，其他父母認為兒童時期是播種階段，成年時期則是收穫階段，父母應該指引甚至要求小孩做出必要的投資，長大後才能擁有成功的生活。

在我們最近的研究報告中提到，若要理解父母的行為，應當認知到父母對小孩的愛包含兩種力量：一是利他主義（altruism），二是家長主義（paternalism）。[21] 這並不是說某些父母的行為總是出於利他主義，某些父母的行為總是家長主義。我們相信所有父母都有這兩種力量，只是一些父母較傾向利他主義，另外一些父母則偏向家長主義。

依循貝克的做法，如果父母要採取的行為會讓自己付出高昂代價（不論是金錢花費或內心感到不快），卻能提高小孩的整體幸福，那麼這些父母就是以利他態度對待自己的小孩。[22]所謂「整體幸福」指的不僅是片刻的快樂，而是未來能享受到快樂或成功。

付出高昂代價的行動指的是什麼？舉例來說，利他型父母可能決定犧牲本身很喜歡的上山健行計畫，原因是小孩比較想去迪士尼樂園；或者父母可能願意放棄去看電影或歌劇，因為要留在家裡陪小孩玩耍。筆者們身為父母，常常和家裡年幼的小孩一起玩桌遊，我們本身不一定喜歡那些遊戲（有些桌遊其實挺無聊的），但我們希望小孩快樂。利他不一定是為了小孩放棄一切——父母仍會衡量成本效益。瑪莉亞是富有愛心的母親，總覺得桌遊很無聊、玩得相當痛苦，但只要看到心愛的女兒微笑，就覺得一切都值得了。

父母利他態度的主要特色就是「對小孩充滿同理心」。換句話說，關於怎麼做才對小孩好，利他父母會接受小孩的想法——透過孩子的眼睛去看待孩子，而不是將自認最好的觀點強加於孩子之上。因為利他型父母（根據我們對利他主義的定義）會接受小孩的偏好，完全從利他主義出發的父母，可能會讓小孩自行做決定，因此多半會採取放任教養方式。[23]利他型父母就像齊納斯那樣，絕不強迫小孩去做他們不喜歡的事，即使自己可能要做出不同選擇。[24]例如小孩知道早餐吃甜食有可能會導致蛀牙，以後得面對看牙醫的痛苦，但小孩實在太愛甜食了，認為這值得冒險，而利他型父母會支持小孩的決定。同樣，如果小孩年紀大一點，決定提早休學環遊世界，完全利他型父母也不會反對。

多數父母對待小孩都有利他傾向，但原則上鮮少有人會同意小孩的所有決定。他們會極力勸阻小孩不要貪吃甜食或休學。為什麼？原因即是驅動父母行為的第二個動機：家長主義。家長型父母和利他型父母一樣關心自己的小孩，但他們相信為了小孩好，有時必須限制小孩的自主性。因為該怎麼做才是對小孩好，家長型父母自有主張，而其觀點可能和孩子的想法不一樣，所以可能會拒絕小孩想做的事，試圖影響他的行為。家長型父母不僅關心怎麼做才能讓小孩開心，還會從自己的成年觀點去衡量小孩行為的利弊。[25]

我們相信所有父母都抱持某種程度的家長主義動機。畢竟，家長主義一詞源自拉丁文的paternus，意思是「慈父般的」。至少在面對年幼的孩子時，父母幾乎不免展現家長主義的作風，因為小孩真的不知道哪些事情對自己是好或壞。即使面對年紀大一點的孩子，究竟要表現出利他主義或家長主義，也不是二選一的問題，而是程度問題。舉個極端的例子，有位青少年參加街頭幫派或接觸毒品，如果他辯稱：「我知道自己在做什麼，也意識到可能的後果，但這實在太有趣了，我不會放棄。」我想鮮少有父母會為此感動。即使是態度極自由的父母，也會試圖阻止小孩這麼做。較富有的父母可能會考慮搬到新的地區；其他父母可能會實施嚴格的門禁；有些父母或許會向心理治療師尋求協助。[26]但與此同時，這些父母認為或許一些決定（例如課外活動或戀愛對象）最好讓小孩自行做主。

也許父母與小孩最常見的意見分歧，在於「享受當下」與「現今行為的長期後果」之間該如何妥協。父母通常比小孩本身更關注他的未來。因此，家長型父母準備好採取代價高昂的行動，雖然可能會降低小孩當下的快樂，但父母認為這樣做有利於孩子的長期利益。[27]出於家長主義的動機可以說明，為何許多父母會採取威信或專斷教養方式，兩種教養方式都是為了影響小孩的決定。至於完全利他型父母，多半會採取放任教養方式。[28]

環境會如何影響我們關愛小孩的方式

說明完影響教養決定的基本動機後，接著我們要問：什麼因素決定父母會採取某種教養方式？在不同國家、不同歷史時期，某種教養方式為何會受歡迎？其中一種可能性或許只是「因為父母的做法各有不同」，好比某些人喜歡足球，其他人喜歡歌劇；有些人相對較自由和利他，其他人比較家長作風。這些差異與社經因素有關：像齊納斯這樣的藝術家，教養態度會比農夫或一般職員還要自由，宗教人士比較傾向家長型（請參考第五章）。但並非所有個體差異都能歸因於社會因素，我們認識許多社經地位相近的學者，教養態度比我們還放鬆，也認識許多教養態度比我們更嚴格的學者。

第二種更有趣的可能是，同樣偏向家長型的父母，可能因為生活環境而決定採取不同的教養方式。假設有兩對父母，其中一對居住在貝魯特，另一對在德黑蘭。如果他們都有個想要穿迷你裙的女兒，住在貝魯特（衣著規範自由）的父母可能會表示支持或態度冷漠；但住在德黑蘭（女性若衣著「不當」，通常會惹上道德警察）的父母可能會採取專斷行動，禁止女兒穿迷你裙。同樣，瑪莉亞和馬蒂亞斯不讓兒子自己在家鄉四處走動，很大一部分原因是，美國的警察會逮捕沒大人陪伴的小孩，並指控其父母置小孩於不顧。但當瑪莉亞和馬蒂亞斯到德國探親時，由於德國允許年幼的孩子自由移動，他們會因應環境不同，給小孩更多的移動自由。更常見的情況是，父母對小孩未來生活社經環境的期望，是驅動他們做出特定決定的重要因素。

我們希望應用這些想法，理解父母如何在圖一．一的教養方式中做出選擇。這張圖依據兩種親子互動指標，劃分出四種不同教養方式：父母如何回應小孩，以及是否干預小孩的決定。在這圖中（許多關於教養方式的實證研究，都是以此架構為基礎，包括後面章節所提到我們的研究），不回應、不試圖影響小孩的父母屬於忽略型，這類型父母不太關注自己的小孩（既非利他型父母，也非家長型父母），不過我們真正感興趣的重點，在於父母如何在放任、專斷、威信等主要教養方式中做出選擇。教養的目的與限制條件如何影響父母的決定？什麼時候父母會決定不要施壓，並認為採取放任教養方式是較好的做法？什麼時候他們會偏向更壓迫的教養方式？什麼時候該期望父母強調規矩？什麼時候該重視自由？

教養的風險和放任與密集方式

首先我們思考，父母必須在放任教養方式與密集教養方式（專斷與威信）之間做選擇。關鍵差異在於密集型父母會干預小孩的選擇，放任型父母則不會。正如前面所說，我們認為以利他態度對待小孩，是促使父母採取放任教養的動力。因此，我們預期完全利他主義的父母會是放任型父母，完全家長主義的父母會採取密集教養。然而，大多數父母是兩者兼具。對這類型父母而言，究竟是採用放任或密集教養，取決於所處的社經環境。

至少採取一定程度家長主義的父母，對「小孩該如何做出完美的決定」有自己的主張。關鍵問題是父母要不要出手干預，取決於他們認為讓小孩自主選擇的後果有多重要，也就是說會有多大的風險。這時環境因素就很重要了。如果風險低，代表「錯誤」的行為不會對孩子未來造成重大的不良影響，父母可能就會放手讓小孩自己做決定。但從父母的觀點來看，如果做正確的

圖一・一：

此圖顯示鮑姆林德提出的教養方式，

可依據父母的回應及干預小孩選擇的程度來劃分

	回應型父母	不回應型父母
干預小孩選擇（密集教養）	**威信**	**專斷**
不干預小孩選擇	**放任**	**（忽略）**

事對孩子未來的成功至關重要，那麼他們出手干預的動機就會更強烈。

至於是怎樣的風險，取決於眼前面臨的問題。舉例來說，父母或許會擔心小孩的健康、生涯前景或未來的人際關係；甚至可能根據當下的具體行動，決定是否採取家長主義的做法。因此，如果孩子有受傷的風險，某些父母可能會極力採取保護態度（家長主義），但若是生涯選擇，家長的態度可能較為放任。

貧富不均的影響與有風險的行為

父母和小孩在許多事上意見並不一致，但若要說有個特別明顯的問題，那就是享受當下與投資未來之間的權衡。我們沒看過任何父母希望小孩少花點時間做功課，多花些時間玩電玩。大多數時候，父母會擔憂小孩的未來前景，但小孩則希望能及時享樂。

父母是否決定要將自己的意志強加給孩子，要求他花更多時間讀書，真正的關鍵在於，風險是否高到足以讓行動顯得有價值。這時經濟因素便成了影響教養方式的決定因素。假設小孩覺得學校生活很無趣，希望離開學校，從事低階技術工作；如果他生活的社會貧富不均程度低、藍領工作者享有很高的社會地位，父母可能比較不會擔心小孩的課業，而不像生活在高度競爭、嚴重貧富不均地區的家長。換句話說，如果休學賺取的收入只略低於醫師和工程師，那麼父母對小孩的教育或許會採取較放鬆的態度，因此放任教養方式就會更普遍。事實上，在這樣的社會採取密集教養方式（不論是專斷、威信或兩者兼具）就像畫蛇添足，反而會限制小孩的獨立感，阻礙他發現自己真正的天賦（例如找到最合適的職業）。相反，如果教育和努力可以獲得很好的回報，而且教育資源普及，父母就會有強烈動機催促小孩用功讀書，甚至不惜付出壓抑孩子個人發展的代價。因此我們預期，貧富不均與密集教養方式有關。在接下來的章節，你將看到這預測確實獲得研究數據的高度支持，不論是長期教養方式的改變，還是不同國家間教養方式的差異。

如果父母所生活的社會，良好的工作機會是由出生地位、社會人脈所決定，而不是個人優點和能力，那麼父母就比較不會在意小孩的教育。法布里奇歐的叔叔吉安尼是他們家族第一個上大學的成員，他能擁有良好的學歷，要歸功於原生中下階層家庭嚴格的監督，從小到大他不用外出工作，這對其家庭而言是極大的經濟犧牲。相反，許多家境富裕同學的學習態度比較放鬆，不怎麼用功讀書，花費大把時間參加派對。如果上大學是有錢人的特權，那麼在這樣的社會中，就算用十年去完成大學學業也沒問題。因為這些有錢的年輕人知道，他們絕對能找到好工作，重點不是他們最終取得的學位，而是他們出身的家庭。

「為了未來成功而用功讀書」和「及時享樂」哪個更重要，並非導致親子關係緊張的唯一原因。另一個對青少年來說更重要的原因是：沉溺於父母可能無法認同的高風險行為，範圍可從騎摩托車到婚前性行為。父母通常比小孩更傾向於規避風險。確實，我們在許多社會觀察到，保護型父母愈來愈普遍。採取保護態度的缺點是小孩會比較容易感到害怕，無法採取主動。環境也同樣會成為誘因之一。在幫派與毒犯充斥的貧困地區，如果小孩接觸到青少年犯罪，很可能因此做出毀滅一生的決定；在中產階級地區，這種風險就降低許多。若是在較安全的環境，父母可能更願意讓小孩自行嘗試、採取主動，無須擔心失敗所要承擔的嚴重後果。接受這種教養方式的小孩，在往後人生面臨高風險的決定時，例如創新與創業，會抱持更正面的態度。

如何成為密集型父母：禁止或說服？

由於經濟環境因素使父母認為引導小孩的行為很重要，所以選擇採取密集教養方式。這些父母試圖影響小孩的決定，希望孩子的選擇符合父母偏好。父母會遵循兩種策略以達到目標。第一，使用高壓（coercion）策略，也就是禁止特定行為，或是強迫小孩做出特定選擇，這正是專斷教養方式的特點。這種教養方式通常會包含直接的監督，以及透過懲罰執行嚴格的規矩。

專斷型父母會不厭其煩讓小孩相信，他們的一切要求都是正確的，或是對小孩好的；他們只要小孩照著去做。[29]

另一種策略是說服（persuasion），試圖形塑小孩的價值觀與偏好，讓他自願做出符合父母期望的決定。例如父母會灌輸小孩強烈的工作倫理、厭惡（或害怕）娛樂性用藥；或者試圖說服小孩，學業成功是他人生的重要優先事項，這和我們自身的教養方式相近，也呼應了「軟實力」（soft power）的概念，這是哈佛大學政治學家約瑟夫．奈伊（Joseph Nye）談論國際關係創造的新名詞。奈伊將軟實力和高壓及賄賂區隔開來，強調軟實力是指透過懇求、吸引力和巧妙溝通去影響其他人偏好的能力。[30] 根據奈伊的說法，軟實力是誘使其他人的行為符合某人期望的有效方法。威信型父母正是希望透過這種方式影響自己的小孩。

要如何在這兩種方法間做選擇？我們認為沒有哪種策略比另一種策略要正確。確實，專斷教養方式常見的高壓策略帶有負面涵義，而且父母若是透過體罰的方式執行策略，將會產生不良後果。但我們也承認威信型父母與放任型父母相反，他們不接受小孩原有的樣子，試圖引導（有些人可能會說是操縱）小孩像大人一樣思考與行動。例如小孩天性若喜歡與同儕玩樂、打電玩，威信型父母可能會試圖貶抑享樂，更看重做功課。在所有教養方式裡，威信教養被認為侵入性最高，因為其目的是重塑小孩的價值觀。反之，就連專斷型父母也會接受小孩原本的天性；他們只是控制小孩的行為。

這兩種教養方式沒有哪一種絕對比較好，父母選擇時考量的是相對成本效益。從父母的觀點來看，所有教養方式都有一定的成本。威信型父母會花時間和心力監督小孩，也會努力教導小孩，讓他相信延遲享樂是很棒的想法，或是讓孩子明白應該從長遠觀點評估自己的選擇。有些父母可能會花時間要求小孩參加某些活動，目的是培養小孩的喜好，朝著父母喜歡的方向發展。例如古典音樂或運動也許能提升小孩的專注、勤奮、努力達到成就的能力；但對父母來說，這些活動通常費用昂貴，而且相當費時。

除了這些直接成本外，也要承擔心理負擔：因為所有父母都擁有利他的自我，本身或許不喜歡侵入性教養帶給孩子的壓力。從這觀點來看，放任教養的成本低於侵入教養，因為採取放任教養的父母不會監督或灌輸小孩。但即使是放任教養，也會產生某些成本，例如父母對小孩無可奈何，或者必須面對不高興的鄰居或朋友。法布里奇歐一位北歐朋友是放任教養的狂熱信徒。兩家在同齡小孩年幼時，三不五時會一起去戶外野餐。但有時候那朋友的四歲小孩會突然發脾氣，要求做別的事，接著他就會宣布：「抱歉，我的兒子覺得有壓力。」然後停止野餐，迅速收拾餐盤與桌布，在一連串道歉聲中結束野餐計畫。他們從來不會對小孩說：「不，我們現在就要吃飯。」

不同教養方式也會帶來不同的好處。威信教養方式的優點會在小孩長大後顯現出來。例如擁有強烈工作倫理的小孩可能具備了復原力和毅力，這是在多數職涯中很重要的特質。不過放任教養也能帶來某些好處。典型的北歐小孩不會是書呆子，他們長大後會更獨立與自立，而且處於更有利的位置，能夠發掘自己的喜好。對許多父母來說，為小孩洗腦，讓他們喜歡上「實用」的學科，例如數學或財務，聽起來或許相當合理，但也可能因此埋沒了小孩的天分。某些接受密集教養的小孩，可能因此無法成為世界級足球選手或非凡藝術家。接受放任教養的小孩可能學會堅持自己喜歡的事，遵循天生的喜好；接受威信教養的小孩可能會將父母所有的擔憂內化。在職業選擇方面，即使是專斷教養方式，對於小孩生活的介入程度也不及威信教養方式。瑪莉亞的兄弟（因為有位仁慈的母親）是成功的專業畫家。相反，瑪莉亞和法布里奇歐的女兒從來沒有踏上藝術家的道路；他們身為威信型父母，會盡力勸阻女兒避開經濟前景不明確的職涯。[31]

專斷教養方式的一大缺點是：父母必須持續監督。一旦孩子必須在父母無法監督的時刻或地點做決定，接受專斷教養的小孩無法憑一己之力做正確的事；相反，威信教養方式是讓孩子內化成年人的價值觀與態度，如此，小孩就能自行做出「成年人般」的決定。換句話說，威信教養比專斷教養多一個關鍵優勢，就是在無法直接監督的情況下依然有效。我們相信這優勢非常重要，而且能解釋研究中的父母如何取捨這兩種侵入式教養方式。在後面的章節中，我們會證明若父母能夠密切監督小孩，例如小孩長期與父母一起在家族農場生活，專斷教養方式會更普遍。相反，當小孩必須獨自做出重要決定，例如社會風氣是要成功就得遠離家人，進入學校或大學就讀，那麼威信教養方式將成為主流。

天性與養育

我們前面討論過，威信型父母的目的是形塑小孩的價值觀與偏好。然而，父母真的可以達成這樣的目標嗎？養育小孩的方式究竟有多重要？這是長期以來一直爭論不休的問題，有一派認為小孩的個性很難改變，因為是由遺傳決定，而非父母的養育。[32]例如有些人認為，出身中上階層家庭的小孩通常比較成功，原因不是家庭環境重視小孩的養育，而是因為本身擁有較優異的基因庫。

關於天性與養育之間的相對重要性，過去人類學家和人口遺傳學家的爭辯一直未有定論。[33]但現在幾乎所有人都同意，養育確實很重要——而且在很大程度上是如此。關於養子女的各項研究顯示，家庭教養非常重要。[34]

遺傳因素對個人的基本人格特質（例如外向或內向）確實重要。相反，如果是長期的能力發展，養育就變得不可或缺。多數威信型父母希望影響孩子的某些性格，這些性格多半屬於非認知能力（noncognitive skill），包括耐性、規避風險、重視工作倫理。[35]舉例來說，耐性或許有一部分取決於個人特質，例如衝動性（impulsivity），但也有一部分是後天習得。如果父母希望讓小孩變得更有耐性，就會教導他如何慎思自身行為可能帶來的結果，並預想這後果長期如何影響數年或數十年後的人生。小孩並非天生就有這種思考能力，但可以依靠後天的教導習得。

家庭教養和社會環境對非認知能力的培養有深遠影響，如今已是不爭的事實。諾貝爾獎得主詹姆士・赫克曼（James Heckman）曾提到，針對弱勢家庭提供財務補助，對兒童的非認知能力將產生極為正面的影響。[36]家庭獲得補助的小孩，和缺乏財務補助的貧困家庭小孩相比，動機更高，涉入犯罪行為的機率也會降低，並且更傾向思考自己選擇帶來的後果。這些財務補助會影響家庭養育小孩的方式，但無法改變小孩的基因，所以也證明了非認知能力不只是由遺傳基因決定。赫克曼與其他多位學者合作的研究證明，這些軟技能對個體的成功相當重要，是促使個人在勞動市場、社交行為取得成功的驅動因素。[37]另外，有多項實證研究聚焦於風險容忍度與耐性的傳遞，這兩項特質在我們的討論中扮演核心角色。採用德國社會經濟小組（German Socioeconomic Panel）資料所做的研究顯示，父母投入更多心力養育小孩，有助於建立小孩的信任與面對風險的態度。[38] 總而言之，有證據強烈支持以下論點：教養方式的選擇，對小孩的價值觀、態度及決定有重大影響。

其他限制因素：論證能力與父母的意識

到目前為止我們已經探討，社經環境如何形塑父母期望透過教養達成的目標，以及不同教養方式的限制因素有哪些差異。當我們思考在相同社會中生活的父母，為何會採取不一樣的教養方式時，不同家庭面臨的其他限制因素也很重要。例如父母是否有能力或機會透過軟技能去影響小孩的價值觀與行為，每個家庭的情況不盡相同。相較於多數時候在住家附近活動、更容易監督小孩的父母，遠離家庭且長時間工作的父母比較難執行嚴格的規矩。教育程度較高的父母或許已習得論證與辯論能力，能夠為自己的「成年」想法提出更好的辯護，進而成功說服自己的小孩。比較富裕的父母或許更有能力支付音樂課或體育活動的費用，培養小孩的專注力，讓他更能專心投入課業。這些因素可能有助於解釋，為何不同父母會採取不同教養方式。

另一個可能的限制因素是「知識」：某些弱勢家庭也許因為資訊不足，無法理解教養方式可能產生的影響。經濟學家奧拉齊奧．阿塔納西奧（Orazio Attanasio）指出，在某些開發中國家，父母沒有投資小孩的人力資本，是因為他們低估了教育的經濟價值。舉例來說，父母不一定能意識到簡單互動形式所能創造的效益，像是與年幼的小孩說話。[39]在落後的開發中國家，缺乏資訊的因素顯得特別重要，這些國家仍有相當嚴重的文盲問題，而且資訊傳遞非常緩慢。不過在工業化國家，知識落差相對較不嚴重，而且資訊廣泛流通，方便家長取得。

在經濟學家針對育兒問題所做的早期研究中，布魯斯・溫伯格（Bruce Weinberg）認為，貧困父母缺乏資源，沒能力透過金錢報酬去影響小孩的行為，只能用體罰來控制小孩的行為。[40]有錢父母可以承諾青少年孩子買自行車或參加昂貴的網球俱樂部，以此換取小孩表現出特定行為。但貧窮父母沒能力負擔昂貴的報酬，讓小孩表現出符合父母期望的行為。依據溫伯格的看法，這可以解釋為什麼美國的低收入家庭更常體罰孩子。

我們認為教育因素比收入更重要。某些父母很難說服小孩遵循自己的建議，因此必須採取專斷教養方式。受過教育的中產階級父母也比較容易透過積極性支持（active support）導入「正確」的價值觀。例如他們可能會協助小孩完成微積分或拉丁文作業，但沒接觸過這些學科的父母根本無法做到。在瑞士，許多六年級學生必須通過考試，才能進入文理科高中就讀（也就是我們前言提到的高中入學考試）。藉由複雜的練習題測試學生的數學能力，對具備更高等數學工具（例如怎麼解開聯立方程式）相關知識的學生來說，這些練習題顯得相對簡單。小孩必須證明在缺乏複雜技能的情況下，他們有能力運用基礎邏輯解決這些難題。地方學校會透過考試來測驗小孩的純認知能力，這些能力無法透過反覆學習加以培養，但練習確實是有用的。這對於懂數學的父母來說是輕鬆的，他們可以成為小孩的指導者，並理直氣壯告訴孩子：「你可以做到！」但教育程度較低的家庭，將因此成為弱勢族群。

理解社會變革：從放任到直升機父母

現在我們已取得必要的資訊，可以用教養經濟學去了解不同國家、不同時期的父母如何做出教養選擇。為此，我們需要說明教養的風險如何改變，以及不同家庭採取不同教養方式所產生的成本與效益。

首先我們將焦點放在某個社會科學家覺得非常有趣的問題。在一九七〇年代反獨裁主義下成長的小孩（質疑權威、鄙視物質主義），為何長大後變成直升機父母？在第二章，我們將說明在美國及其他國家，直升機父母的出現可追溯至同時期發生的重大經濟轉型。

第二章

直升機父母崛起

「媽媽就像直升機一樣，不停在我的上方盤旋……我只有打噴嚏可以不用解釋。」絕望的青少年萊納德哀嘆道。這段內容出自兒童心理學家海姆．吉諾特（Haim Ginott）撰寫的經典教養指南《父母與青少年之間》（*Between Parent and Teenage*），這本書在一九六九年出版時便登上暢銷排行榜。[1] 儘管萊納德有所抱怨，不過當時的父母與現在相比，並沒那麼執著於控制小孩的生活。如今「直升機父母」指的是高度介入、時間密集的控制教養方式，並且在近三十年來愈來愈普遍。更加密集教養的趨勢，不僅僅是監控與保護小孩，還介入小孩的在校表現，包括選擇的活動，甚至是交友與戀愛對象。

虎媽與過度教養

密集教養方式和一九七〇年代普遍流行的放任教養方式，正好呈現出強烈對比，但如今許多直升機父母就是成長於一九七〇年代。是什麼原因讓一九七〇年代個性獨立的年輕人，轉變成執著於孩子成功的父母？成長於這年代的父母，各有不同的回憶。在「可怕的媽咪」（Scary Mommy）網站上相當受歡迎的作家溫蒂．維斯納（Wendy Wisner）回憶自己身為嬉皮家庭女兒的快樂兒童時光，「半裸著身子、赤腳在瑪莎葡萄園玩耍，其餘時間就是在國內四處旅遊，」而且是跟著父母一起，「他們的任務就是找到自我、改變世界，以及探險。」[2] 她覺得自己很幸運，非常享受兒時歲月，但也承認自從成為父母後，她「雖然仍維持某種程度的反文化及擁抱自然的心態，在某些方面卻選擇較傳統的家庭生活方式」。對於這代父母態度的轉變，美國知名電視新聞主播湯姆．布羅考（Tom Brokaw）總結如下：「這些人會嚥下你交給他們的任何東西。如今他們在自己小孩的上方盤旋，讓孩子參加足球營、大學預備課程，煩惱著如何讓小孩進入頂尖大學就讀，去全食超市（Whole Foods）購物。這種改變真是令人嘆為觀止。」[3]

父母介入小孩生活的方式可以有很多種。談到態度強勢、要求嚴格的父母類型，其中的極端案例就是耶魯大學法學院的華裔美籍教授蔡美兒（Amy Chua）。她的暢銷書《虎媽的戰歌》

（*The Battle Hymn of the Tiger Mother*）針對典型東亞父母為養出自信、努力追求成功的小孩所採取的強硬教養態度，提出精采（且幽默）的辯護。蔡美兒相信應該要求小孩，而非縱容小孩：「西方父母太過擔憂小孩的自尊。但是身為父母，對小孩自尊最大的傷害，就是任由他們輕易放棄。另一方面，建立小孩自信的最好方式，就是讓孩子去做他們自以為做不到的事情。」[4] 認為父母不應該「提供正向強化（positive reinforcement）與悉心呵護的環境……保護小孩的最佳方式，就是讓他們為未來做好準備、知道自己的能力所在，並且培養必要的能力、工作習慣與內在自信心。」[5]

蔡美兒會是專斷或威信教養方式的角色典範嗎？她的教養信念兩者兼具。一方面蔡美兒相信，若要建立小孩的自信心，就必須強迫他們做自己不喜歡的事，這正是專斷教養的特色。她說：「中國父母都了解，直到你真正擅長某件事，才會發現其中的趣味所在。要精通某件事，就必須夠勤奮，但小孩並不想努力，所以無視小孩的偏好很重要。通常父母必須夠堅定，因為小孩會反抗；萬事起頭難，因此西方父母很容易就此放棄。」[6] 另一方面蔡美兒也相信，小孩在追求成功的過程中必定會自我激勵，這正是威信型父母的特色。

一般人會認為蔡美兒的教養方式與中國文化有關，不過密集教養在許多工業化國家已是愈來愈普遍的現象，只是各有不同特色。[7] 某些父母會隨時關注和提供建議，讓小孩覺得喘不過氣，有些父母則是保護多於強迫。法布里奇歐認識一位義大利媽媽，她在二十五歲兒子當兵服役的小鎮租了一層公寓，以便為兒子準備熱騰騰的晚餐，幫他消除辛苦軍事訓練所累積的疲憊並恢復元氣。如果所有義大利母親都如此保護小孩，政府可能得在前線為她們設置特殊營地。心理學家哈拉・伊斯特洛夫・馬拉諾（Hara Estroff Marano）將這種育兒方式稱為「過度教養」（overparenting）並在其著作《懦弱者之國：密集教養的高昂成本》（*A Nation of Wimps: The High Cost of Invasive Parenting*）中批評，過度教養會導致年輕的美國成人喪失應有的獨立，當時這書名引起極大的爭議。[8]馬拉諾指出，父母介入的範圍已逐漸擴及孩子的成年時期，對小孩教育的參與也遠遠超出高中和大學。例如有愈來愈多父母干涉小孩的研究所入學流程，一起參觀校園，要求和研究所招生辦公室的工作人員見面。馬拉諾厭惡的寫道，這種教養干預已經延伸到商學院和法學院，傳統上這些學院相當重視申請學生的動機與自立。[9]

批評過度教養狂熱的人甚多，馬拉諾只是其中之一。英國記者塔妮絲・嘉莉（Tanith Carey）出版一本關於如何「馴化」虎爸虎媽的暢銷書，她指責過度教養剝奪了小孩的創造力和獨特性，很可能養出缺乏個性或想像力、毫無特色的世代，所有人都想辦法進入相同的大學，取得類似的工作機會。[10]嘉莉衷心擁護放任教養而非威信教養，她建議父母應該拓展對成功的定義。就她看來，父母該幫助小孩生活得更快樂，提升人類的福祉，而非強迫他們更勤奮。史丹佛大學前大學諮詢中心主任茱莉・李斯寇特—漢姆斯（Julie Lythcott-Haims）最近出版的新書，也呼應了馬拉諾和嘉莉的看法。[11] 她批評父母為小孩做功課、聘用昂貴的私人家教，甚至干預小孩應徵工作或申請研究所，最終只會養育出被動、依賴且毫無想像力的小孩。她呼籲父母應該擺脫「過度教養陷阱」。[12]

關於密集教養的實際證據：父母花更多時間陪小孩

打電話聯繫研究所招生辦公室、為在軍隊服役的小孩準備晚餐，或許都是真實發生的軼聞，但我們身為經濟學家，就要找出系統性證據，證明這種現象是相當普遍的模式。本書採取的分析方式也是如此：當我們思考教養方式的改變與可能的解釋時，必須檢視多位父母和小孩的資料，確認是否真有證據證明我們的解釋是可信的。

為了衡量最近幾年教養方式是否真的愈來愈密集，第一步當然就是檢視記錄人們如何運用時間的調查日記。[13] 愈來愈多國家的統計機構會收集人們如何運用每天二十四小時。例如美國勞工統計局（Bureau of Labor Statistics）進行的「美國人時間運用調查」（American Time Use Survey），就收集了美國人如何運用時間的數據。[14] 其他國家也有進行類似調查。[15] 結果資料證實，過去數十年父母投入養育孩子的時間確實有增加。

圖二・一顯示，加拿大、義大利、荷蘭、西班牙、英國、美國的母親（上圖）和父親（下圖）每週養育小孩的時數，其中荷蘭和美國的曲線特別有參考價值，因為這兩國的資料可追溯至一九七〇年代。二〇〇五年的荷蘭母親，每週的育兒時間比一九七五年多了四小時，荷蘭父親則是多三小時。這也表示，二〇〇五年荷蘭小孩與父母互動的時間，平均每天比一九七五年多一小時。美國的育兒時間增幅更大：一九七〇年代末期至二〇〇五年間，母親和父親每週與小孩相處的時間分別增加約六小時，也就是說親子互動時間每日增加一小時又四十五分鐘。加拿大、義大利、西班牙、英國累積的資料年限雖然較短，但都清楚證明教養時間逐漸增加。

如果考量到同時期生育率的下滑，每位孩子獲得的關注更進一步擴大。荷蘭平均每個家庭擁有的小孩數量（以總生育率來衡量），從一九六〇年代的三・一人，降至二〇一四年的一・七人；美國則是從三・七人降至一・九人。原本我們預估親子每天互動時間大約增加一到兩小時，但若考量到父母要照顧的小孩數量更少，原本的推論其實低估了每位小孩獲得的額外關注時間。

另一個必須考量的因素，則是大人與小孩的相處時間「品質」——一起看電視與共同參與某個活動是完全不同的，這部分很難被量化。不過現在的父母平均教育程度的確高於幾十年

圖二・一：
六個經濟合作暨發展組織國家，
母親（上圖）和父親（下圖）每週育兒時數

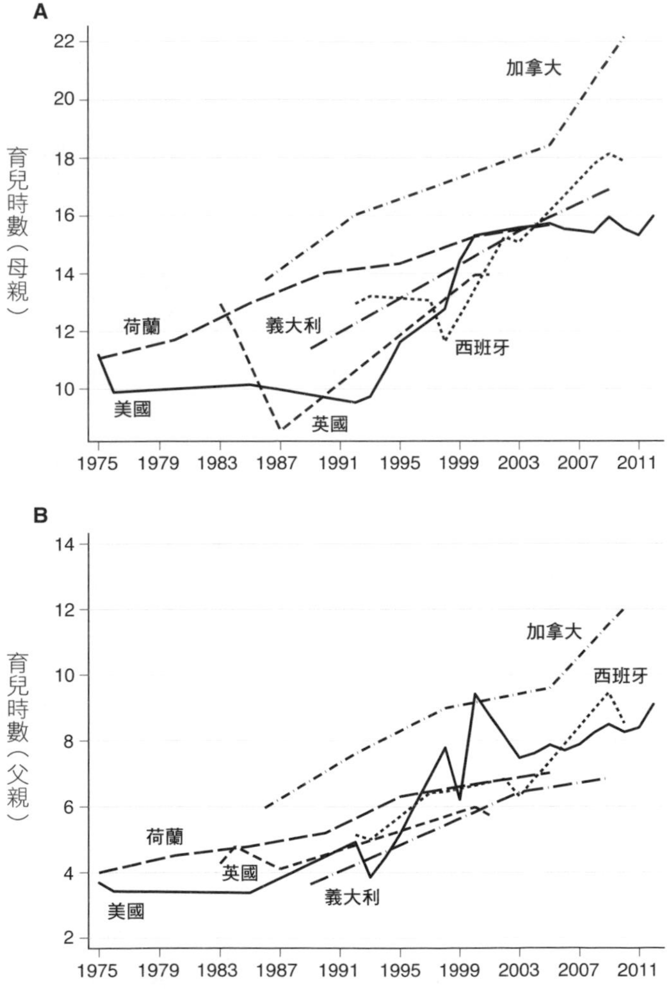

前，這很可能與親子互動品質有關。如今的父母也有管道取得更便宜、更有效的教育工具。事實上，教育產業整體蓬勃發展，開發出大量的教育玩具、網站、應用程式及電子裝置，可用來「刺激」小孩並協助他們發展。但我們很難評估這些改變所產生的效應，而且科技也很容易被誤用。茱蒂・伯恩斯（Judith Burns）的英國國家廣播公司新聞教育報告（BBC News Education Report）指出，父母過度使用智慧型手機破壞了家庭生活。她引用某項調查的結果指出，有超過三分之一的青少年曾要求父母不要一直查看手機。[16] 這不禁讓人懷疑，現今的親子互動品質是否真的比過去更好？

另一個有趣的觀察是，在美國與荷蘭，大專學歷的父母育兒活動時間都有增加，而且增幅高於教育程度較低的父母。一九七五年荷蘭大專學歷的母親，每週花在親子互動的時間比非大專學歷的母親多一小時；至於父親，不同教育程度的育兒時間落差為半小時。在本世紀的前十年，不論是母親或父親，不同教育程度的育兒時間落差高達兩個半小時。同一時期，美國的變化更是顯著。一九七〇年代，美國父母不論教育程度高低，花在育兒的時間是相同的。現在，兩者落差達到三小時以上。我們將在第四章回頭探討這個觀察結果。

這些調查日記也記錄父母和小孩共同從事哪些活動。回到一九六七年，美國父母平均每週花兩小時（母親七十六分鐘，父親四十三分鐘）陪小孩遊玩、閱讀及聊天，每週花十七分鐘協助小孩做功課（母親十分鐘，父親七分鐘）。二〇一二年，美國父母平均一週花六個半小時（母親二百零四分鐘，父親一百八十四分鐘）陪小孩遊玩、閱讀及聊天，每週花超過一個半小時協助小孩做功課（母親六十五分鐘，父親三十一分鐘）。整體而言，美國父母花在這些活動的時間成長為三．五倍，從每週少於兩個半小時變成超過八小時。

義大利的情況也很類似。一九八九年（可追溯的最早資料），義大利父母每週平均花兩小時（母親五十三分鐘，父親七十一分鐘）陪小孩遊玩、閱讀及聊天，每週花費不到一小時（母親四十一分鐘，父親十三分鐘）協助小孩做功課。二十年後的二〇〇九年，義大利父母每週平均花七小時（母親兩百五十七分鐘，父親一百六十五分鐘）陪小孩遊玩、閱讀及聊天，平均每週大約花一個半小時（母親七十七分鐘，父親二十五分鐘）協助小孩做功課。[17] 整體而言，義大利父母花在上述活動的時間成長至二．九倍，從每週三小時增為八個半小時。

美國在家自學風潮的興起或許是另一個證據，證明有一部分父母愈來愈希望完全掌控小孩的生活，依照他們認為合適的方式重塑小孩的行為。根據美國教育部的報告預估，一九九九至二〇一二年間，在家自學的學齡人口比率成長兩倍，大約為三．四%。這是直升機父母崛起的跡象嗎？有超過九〇%選擇在家自學的父母指出，「對其他學校環境有顧慮」是他們讓小孩在家自學的重要因素。[18]

密集教養的影響也會反映於小孩的生活經驗。美國學生走路或騎腳踏車上學的比率，從一九六九年的四一％降至二〇〇一年的一三％。[19] 在六至八歲的美國小孩中，從一九八一至一九九七年間，自由玩耍的時間減少了二五％，但做功課的時間成長兩倍。這數據很有意思，就如同許多人的猜測，父母或許已知道應該要和小孩一起玩樂、玩遊戲，也或許真的有這麼做（特別是包含許多父母喜歡、小孩不愛的教育內容遊戲），但新的密集教養方式，最主要的目的是要求小孩盡早取得成功。

總而言之，如今有證據明確顯示，現在的父母和小孩相處的時間比數十年前要長上許多。問題是：為什麼？是因為如今的父母更聰明、更有意識，甚至是比自己的父母還要愛小孩？又或者就如許多抱持批判態度的作者（例如馬拉諾、嘉莉、漢姆斯）所說，這反映了這股非理性的教養狂熱，將會養出缺乏獨立性格與想像力的「媽寶」及「爸寶」世代？

本書的目的是希望了解，什麼樣的環境條件導致教養方式的轉變。我們的理論是，父母教養方式的改變是為了回應誘因的改變，特別是考量到小孩長大後生活的經濟環境。但究竟發生了什麼事，導致父母愈來愈執著於小孩的行為表現？為了回答這問題，我們決定重新回頭檢視自己在一九六〇與一九七〇年代的童年親身經歷。

回到我們的童年時光

我們還小的時候，除了必須和家人一起用餐外，大部分時間沒人監督我們在做什麼，當時多數小孩的生活都是如此，街上到處可見閒晃的孩子。此外，由於在街上遊玩不費分文，而且在一九六〇年代晚期與一九七〇年代的歐洲，居住隔離現象並不明顯，因此不同階級和背景的小孩有許多交流機會。

法布里奇歐五歲時從鄉下搬到了波隆那市區。波隆那被譽為「紅色之城」(Red One)，這其實是個雙關語，除了指紅瓦屋頂外，同時也意指此地的左派政治傳統(從一九四五年西班牙解放後，直到一九九一年共產黨解散，這段期間都是由出身共產黨的候選人當選波隆那市長)。法布里奇歐全家所在的郊區，居民包含了中產階級與勞工階級，但不論是小孩或父母，都不認為社會身分是很重要的事。若真要說，那就是社會普遍鼓勵白領工作者隱藏自己的階級背景，表現與藍領工作者共通的階級認同感。為自身的經濟成功或教育成就而感到驕傲，都是被社會所鄙視的。

各級學校系統幾乎都由政府資助，並且強力鼓吹正義與平等的價值觀。小學的孩子會被要求撰寫有關越戰的論說文，或是參加捍衛世界和平的講座。法布里奇歐的父母是天主教徒，但並未嚴格遵守教規；他們在全國選舉時投票給日後加入國民政府聯盟的中間溫和派，但在地方選舉時卻投票給中間偏左派。整體而言，他們就是典型的中產階級家庭，比周遭的環境更保守。儘管如此，他們的家庭價值觀充分體現當時社會強調的均等文化。法布里奇歐的父親是白領工作者，做事一絲不苟，曾獲選為地方學校理事會成員，針對富有家庭將小孩送進市中心精英學校的隔離做法，他認為應採取必要的防止措施。

學校多數固定的課程安排在早上，不過父母可以為小孩報名下午的課後活動，這些算是為雙薪弱勢家庭（當時相當少見，因為女性勞動參與率偏低）提供免費的社會服務。不過出身富裕家庭的小孩，則面臨了來自同儕的龐大壓力，也被迫參加這些課後活動，以達到社會整合的目的。少數不願遵守的父母會受到老師和校長的指責與挑戰。所以，法布里奇歐的父母也必須遵守社會規範。

除了學校舉辦的課後活動外（多數時候只是隨意看著小孩四處閒晃），課外活動非常少。有些學生會參加團體運動（男生多半是踢足球，女生則是跳舞或打排球），不過都是例外情況而非常態。學校課業基本上不會太困難，在八年級之前很少有留級的情況，如果學生真的要留級，學校通常會和家長協議後再決定。某些時候，學校禁止打分數，改以口頭評估取代，目的在於消除學生的學業表現差異。因為這些差異的存在，代表學校無法有效弭平收入和機會的不平等。認為「每位小孩天生能力有所不同」的想法也是被禁止的。

街頭文化對於好學的學生非常不友善：在校成績表現優異並不會讓學生因此受同儕歡迎。法布里奇歐還記得，當時他對自己的課業成就感到羞怯，不願向任何人提起。當他被老師公開讚揚時，反而覺得更尷尬、擔心同儕的反應，沒有絲毫的驕傲感。父母對他優異的成績自然感到滿意，但也沒理由去激勵這個表現優異的孩子。父母並不是刻意忽略法布里奇歐，正因為他的課業成績優異，所以他們認為更重要的是鼓勵他出去與同儕社交，學習如何在社會背景多元的環境裡和他人互動。一旦涉及毒品或其他危險活動，父母當然會保持警惕，但除此之外，他們並不關注孩子和誰交朋友。

父母和老師都認為，學校教育的目的是為了培養獨立的性格，而非促成未來的經濟成功。法布里奇歐的父母搬到波隆那後，並不認為需要去確認地方學校的教學品質。多數父母會將小孩送到離家最近的學校，根本沒想過學校的好壞之分。法布里奇歐的父母認為，生活在居民背景混雜的社區是件好事，偶爾爆發的紛爭能讓小孩變得更堅強並累積經驗，以應付未來的困難與衝突。當法布里奇歐與其他小孩發生齟齬時，父母會勸他除非事情變得難以收拾，否則別讓老師或其他大人介入。他們遵循的規則是：「絕不挑釁或不公平的對待別人，但如果遭受攻擊，一定要態度堅定並反擊回去。」

法布里奇歐家庭所處的經濟環境，正是採取這種放任教養態度的根本原因。直到一九七〇年代末期，「失業」並不是歐洲的重大議題（特別是在繁榮的北義地區，例如波隆那）。在歷經石油價格崩盤、通膨飆漲的時期後，原本就偏低的貧富不均程度，在一九七〇年代再度大幅下滑。當時的義大利政府設計出名為「電扶梯」（escalator）的特殊勞動市場機制，讓薪資與通膨連動，也就是依據生活成本定期調整薪資。政府也制定法律確保勞工的薪資會定期調整，彌補勞工的購買力損失。很重要的一點是，所有勞工領取的物價補貼絕對金額都是相同的，並不是依據個人的薪資比例發放。在高通膨時期，「電扶梯」機制創造驚人的均化效果。[20] 白領和藍領工作者薪資差異急遽縮減，降至歷史新低。

由於一九七〇年代的政治局勢使然，這種趨勢不太可能出現反轉。此時義大利共產黨（The Italian Communist Party）的支持度達到歷史高峰。在一九七六年的全國選舉中，該黨獲得超過三四%的選票，幾乎與向來領先的義大利基督教民主黨（Christian Democrats）旗鼓相當。當時人們普遍認為，未來幾年義大利的政治將更為左傾。

馬蒂亞斯的成長史也頗為類似。他童年生活在漢諾威北方的一座小鎮，當時漢諾威人口大約五十萬，不僅是交通樞紐，同時也是生產中心，包括汽車和輪胎製造廠，福斯汽車位於沃爾夫斯堡的企業總部就在附近。馬蒂亞斯的家族擁有一座小型農場，與這小鎮的淵源可追溯至十七世紀初期。不過到了馬蒂亞斯出生時，農場已成了他們家族兩代人的次要收入來源，馬蒂亞斯的父親迪特瑪與祖父奧托，主要收入是在邦政府擔任公職的薪資。那座小鎮有五萬人口，雖然仍有少數舊農場繼續經營，不過已經愈來愈像市郊區，多數負擔家計的居民會通勤到漢諾威上班。

一九七〇年代的德國，男性負擔家計是常態，多數女性負責在家中照顧小孩。當時還沒有日間托兒服務，小孩到了四歲可以去讀幼兒園，但馬蒂亞斯剛開始上學的頭幾天一直哭鬧不停，最後只好作罷。小學入學年齡是六歲，而且每天只要上幾小時的課，放學後學生會走路回家吃午餐。整體來說，教育系統是建立於以下前提：母親永遠有時間去照顧小孩的需要。這也難怪馬蒂亞斯的母親在生完頭兩胎（包括馬蒂亞斯，他排行第二）不久，便辭去教師的職務。因為光是照顧小孩和處理農場的工作就夠她忙了。

至於馬蒂亞斯的同學，有些人的母親會在外兼職。當時有全職工作的母親相當少見，若真是如此，通常代表他們家庭陷入困境，例如父親在監獄服刑、父母離異。不過這種案例十分罕見，小鎮裡幾乎都是中產階級家庭，沒有真正富裕的家庭（收入位於頂端的，多半是地方的牙醫師和藥劑師），也很少有貧窮的家庭，多數家庭的生活條件相似，也都住在一般的單戶住宅。

馬蒂亞斯和法布里奇歐一樣，記得他小時候的生活，比現在自己的小孩要輕鬆、自由許多。每天只要上課幾小時，通常吃完午餐後，就可以和其他三個兄弟姐妹自由玩耍，只要按時回家吃晚餐就好，基本上父母並不擔心他們到底跑去哪裡。許多時候他們會跑去朋友家玩、在乾草堆裡建造堡壘、和來自其他城鎮的小孩一起踢足球。馬蒂亞斯的父母對小孩的少數要求，大都跟農場工作有關，例如幫忙餵小牛、製作乾草堆、收成農作物。

馬蒂亞斯父母採取的自由教養方式，也延伸到學校與教育相關事務。要花多少時間複習功課，或者完全不要複習功課，主要讓小孩自行決定。如果有孩子在校成績不佳，或是面臨留級的風險，馬蒂亞斯的父母也會擔憂或請家教協助。但只要小孩有跟上課程，父母就不會干涉。

馬蒂亞斯很早就發現，在這種情況下做功課沒什麼意義。只要他上課專心聽講，考試就能過關，所以父母也不會要求他讀書。許多學校老師也不會系統性檢查作業，反而常點名少數幾位用功的學生講出答案。馬蒂亞斯通常會趁著搭公車去學校的路上，潦草完成作業，這樣就能應付老師偶爾檢查學生作業的情況，避免嚴重的後果。由於下午還有許多好玩的事情可做，所以馬蒂亞斯很多年都沒特別寫作業，直到十二年級才又開始認真做功課——因為學校成績會計入德國「高中畢業資格考試」（Abitur，學生取得高中畢業資格後，就可以進入大學）。

馬蒂亞斯父母做出某些決定的根據，其實源於個人經驗。父親迪特瑪小時候接受嚴格的專斷教養，祖父沒有給父親太多做決定的自主空間；至於上學也是一種負擔，老師每天都會體罰。這些痛苦經歷促使迪特瑪下定決心，要盡可能給予小孩自由，讓他自行做大多數的決定。馬蒂亞斯的母親安瑪莉小時候的壓力較小，其中一個原因是身為女兒，本來就不被期待要繼承家族農場，但她所生長的環境，大多數小孩依舊不能決定自己的人生。當年安瑪莉能得到自由是一種特殊待遇，而她希望自己的小孩也能擁有這份自由。

不過個人經歷也只是一部分原因。雖然馬蒂亞斯父母的態度比大多數父母自由，但和他一起長大的小孩，通常都有類似的童年經歷。此外，經濟環境也同樣重要，當時德國的貧富不均與失業率均位於歷史低點，馬蒂亞斯生長的郊區城鎮尤其如此。這些地區犯罪率低，而毒癮問題也僅限於大城市。父母無須擔心自己的小孩會惹上大麻煩，就算小孩在校成績並不突出，日後依舊能過上不錯的生活。在這樣的環境下，父母沒有嚴格要求小孩的理由。

馬蒂亞斯成長的一九七〇、一九八〇年代相對安穩，與一九四〇、一九五〇年代呈現強烈對比，而後者正是馬蒂亞斯父母成長的年代。安瑪莉和迪特瑪都出生於二戰期間，他們的父母歷經兩次世界大戰、一九三〇年代的全球經濟衰退，以及大規模的飢餓與貧窮時期。他們家庭之所以毫髮無傷避開這些不幸，一部分原因是有可耕種的農地，因此有相對穩定的生活。了解這些經歷後，我們或許不難理解，為何迪特瑪和安瑪莉的父母認為守住土地、持續經營家族農場，對家族的生存至關重要。這種背景（至少某種程度上）有助於解釋，為何奧托強制要求迪特瑪跟隨自己的腳步。同樣，一九七〇年代整體環境改變，德國小規模農業迅速沒落，可能因此影響了迪特瑪的教養方式。

除了經濟條件外，學校系統組織對教養方式的選擇也很重要。在馬蒂亞斯成長期間，德國學校系統的一大特色是提早分流（現在則較晚）。四年級後，學生會進入三種不同類型的學校，只有最為學術導向的學校（文理科高中）是為大學做準備，其他兩種類型的學校，分別是實用專科學校（Realschule）與基礎職業學校（Hauptschule），則提供學生職業訓練。因此，父母可能會有些焦慮，不知該如何建議小孩選擇哪類學校，或許也會因此採取密集教養方式，讓小孩有機會進入更具挑戰的學校。

近幾年的發展也確實有類似趨勢。常見的情況是父母直接與老師討論，甚至請老師推薦「對的」學校（例如文理科高中）。但在一九七〇年代，當時的父母在做決定時，態度仍然是比較放鬆的，原因至少有兩個。其一是風險沒那麼高。即使是「低分流」，還是能提供學生良好的前景，因為完成這些學校課程後，就可以參加實習計畫，多數學生都將得到就業保障。此外，為來自不同背景的學生選定「合適的」學校，和德國的社會傳統有關。一般預期勞動階級家庭子女會進入基礎職業學校（包括他們的父母也這麼認為），家庭優渥的小孩則會進入文理科高中就讀——即使其學業成績並未特別優異。

一旦進入文理科高中，學業成績優不優異並非特別重要。在馬蒂亞斯的朋友圈中，父母主要是擔憂小孩會有留級的可能，但這也是很常見的情況，所以沒必要覺得丟臉。確實，通常（年紀稍大）留級的學生在學校都是「耍酷」的小屁孩。當然，父母會稍微擔憂小孩的學業成績平均點數（grade point average），現在的美國父母對這種成績制度並不陌生。

如果我們知道學生在文理科高中畢業後會發生什麼事，會比較容易理解其中原因：從文理科高中畢業後，不論成績如何都可以進大學就讀。在一九七〇和一九八〇年代，這表示你可以申請就讀任何大學、任何科系，無需任何說明，所以成績優異無法保證小孩未來的生活。如此也就不難理解，為何小孩或父母不會過度在意學業表現，因為只要達到能升級的最低成績要求即可。

當時一般學生並不在意成績，但最大的例外是計畫就讀醫學科系的學生。因為需求大於供給，所以大學入學名額主要依據分數及特殊的醫科入學考試（Medizinertest）成績來分配，大致類似許多國家採行的大學入學考試。在馬蒂亞斯的同學當中，令人矚目的是選定醫學生涯的小孩（通常是醫生的小孩），他們跟選擇其他領域的小孩相比，顯然更為分數導向，而且更在意學校成績。

一九六〇和一九七〇年代的義大利與德國經驗，正好反映當時的大趨勢。法國經濟學家湯瑪斯・皮凱提（Thomas Piketty）和伊曼紐爾・賽斯（Emmanuel Saez）近期的研究顯示，二戰後工業化國家的貧富不均程度逐年下滑，在一九七〇年代達到歷史新低。[21] 放任教養方式在這段時期逐漸受歡迎，慢慢取代了專斷教養方式。

但顯然經濟因素只是一部分原因。二戰後歐洲國家對法西斯主義的回應，也是非常重要的因素。心理分析和佛洛伊德學派愈來愈受歡迎，其中包括以下重要人物：威廉・賴希（Wilhelm Reich）、卡爾・榮格（Carl Jung）、埃里希・佛洛姆（Erich Fromm）；伯蘭特・羅素（Bertrand Russell）的社會批評主義；尚・保羅・沙特（Jean-Paul Satre）與西蒙・波娃（Simon de Beauvoir）存在主義、女性主義、馬克思主義的結合；還有法蘭克福學派哲學等，眾多知識力量的新哲學思潮興起，將當時西方文化推往背離常規的激進方向發展。地下藝術圈與文學界反抗一九五〇年代「垮掉的一代」（Beat Generation），最終引爆一九六〇年代的社會與政治行動主義。隨著嬉皮運動的蔓延，反獨裁主義達到第一波高峰。到了一九七〇年代，更粗暴、對立的反建制原則及龐克次文化崛起，但反獨裁主義思維仍持續存在。這些運動的共通主題包括自由戀愛與性解放、女性主義解放、強烈的平等主義傾向，以及對毒品採取放任的態度。在這種知識氛圍下，放任教養方式也更加受歡迎。

一九八〇年代的轉捩點：貧富不均加劇及嬉皮vs.雅痞

一九八〇年代是西方政治、經濟及文化的轉捩點。一九七〇年代保守的反革命浪潮逐漸延燒。一九七八年，波蘭籍樞機主教嘉祿．華德雅（Karol Wojtyla）成為教宗若望保祿二世（John Paul II），天主教明顯轉趨保守。他以積極與充滿個人魅力的領導，努力恢復天主教會的聲望、人氣及權力，同時將大眾的注意力轉向共產國家的壓迫本質，例如波蘭。

一九七九年，柴契爾夫人當上英國首相，她的政治主張強調個人主義，摒棄已流行數十年的均等主義價值觀。例如在一九八七年的某次專訪中，柴契爾夫人表示「根本沒有社會這回事」，取而代之的是「個別的男性和女性，還有家庭。除非透過人民自己，否則政府做不了任何事，人民必須先指望自己。」[22]

在大西洋另一端，雷根於一九八一年選上美國總統，他與柴契爾夫人鼓吹的價值觀有許多共通點，例如宣揚自由市場與個人主義的美德，貶抑社會主義和共產主義理想。這兩人的領導重塑了世界秩序，改造保守自由主義，並促成蘇聯的垮台。

貧富差距也出現劇烈的變化。圖二．二顯示了四個經濟合作暨發展組織（Organization for Economic Cooperation and Development，簡稱ＯＥＣＤ）國家的工作人口中，最富有與最貧窮一〇%人口的所得份額比值（又稱為S90—S10比值）。[23]從圖中可看出，自一九八〇年代起，貧富差距逐漸拉大，美國與英國的所得不均惡化更是明顯。美國自一九七四至二〇一四年間，比值成長超過兩倍（從九・一增加為一八・九）。同時期的英國則從六・六增加為一一・二。義大利則從一九八四年的七・七（可追溯的最早資料）增加為一二・六。即使是傳統重視均等的國家，所得不均也日漸擴大：瑞典S90—S10比值從三・五增加為七・三；荷蘭則從五・三增加為七・八。雖然這些國家的所得不均程度仍低於盎格魯—撒克遜國家（瑞典和荷蘭的所得不均程度，仍低於一九七〇年代的美國），但仍有顯著增加。

一九八〇年代所得不均的惡化，很大一部分原因是教育投資報酬率的增加。在美國，大專學歷工作者與高中畢業工作者，平均薪資比值從一・五增加為二。此外，研究所教育的報酬也顯著增加。[24]英國經濟學家喬安娜・林莉（Joanne Lindley）與史蒂夫・馬欽（Steve Machin）指出，在英國與美國，研究所學歷工作者和大專學歷工作者相比，取得的薪資溢價確實有增加。[25]這兩者在一九七〇年代初期的平均薪資相同；但到了二〇〇九年，研究所學歷工作者的薪資比大專學歷工作者高出三分之一（而且比高中畢業工作者高出一三六%）。不過這些數據很可能低估了研究所學位的價值，因為其中許多人最後多半從事薪資較低的學術性工作或教職（除了少數精英學校），但他們能享有很高的非金錢效益（聲望、研究自由及工作保障）。現在的

圖二·二：
荷蘭、瑞典、英國、美國所得不均長期走勢
（勞動年齡人口中最富有與最貧窮一〇%的所得份額比值）

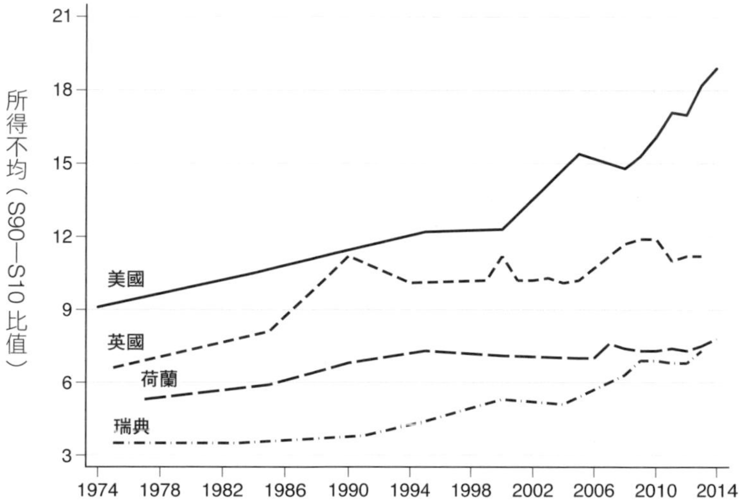

研究所教育投資報酬率非常高，過去幾年研究所學歷工作者人數占比大幅成長，由此可見高等教育愈來愈有吸引力。

另一個導致整體貧富不均擴大的因素，則是擁有相同學歷工作者的薪資不平等。轉變原因包括：不同學科的薪資差異逐漸擴大（例如金融和工程科系的畢業生，薪資比人文和社會學科畢業生要高出許多），以及不同大學畢業生之間的薪資差異。[26] 由於薪資差距擴大，導致了以下結果：教育風險增加。

為何貧富不均會惡化？元凶之一是同時期的政治發展逐漸右傾，經濟政策愈來愈不重視財富重分配。但多數經濟學家相信，政治變革並非主要原因。關於貧富不均擴大的問題，被最多人接受的說法是「科技變革」。[27] 資訊革命完全顛覆了勞動市場條件，教育程度低的工作者需求減少，教育程度高的工作者需求增加。同時間政治與制度的轉變，進一步削弱了政府的能力，使其愈來愈難透過所得重分配與社會政策，減緩科技變革帶來的衝擊。有些研究甚至指出，科技變革很可能導致政治和制度變革。例如經濟學家戴倫・艾塞默魯（Daron Acemoglu）、菲利普・阿吉翁（Philippe Aghion）、吉安盧卡・維歐蘭特（Gianluca Violante）強調，教育溢價的提高使得高技能工作者退出工會，導致工會勢力大幅衰退。[28] 另外有一群經濟學家，包括法布里奇歐和他的合著者約翰・海斯勒（John Hassler）、約瑟・羅德里奎茲・摩拉（José Rodríguez Mora）

以及謝蒂爾・史托瑞斯雷頓（Kjetil Storesletten）建構並測試一項政經理論：所得不均擴大是導致一九八〇年代政治變革的原因，而非結果。[29] 在一九六〇年代，所得不均程度不明顯、教育投資報酬率低，多數人（包括高薪工作者）認為福利國家計畫非常吸引人。這些計畫提供了社會保障與安全網，而且在低失業率時期不會造成政府財政負擔。但到了一九八〇年代，較富有的族群決定自力救濟，打破這項社會契約：他們提高對教育和個體成功的投資，原本的社會保護網變得無關緊要；選舉時，他們投票支持承諾降低稅賦、捨棄社會轉移（social transfer）的右翼政黨。被拋在腦後的另一群民眾，根本沒足夠權力去抵抗可能傷害他們利益的政策。

我們可以從文化及人們爭相仿效的角色典範，觀察到上述轉變。一九七〇年代的均等精神愈來愈不受歡迎，隨著一九八〇年代個人主義抬頭，均等精神更顯得無足輕重。兩個人人皆知的詞語「嬉皮」與「雅痞」，等於總結了當時群眾態度的轉變趨勢。嬉皮是一九六〇年代興起、以年輕人為主的激進反獨裁主義運動，最初源於美國，之後迅速擴散到全球各地。雅痞一詞最早出現於一九八〇年代初期，是「年輕都市專業工作者」（young urban professional）的縮寫，意指年輕、受過良好教育、高薪的專業工作者，這群人非常執著於本身的生涯成就，容易落入成功的物質陷阱。

嬉皮運動的兩位創始人是行動主義份子艾比・霍夫曼（Abbie Hoffman）與傑瑞・魯賓（Jerry

Rubin）。霍夫曼到一九八九年去世為止，一直忠於自己的激進主張，魯賓的故事則體現一九八〇年代初期發生的文化轉變。[30] 一九六〇年代，魯賓自加州大學柏克萊分校休學後，起身對抗種族歧視，領導反戰示威，最後甚至號召群眾，阻擋政府運送部隊與武器去越南，並因此成了家喻戶曉的人物。但到了一九七〇年代晚期，魯賓失去對政治運動的信心，轉而成為成功的創業家，最後躋身百萬富翁之列。一九八六年，他與霍夫曼一同參加名為「易痞（政治主張激進的年輕嬉皮人士）與雅痞」（Yippie vs. Yuppie）系列辯論會，當時魯賓為自己的轉變提出辯護，他指責嬉皮文化導致各種破壞行為，包括濫用毒品、性濫交、占用私人財產等。他將希望放在新一代有創新精神的創業家，要將未來交到這些人手中，推動社會、經濟和政治的轉型。

我們相信貧富不均的擴大，不僅引發文化價值觀的轉變，同時改變了父母的行為。特別是父母愈來愈相信，小孩的成功取決於教育成就。在高風險環境下，放任教養方式愈來愈沒有吸引力。中產階級父母開始要求他們的小孩，應該表現出像大人、以成功為導向的行為。在這種脈絡下，「直升機父母」現象愈來愈普遍。

圖二．三顯示，美國受過大專教育的母親，照顧小孩的時間與大學學位溢價之間的關係——也就是大專學歷工作者和沒有大專學歷工作者的所得比值，結果與我們的觀點一致。[31] 兩個變量呈現極為類似的走勢。一九八〇年代大學學位溢價提高後，受過大專教育的母親照顧小

圖二・三：

美國受過大專教育的母親照顧小孩的時間，

以及教育的財務報酬

（大專學歷工作者與高中學歷工作者平均薪資比值）

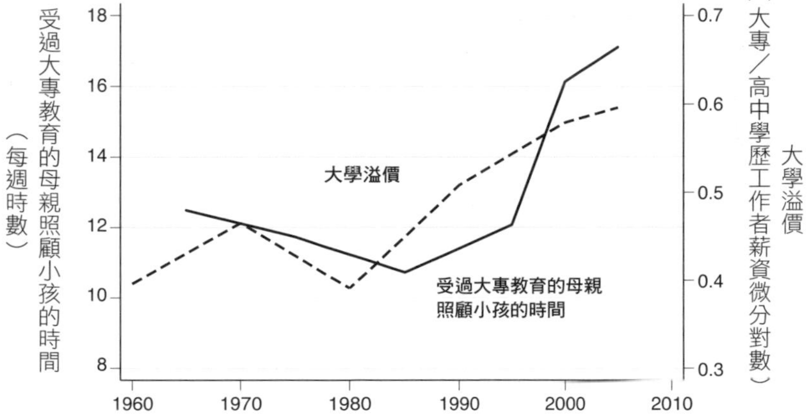

孩的時間隨之大幅增加。

我們認為經濟條件的轉變，也是促使父母對小孩投資增加的一個原因。若要證明這論點是可信的，很重要的一點是確認：教養方式對學業和生活的成功確實會造成影響。關於密集教養方式，或者更廣泛說，父母與小孩互動的時間能提升小孩在校表現，這項證據究竟多有力？我們在第一章已經談過，發展心理學的多項研究支持我們的論點。現在我們要運用兩份資料，透過多個國家的數據詳細探討，檢視證據是否夠力。

教養很重要：來自國際學生能力評量計畫的證據

首先，我們取得由經濟合作暨發展組織主辦「國際學生能力評量計畫」（Program for International Student Assessment，簡稱ＰＩＳＡ）的資料。這計畫始於一九九七年，每三年舉辦一次評量測驗，對象為十五歲在校學生，科目是數學、科學和閱讀。有超過七十個國家加入這項計畫，近幾年的評量有超過五十萬名學生參與。每個國家會從學校隨機挑選學生參與評量，被挑選的學生樣本必須反映各國的人口結構——也就是說必須來自不同背景、具備不同能力。評量問題會翻譯成各國語言，讓全球學生拿到一樣的內容，這樣評量的結果才可以比較。

多數大眾對國際學生能力評量計畫的關注焦點，都是比較不同國家和不同學校系統的學生表現。而這本書的重點是教養。近年來幾次的調查問卷內容，會要求學生和他們的父母回答親子互動的相關資訊。這些問題的答案最後會和每位小孩的其他評量分數整合。我們的分析是使用二〇一二年的問卷。

有些問題是詢問父母介入的程度，我們收集這些問題的答案，然後設計出可用來衡量教養密集度的指標。更精確說，如果符合以下所有條件，就屬於密集教養方式：父母每週至少一次與小孩討論在校學習是否順利、父母每週至少一次和小孩對話、父母每週至少一次與小孩一起用餐。[32]當然，這是比較溫和的密集教養定義。我們回顧自己小時候的經驗，父母每天都會和我們說話、一起吃飯。但是他們可能沒有每週討論學校的事情。所以，我們的父母屬於非密集型父母。

首先我們來看東亞國家南韓的評量結果，這國家的學生表現在國際學生能力評量中名列前茅，只有來自上海（唯一參與國際學生能力評量計畫的中國城市）、新加坡、香港和台灣的學生，平均成績優於南韓。舉例來說，南韓學生的數學成績為五百五十四分；做為比較，美國是四百八十一分，經濟合作暨發展組織國家（包含了最工業化、收入最高的經濟體）平均為四百九十四分。在所有韓國學生中，非密集型父母的小孩平均分數為五百四十分，密集型父母的小孩平均分數為五百六十三分，差了二十三分（請參考圖二．四）。[33]閱讀和科學的分數也呈現類似差距，分別是二十四與二十二分。

國際學生能力評量計畫的分數差二十三分，可說相當懸殊。芬蘭學生（和瑞士學生同是表現最好的歐洲學生）數學分數與經濟合作暨發展組織國家（例如法國或英國，這些國家的學生表現令人失望），平均分數也出現類似的差距。

你可能會認為，接受不同教養方式小孩的評量成績出現落差，可能是反映了父母教育程度的差異：平均而言，密集型父母的教育程度高於非密集型父母。教育程度高的父母，比較有能力支持小孩學習，例如協助小孩寫作業。因此，我們有必要比較教育程度相同的父母。由於國際學生能力評量計畫有提供父母的教育背景資料，所以我們可以運用標準的統計技巧（多重迴歸），區隔教育程度與教養方式的影響。[34]出乎意料的是，在相同的教養方式下，父母教育程度較高並不會產生顯著影響。如果父母兩人教育程度都很高，學生的平均數學分數只會增加七分；但當父母教育程度相同，接受密集教養小孩的平均分數，會比接受非密集教養的小孩高出二十分。因此，比起父母的教育程度，採用密集教養方式更能大幅提升學生的成績表現。而閱讀和科學的成績表現也有類似的結果。

有關韓國學生的研究，是否也適用於其他國家呢？二〇一二年的國際學生能力評量計畫，

圖二・四：

二〇一二年國際學生能力評量計畫中，

韓國密集與非密集教養方式的成績比較

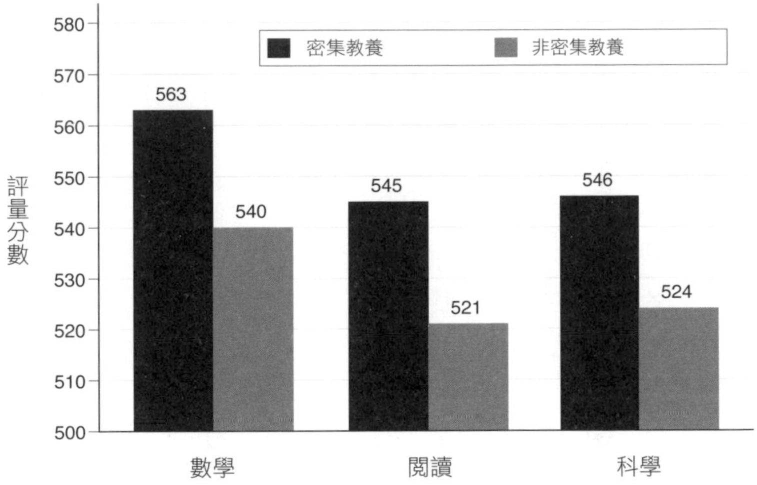

提供了十一個國家的教養方式資訊，包括：比利時、智利、德國、香港、克羅埃西亞、匈牙利、義大利、南韓、澳門、墨西哥和葡萄牙。幾乎在所有國家，密集教養方式指標與評量分數都呈現正相關。效應最顯著的是義大利小孩（三項評量分數的平均差距是三十四分）。唯二例外是比利時和德國，密集教養方式的效應近乎零。

但韓國學生的分數之所以與其他國家有差異，也可能是源於教養外的原因（例如很大一部分是因為學校系統的差異），所以我們有必要做韓國學生之間的比較，或是墨西哥學生之間的比較，而非不同國家之間的比較。我們可以用統計技術來計算十一個國家的平均效應（average effect，這是經濟學家使用的專業術語，我們會用線性迴歸控制國家的固定效應〔fixed effect〕）。分析發現，在同一個國家接受密集教養的小孩，評量成績明顯優於接受非密集教養的小孩，三個學科評量成績的差距介於十四至十七分。而我們比較父母教育程度相同的學生成績表現，不同教養方式的效應相對小一些，分數差距介於十一至十四分。這些差距都具有統計意義。

國際學生能力評量計畫也提供父母和小孩共同從事特定活動的相關資訊。特別是二〇〇九年的問卷，有詢問父母與小孩一起閱讀、說故事或討論不同議題（例如政治或電影）的頻率。我們同樣使用上面提到的統計技術，在父母教育程度相同的情況下，分析父母參與活動與學生評量成績的相關性。因為許多父母同時參與多項活動（例如同時一起閱讀與說故事），因此我們控制其他常數，分析每項單一活動的效應。如果父母花時間陪小孩閱讀，小孩在數學、閱讀與科學的平均成績增加十六至十八分；說故事的效應介於二至七分。有趣的是，如果父母花時間與小孩討論政治，小孩的成績平均增加九至十二分，差異頗大。

我們應該要小心謹慎，避免輕易解讀這些研究結果。這並不表示（如同許多教養書籍所說）父母只要陪小孩一起閱讀，就能大幅提升他的閱讀能力。相反，與小孩一起讀書、說故事或討論政治的父母，比起沒有參與活動的父母，更可能深入參與小孩生活的其他面向。因此，針對上述研究結果的解讀應是：不同教養方式會產生廣泛的影響，而且所有影響都密切相關，但只有一部分影響被衡量。我們發現父母參與三種活動（閱讀、說故事、討論政治）將產生最大效應，這結果也與上述的解釋相符。如果我們比較「頻繁參與這三種活動」與「沒有參與這三種活動」的父母，前者小孩平均分數將高出三十二分。就二〇一二年國際學生能力評量的資料來看，上述效應與教養方式的效應相近。整體而言，二〇〇九年和二〇一二年的國際學生能力評量資料得出一致的結果：密集教養方式與學生在校表現大幅改善有關。

美國的教養方式效應：一九九七年青少年長期追蹤研究

我們檢視教養方式對小孩教育成就的效應，所用的第二份資料來源是美國一九九七年青少年長期追蹤研究（National Longitudinal Survey of Youth 1997）。該研究追蹤九千名自一九九六年十二月三十一日起，年紀為十二至十六歲美國年輕人的生活，極具全國代表性。在一九九七年進行初次訪談，研究人員針對不同主題訪談父母與小孩，其中包括教養方式。在年輕人逐步邁入成年的期間，每年也都會接受訪談。如此一來就能跳脫評量成績，分析教養方式對小孩成年生活的影響。

我們依據小孩對兩個問題的回答來分類教養方式。第一個問題是小孩認為父母對他們的支持度：「當你回想她／他對待你的態度，整體而言你認為她／他非常支持、有些支持或非常不支持你？」如果回答是「非常支持」，我們就將其父母歸類為「支持型」；如果回答是「不支持」，就歸類為「不支持型」。第二個問題是父母有多嚴格：「一般而言，你認為她／他的態度是放任的，還是會嚴格確認你是否有做該做的事？」關於這問題，小孩只能回答「放任」或「嚴格」。我們將這兩個問題的回答進行整合，制定出衡量（每位父母）教養方式的標準，包含以下四大類別：忽略（放任與不支持）、專斷（嚴格與不支持）、放任（放任與支持）、威信（嚴格與支持）。[35]

這種衡量教養方式的方法有其局限。最重要的是，分類都是依據學生的主觀認知。若小孩的家庭衝突不斷，很有可能回答說父母是「不支持的」或「嚴格的」。因此，某些父母被歸類為專斷型可能會有偏差，除了專斷教養的效應外，可能還要加上衝突效應。同樣，某些父母可能被我們歸類為放任型，但事實上是威信型，因為與父母關係良好的小孩，通常不願說父母是嚴格的——即使父母堅持引導小孩必須符合某些行為標準。此外，小孩被問到他們父母是支持或嚴格的，多半會以同儕為標竿。例如一些白人小孩會將父母的行為視為嚴格的，但在亞裔美籍小孩眼中可能並不覺得。即使這些偏見可能存在，但用來分析教養方式的影響，這種分類方式（在文獻中被大量採用）仍能提供一致的結果。

表二．一顯示，小孩的教育成就如何因父母教養方式不同而有差異。忽略型母親的小孩，高中輟學的可能性比平均高出三七％，取得大學學位的可能性也明顯偏低。忽略型父親的小孩無法完成高中學業的可能性，比一般父親的小孩高出二六％。忽略型父母的小孩表現較差，這點並不令人意外，因為這種分類方式很有可能挑出來自弱勢家庭的忽略型父母和家庭。另一個更有趣的對照是比較三種參與型父母。其中，專斷型父母的小孩表現最差。專斷型父親的小孩沒有取得學士學位的比率是七六％，威信型父親的小孩是六六％，放任型父親的小孩是六九％

（所有答題學生的平均是七一%）。母親的模式也相當類似，不過不同教養方式的差異較不明顯。威信型父母的小孩，教育表現比放任型父母的小孩還要好。最大的差異是在研究所，威信型母親的小孩取得博士或專業學位的可能性，比放任型母親的小孩要高出四〇%。雖然取得研究所學位的學生比率不高，但這依舊是很重要的觀察，因為這些學位的經濟報酬率已大幅提升（如同我們先前的討論）。

再次提醒，我們必須謹慎解讀上述的研究結果。不同教養方式可能掩蓋重要的社經條件差異。例如在第四章的表四・一顯示，忽略和專斷型父母平均的教育程度低於放任和威信型父母。因為父母的教育程度可能會直接影響小孩的表現（例如教育程度較高的父母可能會協助小孩做功課），某些相關性可能是教育背景而非教養方式所造成。其他社經因素也同樣重要，例如不同民族和種族的家庭結構，以及不同年齡層的父母，這些社經因素如何影響教養方式的選擇，我們會在第四章深入討論。

為了將教養方式從其他干擾因子中獨立出來，我們使用多變量邏輯迴歸分析（multivariate logistic regression analysis）的統計方法。由於我們在書中會多次使用這方法，因此特別設置專欄，簡單向讀者解釋勝算（odds）和勝算比（odds ratio）的統計概念。

表二·一：

接受不同教養方式（母親與父親）的小孩，

取得不同教育成就的人數比率

	母親的教養方式				
	忽略	放任	威信	專斷	總計
高中以下文憑	32%	22%	22%	25%	23%
學士以下	51%	51%	50%	54%	51%
學士與碩士學位	16%	25%	27%	20%	24%
博士或專業學位	0.8%	1.3%	1.8%	1.1%	1.4%
	100%	100%	100%	100%	100%

	父親的教養方式				
	忽略	放任	威信	專斷	總計
高中以下文憑	25%	19%	17%	22%	20%
學士以下	55%	49%	49%	54%	51%
學士與碩士學位	19%	30%	31%	23%	28%
博士或專業學位	1.1%	1.2%	2.3%	1.1%	1.6%
	100%	100%	100%	100%	100%

勝算與勝算比

考量某個事件的結果是成功或失敗，例如在某個學校通過某個特定考試的機率。事件成功與失敗的機率比值，我們稱為勝算（odds of success）。舉例來說，假設長期以來有三分之一的女學生和四分之一的男學生通過考試，那麼女學生和男學生的勝算分別是一：二與一：三。相對的勝算比是指上面兩個數值的比值，在上述的考試中，女學生相對於男學生的勝算比是一·五（二分之一除以三分之一），最後得出的勝算比高於一，代表女學生比男學生更可能通過考試。

使用邏輯迴歸能幫助我們分析，在社經條件相同的情況下，不同教養方式的勝算比。換句話說，X 教養方式相對於 Y 教養方式的勝算比，反映的是在其他條件相同、僅有教養方式不同的情況下，兩種類型父母的相對勝算。要注意的是，雖然這兩種類型父母的絕對勝算同時取決於其他社經因素，但是統計模型顯示勝算比不受這些因素影響。

回到一九九七年青少年長期追蹤研究：結果

首先，我們分析母親的教養方式（暫時忽略父親）對小孩完成大學學業的影響。放任型母親相對於忽略型母親的勝算比是一．七；專斷型母親相對於忽略型母親的勝算比是一．三；最後，威信型母親相對於忽略型母親的勝算比是二．一。意思是若想要取得大學學位，擁有威信型母親是最好的，接著依序為放任型、專斷型、忽略型。

為了將這些勝算比轉為更標準的成功機率概念，我們以四位虛構白人女性做為案例：珍、潔西卡、吉爾和茱蒂絲。這四位女孩的母親社經條件相同（例如相同的教育程度、年齡等），但分別採取不同的教養方式。圖二．五以視覺化的方式呈現最終結果。假設珍的母親是忽略型，而珍取得大學學位的機率是二〇％。有了這資訊，我們就能運用推估的勝算比，計算其他三位女孩大學畢業的機率，並從結果看出教養方式不同究竟多重要。潔西卡（母親為放任型）大學畢業的機率為三〇％。吉兒（母親為專斷型）大學畢業的機率為二四％。最有可能成功的是茱蒂絲（母親為威信型），她大學畢業的機率為三四％。

一如預期，雖然其他一些因素也是學習成功的關鍵，但重要性不如教養方式。不論是哪一種教養方式，如果母親的教育程度較高，小孩取得大學學位的機率也會隨之提高。女孩從大學畢業的可能性高於男性。不過，最有力的成功預測因子是「亞洲出身」。撇開其他因素（例如教養方式）不談，出生在亞洲或亞太地區，勝算將提高二．五倍。接續前面的案例，假設有兩位亞洲女孩，分別是焦同學與朱同學，她們母親社經條件與珍、潔西卡、吉兒、茱蒂絲的母親

圖二・五：
社經條件相同的情況下，
接受不同教養方式的小孩大學畢業的預估機率

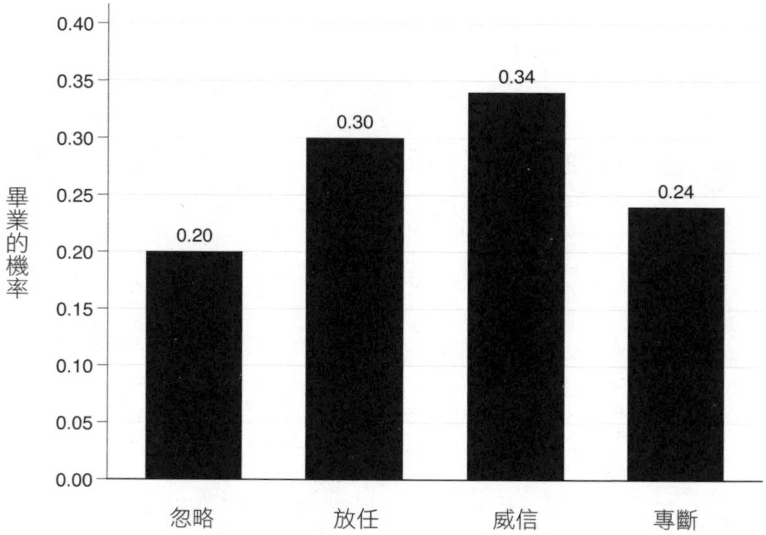

相同。假設焦同學的母親屬於忽略型，朱同學的母親為威信型。焦同學取得大學學位的機率是三九%，遠高於珍的二〇%；朱同學從大學畢業的機率超過五六%。

我們要如何解釋亞洲人與學業成功間的顯著相關性？我們相信比起遺傳因素，文化與行為差異的影響更加重要。我們的資料只提供粗略的教養方式指標。畢竟我們對教養方式的分類，是依據小孩認為父母態度嚴不嚴格、支不支持自己。不論小孩的回答是什麼，許多亞洲家庭的互動，可能與其他地區的家庭有所不同，而這些細微的差異卻被我們的分類方式忽略。舉例來說，如果是我們的小孩受訪，瑪莉亞和瑪麗莎可能會被歸類為蔡美兒所說的虎媽。但事實上，她們比一般亞裔美籍母親還要「溫和」。所以亞洲出身是很重要的因素，因為比起其他族群，亞洲家庭的小孩多半會接受更緊迫盯人的威信教養方式。

那麼父親呢？整體情況與母親類似。再假設有個名為賈桂琳的女孩，她的父母都屬於忽略型。假設她完成大學學業的機率為二〇%（與之前提到的珍相同）。我們繼續虛構其他女孩：珍妮佛、裘蒂、茱莉亞與晶晶。珍妮佛的父母屬於專斷型；裘蒂的父母為放任型；茱莉亞的父母為威信型；晶晶的父母也是威信型，但他們是華裔美國人。珍妮佛自大學畢業的機率為二三%，比賈桂琳要稍微高一些。其中一個有趣的發現是，專斷型父親與小孩學業成功的相關性，和忽略型父親一樣低，這和我們先前發現的情況大不相同：專斷型母親的小孩學業成功的機率，明顯高於忽略型母親。裘蒂和茱莉亞的成功機率分別為三六％和四〇％。因此，父母均為放任型或威信型（並不只有其中一位是，例如潔西卡和茱蒂絲的情況），將進一步提高小孩取得大學學位的可能性。最後，晶晶的成功機率是六五％。

如果是研究所學位，例如博士學位或專業學位，教養方式的影響更大。有項重要發現是，小孩取得研究所學位的機率提高與威信教養方式的相關性，明顯高於放任教養方式。我們回到先前的案例，假設賈桂琳取得博士學位的機率為〇．五％。裘蒂（父母均為放任型）取得博士學位的機率僅會提高至〇．八％。相反，茱莉亞（父母均為威信型）取得博士學位的機率為一．三％。先前我們提到，裘蒂和茱莉亞取得大學學位的機率大致相近，放任型和威信型父母的小孩，取得大學學位的機率並沒有顯著差異。但如果是取得研究所學位的機率，威信教養方式明顯優於放任教養方式。在這案例中，從放任教養方式轉換到威信教養方式，小孩的成功機率明顯提高許多。同樣，亞洲出身是很重要的因素：晶晶取得博士學位的機率高達五．四％。

教養方式也和暴露於高風險行為有關。我們用同一份資料庫研究了教養方式對於監禁、第一次性經驗年齡、使用保險套、抽菸、酗酒及吸毒等行為的影響。所有行為的模式完全一致。相較於放任和威信型父母的小孩，忽略和專斷型父母的小孩更可能涉入風險行為。整體而言，威信型父母（特別是威信型母親）的小孩最少從事冒險行為。

觀察：經濟根源與直升機父母

國際學生能力評量計畫與一九九七年青少年長期追蹤研究的資料，證實教養方式對學業表現及高風險行為確實有影響。採取威信教養方式的參與型父母，其小孩較可能有良好的課業表現、取得較高的學位，比較不會涉入可能造成傷害的高風險行為。就教育成就而言，放任型父母的小孩學業表現居中，專斷型和忽略型父母的小孩表現較差。當父母的教育背景相同時，上述結果完全成立。

但我們的教養分類方式忽略了其他差異點。在美國，亞洲背景是提高勝算的重要因素。此外，我們也討論為何這因素與教養方式有關：我們對於教養方式的粗略定義，或許無法反映親子互動本質的變異。因為我們不認為，不同種族的小孩學習能力會有顯著差異，所以推測研究結果顯示的顯著影響，與小孩和父母及同儕的互動方式有關。

這些證據與我們的主題一致：如果觀察父母與小孩互動的時間，教養的密集程度確實已出現轉變。這項轉變正好發生在貧富不均加劇、教育投資報酬率飆升，以及育兒整體風險提高的時期。因此，父母愈來愈擔心小孩在校的成績表現，進而選擇採取更密集、有助於提升教育成果的教養方式來回應。所以，直升機父母的崛起可被理解為：對經濟環境的變遷所做出的理性回應。

第三章

現代全球教養方式

本書的主題，是探討經濟誘因如何形塑父母養育小孩的方式。隨著貧富不均的情況惡化，育兒風險升高，父母只好選擇有助於小孩成功的密集教養方式。前一章我們證明教養經濟學在很大程度上，影響了過去三十年整體教養模式的改變：隨著貧富不均加劇，虎媽與直升機父母愈來愈普遍。

比起解釋不同教養方式在不同時期的普遍程度，解釋不同國家的教養方式為何有如此大的差異，則是更有挑戰性的工作。不同國家的差異包含了諸多面向，例如政治歷史、民族多元性及文化，而且每個面向都會影響教養的方式。當我們談到父母與小孩間的關係時，很自然會以為，代代相傳的地方文化與傳統扮演了核心角色。相較之下，經濟因素究竟有多重要？

本章我們將說明，教養經濟學如何成功預測全球各國的父母，在行為表現上出現哪些差異。我們發現，許多教養選擇乍看或許是地方文化的一部分，但事實上是源於經濟條件。貧富不均同樣是核心關鍵。

所得不均的程度與變化，各國情況不盡相同。美國貧富不均的程度特別顯著，位於所得分配中段及頂端的家庭，兩者差距正逐漸拉大。自一九八〇年代後，家庭實質所得中位數幾乎沒有變動。此外，最富有的前一％家庭所得快速增加，一九八〇至二〇一四年間，這族群的總所得占比從一〇％增加至二一％，成長超過兩倍。[1]如今前一％最富有家庭的所得，是最貧窮一〇％家庭的三十八倍。

歐洲所得不均的現象相對溫和。美國所得分配位於第九十百分位數的工作者，收入是第十位百分位數的六．五倍；北歐這兩個族群的所得差距只有三倍；法國和德國的差距稍大於北歐，但仍低於美國。過去三十年，歐洲地區的所得不均現象有所增加，但沒有美國來得快。多數歐洲國家的家庭所得中位數，同樣呈現穩定成長，但速度比不上富有家庭。

根據經濟誘因理論，在所得更平均的社會，例如北歐國家，父母的態度應該較為放任。相反，在所得高度不均的國家，虎媽和直升機父母會非常普遍。教養經濟學也針對長期趨勢變化做出了預測。當所得不均的現象愈是快速惡化、社會氛圍愈是悲觀，父母的教養方式就會變得愈密集；當社會的所得分配愈平均，父母的教養方式就會愈放任。若所有社會都變得更不平等，那麼所得差距擴大愈快速的社會，密集教養方式普及的速度也就愈快。稍後你將看到支持這預測的實證研究。

不同國家的教養價值觀：想像力、獨立、勤奮

我們使用世界價值觀調查（World Value Survey）的資料，分析不同國家的教養方式差異。這項調查是由斯德哥爾摩的社會科學家執行，目的是研究文化價值觀的變遷對社會和政治生活的影響。[2] 這項調查包含一系列問題，主要希望了解：就育兒而言，父母認為最重要的價值觀是什麼。本章我們將重點放在已加入經濟合作暨發展組織的工業化國家（包含了全球多數先進經濟體），因為我們與另一項同時包含已開發和開發中國家的研究對照，結果發現社經差異（而非所得不均）發揮重要作用的可能性較小。[3] 例如在我們的樣本中，人均國內生產毛額（Gross Domestic Product，以下簡稱GDP）大致相近。接下來我們會進一步比較更多國家之間的差異。

這份調查問卷的其中一個問題是，父母認為小孩在家該學習最重要的價值觀是什麼？選項包含獨立、勤奮、責任感、想像力、容忍力、尊重他人、節儉與儲蓄、決心與堅持、宗教信仰、無私和順從，受訪者最多可選其中的五項。順從是與專斷教養最相關的價值觀，我們會在

第五章深入探討。本章的重點在於想像力、獨立和勤奮，其中勤奮與密集（更精確說是威信）教養方式有關，想像力與獨立則是放任教養的特色。

我們比較貧富不均程度不同國家的教養價值觀差異，以此測試我們的預測是否正確：在所得高度不均的國家，密集教養方式更為普遍。圖三・一顯示每個國家將想像力、獨立、勤奮列為最重要價值觀的受訪者占比，並對照每個國家的吉尼係數（Gini coefficient，衡量所得不均的標準指標）。吉尼係數高，代表所得不均程度愈高。[4]

最終得出的模式令人驚訝。在所得高度不均的國家，非常多父母強調勤奮是小孩必須學習的重要價值觀；在所得低度不均的國家，父母認為獨立和想像力更為重要。我們可以使用「相關係數」（correlation coefficient）的統計方法，衡量這些相關性的強度。

相關係數數值介於正負一〇〇%之間。如果相關係數為零，代表兩個變量之間沒有關係；如果相關係數是正一〇〇%，代表兩個變量間有最高度的正相關（如果其中一個變量增加，另一個變量也會隨之增加）；如果相關係數是負一〇〇%，代表兩個變量間呈現最高度的負相關（如果其中一個變量增加，另一個變量便會減少）。[5] 我們發現所得不均和勤奮呈現高度正相關（正八九%）；獨立及想像力與所得不均之間，則是呈現高度負相關（分別為負四八%與負六八%）。

圖三・一：
經濟合作暨發展組織國家
（加上中國和俄羅斯）的所得不均（吉尼係數）程度，
以及父母看重想像力（左）、獨立（右）、勤奮（下）的占比

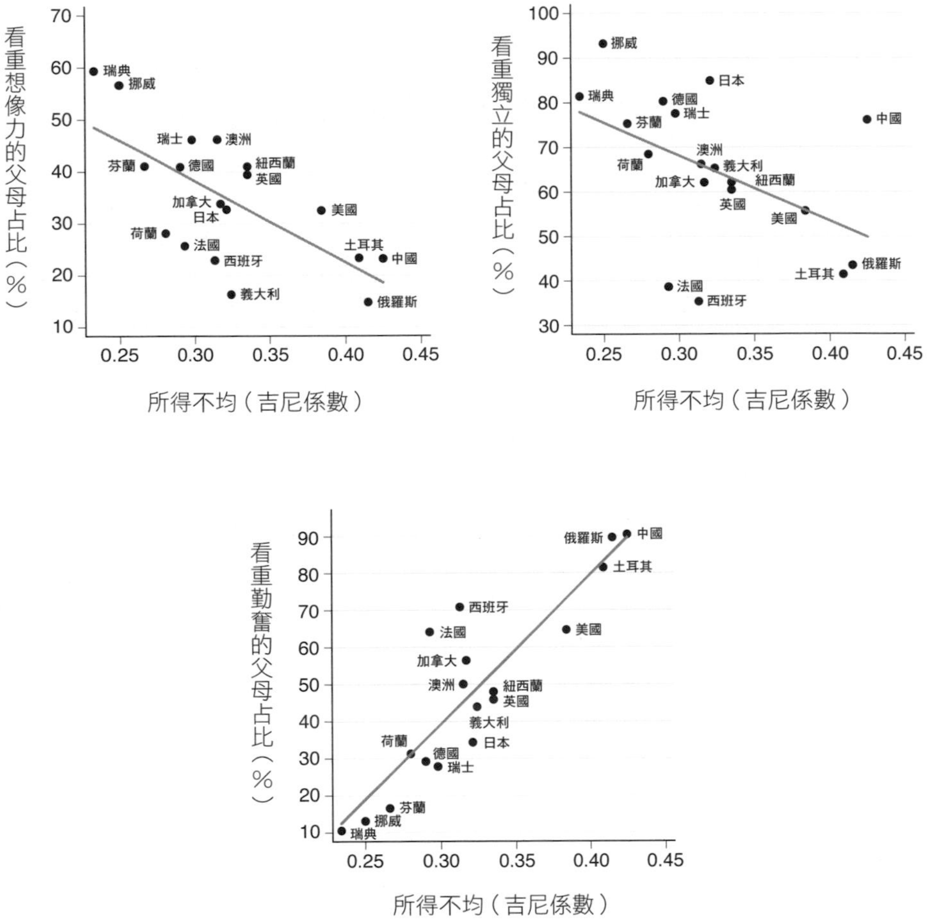

首先談勤奮。有六五%的美國人認為勤奮是重要美德，但在北歐國家的比率僅有一一至一七%。同樣，不到三〇%的德國父母看重勤奮的價值，正好與一般人認為德國人勤奮（馬蒂亞斯認為是過度高估）的刻板印象相牴觸，但與德國所得不均程度偏低的觀察相符。中度所得不均的國家，例如義大利和澳洲的父母，對勤奮的重視程度不如美國，但是高於德國和北歐國家。也有某些國家的情況與整體模式不一致，例如法國和西班牙，父母雖然認為應灌輸小孩學習勤奮的價值觀，不過這兩國的所得不均程度並不嚴重。後面我們會探討這些例外情況。不過整體模式顯示兩者有強烈正相關，也就是當一個國家愈不平等，父母愈會認為小孩應該培養勤奮的美德。

至於獨立的價值觀，則呈現相反的模式。[6]北歐父母認為培養小孩的獨立性非常重要，特別是挪威的父母，有九三%將獨立列為最重要的五項價值觀之一。中歐的父母也相當看重獨立，但只有一半的美國父母將獨立列入最重要的五項價值觀。另一個高度重視獨立的國家是日本，這正是東亞父母的特色，稍後我們會再深入探討。

多數北歐父母就像重視獨立一樣重視想像力。相反，所得高度不均的國家，較少父母重視想像力。例如不到三分之一的美國父母看重想像力；所得高度不均的土耳其情況也類似。讓法布里奇歐沮喪的是，雖然義大利歷史上曾出現多位成就非凡的詩人、發明家和藝術家，卻在所有經濟合作暨發展組織國家中最不重視想像力。不過馬蒂亞斯卻興奮得不得了，因為超過四〇％的德國人重視想像力。我們同樣可以從經濟學角度解釋這些文化刻板印象：義大利運動評論員長期以來不斷宣稱，德國足球隊技術扎實、組織有序，但想像力不如義大利球隊。

中國和俄羅斯兩大強國，在二十世紀同樣歷經了共產黨革命，但在重回市場經濟後，所得不均現象迅速惡化。雖然這兩國不屬於經濟合作暨發展組織，但是為了做比較，我們也將它們納入。這兩國父母所表現出的態度，完全符合我們的假設，有九〇％的中國和俄國父母重視勤奮的價值觀，但僅有一五％的俄國父母、二三％的中國父母看重想像力（低於義大利）。

簡而言之，世界價值觀調查的資料強烈顯示，貧富不均確實是各國父母選擇更放任或更密集教養方式的關鍵決定因素。在所得不均程度偏低的國家（例如德國、荷蘭，以及北歐國家），父母更強調獨立和想像力的重要性，這些價值觀與放任教養有關。在高度貧富不均的國家（例如美國、中國、俄羅斯），多數父母重視的是勤奮。我們比較各國不同育兒價值觀的平均普及程度後，得出了上述結論。本章稍後我們將進一步分析資料，檢視個別受訪者的回答內容，了解世界價值觀調查的每位受訪者採取何種教養方式。在此之前，我們先探討密集與放任教養方式，與小孩的快樂程度呈現何種關係，接著再深入分析特定國家父母的行為表現。

全球最快樂的小孩

我們不該將放鬆教養與父母缺乏熱情參與混為一談。我們的主題不在於美國或中國父母優於歐洲父母，也不是要證明他們比較差勁。不同教養方式各有利弊，而且在不同的經濟環境裡，適用不同的教養方式。

可以這麼說：態度放任卻對子女充滿關愛的父母，他們養育的孩子會更快樂、更獨立，但面對競爭激烈的環境挑戰，準備較為不足。一項由聯合國兒童基金會進行的跨國兒童福祉調查結果顯示，荷蘭小孩是全球最快樂的。[7] 其次依序為挪威、芬蘭、瑞典、德國、瑞士、丹麥（我們取得的世界價值觀調查樣本也包含這些國家）。這些國家的所得不均程度偏低，父母相當重視獨立和想像力，比較不執著要求小孩培養嚴格的工作倫理。

聯合國兒童基金會的排名是依據更廣泛的衡量指標，包含五大類別：物質福利、健康與安全、教育、行為與風險、住家與環境。其中與教養方式最直接相關的，就是父母與小孩一同相處、提升小孩福祉的時間，例如每天一起吃早餐，或是定期一起運動。根據這些指標來看，荷蘭和北歐小孩排名最前面，其他指標的結果亦是如此。這些國家的父母對成績的態度比較放鬆，但會花時間與小孩互動、回應其需求，也很關注孩子的健康。

有人可能會質疑，這些衡量兒童快樂程度的指標，只不過反映了家境富裕能帶來好處。但結果顯示，人均 GDP 與整體兒童福祉的相關性非常薄弱。例如捷克共和國的排名比奧地利高，斯洛維尼亞的排名優於加拿大，葡萄牙優於美國。在各種比較中，貧窮國家兒童的快樂程度更高。有兩個富裕大國的排名表現特別差勁，分別是英國與美國。在全球兒童快樂指數排名中，英國位居第十六，美國的人均 GDP 雖然名列全球第三，僅次於挪威和瑞士，但是兒童快樂程度卻排名第二十六。

荷蘭：保持正常，就已經夠瘋狂了

荷蘭小孩是全球最快樂的，從小父母就鼓勵他們要獨立，例如小孩要自己準備午餐，年幼時就要學騎腳踏車。世界價值觀調查的資料顯示，荷蘭父母較不重視勤奮，實際上也是如此，我們不常聽到荷蘭父母要求小孩年幼時就必須有所成就，或是對小孩與生俱來的天分感到興奮。荷蘭父母的性格與虎媽大不相同，他們相信務實的重要性，信念是「doe maar gewoon, dan doe je al gekgenoeg」，意思是：「保持正常，就已經夠瘋狂了。」[8]

放鬆的標準同樣適用於所有親子關係。荷蘭父母不會在小孩的上方盤旋，當父母在咖啡廳或餐廳和朋友聚會聊天時，小孩就自己在附近的遊樂場玩耍，沒有父母在旁監督。荷蘭父母甚至能容忍某些高風險行為。荷蘭小孩在市區騎自行車時，只有不到三〇％會戴安全帽，遠低於歐洲平均。[9] 雖然在荷蘭騎自行車是相對安全的行為，但每年仍有一萬八千名未滿十二歲的兒童，因騎自行車受傷而被送往醫院急診室。小孩之所以不喜歡戴安全帽，除了嫌麻煩、不方便外，另一個原因是同儕認為戴安全帽不夠「酷」。荷蘭父母也縱容小孩抱持這種看法。荷蘭父母不打算為小孩示範安全榜樣，他們在孩子面前也不常戴安全帽。

學校的教學制度也同樣反映這種放鬆的教養文化。未滿十歲的荷蘭小孩不需要寫作業。低年級學生之間沒有任何競爭，留級的情況也相當罕見。然而，這種放鬆的教養方式並未阻礙小孩取得優異的學業成就。依據二〇一五年國際學生能力評量的資料，荷蘭學生的表現在歐洲地區名列前茅，數學科目的成績排名第二，僅次於瑞士；數學與科學的低成就學生占比低於美國。荷蘭學生的生活滿意度，也是所有參與國家中排名最高。這結果正好與韓國、日本和中國形成強烈對比，這些國家的小孩學業成績雖優於荷蘭，快樂程度卻比較低。

瑞典：在戶外打盹，讓小孩做自己

瑞典和荷蘭相似，也相當注重兒童福祉。瑞典父母不需要獨自硬撐，因為他們有國家的強力支援：父母總計有長達十六個月的帶薪育嬰假（mamma- 或 pappaledig），不過條件是父親或母親個人的育嬰假不得超過十三個月，目的是鼓勵父母兩人都投入時間與小孩相處。申請育嬰假的權利可保留至小孩七歲為止。還有不少父母會在原本的法定權利中，另外加上無薪育嬰假。政府之所以制定如此大方的育嬰假政策，目的正是鼓勵年輕人生育。因此，瑞典的生育率為全歐洲之冠，這結果並不令人意外。育嬰假只是諸多支持家庭的社會政策之一。另一方面，國家也大力補助日間托兒中心和幼兒園費用——幾乎全額免費。在相關年齡族群中，超過八〇%的小孩會進入學齡前照顧機構。

有人會認為，上述提到的家庭政策與其他財富重分配政策，或許可以解釋瑞典的教養方式特色。如果國家負擔了大部分費用，那麼對個人而言，取得經濟成功不再是急迫的問題；如果國家提供育兒補助，父母就有誘因以特定方式養育小孩。所以在分析瑞典父母的行為時，政策導向的誘因很重要。但是也不要忘記，政策和機構並不是天上掉下來的禮物。提供家庭實物補貼的做法通常比較受人民支持，不同政治色彩的政府都會不約而同採取這種做法。任何政黨如果提議削減福利政策，選舉時必定會遭受嚴重的挫敗。

瑞典父母是全球最放任的父母，他們認為在不危及安全的情況下，小孩應獲得最大程度的自由。瑞典小孩就和其他國家的小孩一樣，在遊樂場時常發生衝突。常見的情況是，如果某個小孩打了另一個小孩，被打的小孩就會哭著跑去找父母。法布里奇歐身為典型的義大利父親，早已接受以下想法：父母應該確保自己的小孩不會對別人造成傷害或干擾。盡責的義大利父母有必要在小孩越界時給予輕度責罰。小孩如果衝動行事，父母應該大方的向受害者父母道歉。瑞典遊樂場並沒有清楚明確的規則，父母悠閒坐在咖啡廳裡，不會主動監督小孩的行為，當問題發生時，他們也不願意介入。瑞典人的想法是：小孩會自己找到方法。一旦麻煩出現，瑞典式衝突解決標準流程就會正式啟動：攻擊者會被溫柔的要求對受害者表示同情，最終雙方相安無事相擁，結束衝突。然後，父母們會冷靜做出評論：「好啦，他們只是孩子。」瑪莉亞和法布里奇歐歷經多次的文化衝擊，因此有許多機會觀察小孩如何學習運用寬容的原則：如果他們願意「誠懇」及「自發」的向對方道歉，對方通常也會回以勝利的微笑。但相較於其他國家，瑞典男孩和女孩長大後比較不會成為罪犯。此外，讓瑪莉亞和法布里奇歐感到不可思議的是，他們發現瑞典小孩會自己逐步學會如何和平玩耍與共處。

除了大家熟知的運動之外，瑞典有組織的課外活動相當少見。瑪莉亞和法布里奇歐是威信型父母，會溫和敦促諾拉參加要求嚴格（態度專斷）的東歐專業鋼琴老師的課程。參加這種課程的小孩大多是外國人，而且絕大部分來自亞洲。諾拉的成就讓她的父母深受感動並引以為傲。但瑞典朋友並不贊同父母採取專橫獨斷的教養方式，也不羨慕他們的小孩是天才兒童。瑞典大多數父母不會要求小孩去上音樂課，或是讓小孩提早參加專為數學天才設計的課程。瑞典的幼兒學校也遵循類似原則，沒有任何正式的教學課程，例如閱讀或寫作。瑞典小孩直到七歲時才開始接受義務教育（和其他北歐國家一樣）。不過有許多父母都相當擔心，深怕他們八歲的孩子被迫面對正式學習課程的殘酷情境，有些父母甚至要求延遲入學。這些擔憂實在令人不解，事實上，瑞典的課堂教學一點也不正式，小孩有大量的休息時間，而且能自行決定要安靜坐在書桌前，還是要在教室內隨意走動。對於義大利人來說，「受控的混亂」一詞最能形容瑞典的教室景象。

許多瑞典小孩年幼時都會參加戶外活動。這聽起來倒令人有些意外，因為瑞典的氣候並不怎麼溫和。在南歐國家，嬰兒很少會在冬天被帶出門，因為天氣太冷了。但另一方面，瑞典人認為沒有所謂「壞」天氣，只有壞（或不合適的）衣著。先將時間拉回一九九九年，諾拉才剛出生幾天，正要離開斯德哥爾摩丹德呂德市的醫院，她父母已先收到提醒，如果氣溫低於攝氏負十度時該怎麼做。當時正值寒冬，溫度計顯示氣溫為攝氏負十八度。一位護理師聽了他們的詢問後，說：「只要溫度不低於攝氏負二十度，而且嬰兒穿著保暖，就不需要擔心。」當瑪莉亞和法布里奇歐又提出其他人建議的謹慎做法時，護理師笑著說：「斯德哥爾摩人真是過度擔憂了！我來自伯登（位於瑞典北方、氣候寒冷的城市），可以保證絕對不會有危險。」兩位南方人立即明白，寒冬時只要做好保暖，嬰兒其實很喜歡在戶外睡覺，而且能適應戶外的氣溫。瑞典人知道他們自己在做什麼；畢竟，瑞典兒童死亡率是全球前幾低的。

但瑪莉亞和法布里奇歐無法接受所有的瑞典習俗。舉例來說，他們有些朋友會幫小孩報名森林幼兒學校，讓孩子一整年都在戶外遊玩，只有天氣惡劣時才提供基本的庇護空間。這群熱心的朋友向兩人解釋，進入森林幼兒學校就讀的小孩比較不容易接觸到細菌，而且不常生病，但是他們聽完只是禮貌性點頭，最後仍決定讓小孩進入傳統的室內學校就讀。

北歐人的個性通常比較隨和，但對於教養問題則有自己的堅持。他們覺得其他國家的教養方式實在有些瘋狂。某天，瑪莉亞和法布里奇歐決定要搬到瑞士德語區。搬遷期間，他們考慮讓諾拉轉學到斯德哥爾摩的德國學校就讀一年，希望她未來的轉換過程能夠更順利，但他們的朋友卻認為這是個糟糕的決定。顯然北歐人認為德國的父母和教育系統太過粗暴、專斷。

德國與瑞士：（某種程度上）放鬆的父母

這種說法當然有些誇大。德國父母也許比北歐父母嚴厲一些，但對於教養方式的認知，很大部分取決於個人習慣。美國人可能會以完全不同的角度看待德國的教養方式。例如，《時代》雜誌曾刊登一篇文章，反映出一位移居柏林的美國母親的看法：「所有德國父母會聚在一起喝咖啡，完全沒注意到他們的小孩吊掛在沙坑上方二十英尺的木龍上。泡棉軟墊呢？責任聲明呢？人身傷害律師呢？」[10] 這位美國母親受到的文化衝擊不僅如此，她很訝異德國的幼兒園不怎麼重視課業，父母也不會要求學齡前兒童學習閱讀和寫作。不過最大的震撼是，德國所有年紀的學齡兒童，都是獨自走路上學或在附近玩耍，完全沒有父母監督。最後這位美國母親決定勇敢面對，放手讓女兒自己走去麵包店……但整個過程她都站在陽台上盯著。

馬蒂亞斯在三個兒子就讀的芝加哥德國國際學校，經常看到類似的文化衝擊。學校老師來自於德國、奧地利或瑞士，而且剛來到芝加哥不久，但在小孩玩耍時，他們仍習慣採取較放鬆的德式作風。剛入學前幾天，許多驚嚇其實是小孩在遊樂場受到輕微割傷或擦傷的意外，學校沒有向父母解釋發生什麼事。（習慣美國幼兒園做法的）美國父母面對這些情況時，會期望學校起碼提出詳細的書面「意外報告」，說明事情的經過與發生原因，然後與老師（理想上是與學校主任）開會討論，並保證將不惜一切代價，避免類似的事件再度發生。相反，德國老師只是聳聳肩說道：「在遊樂場就是會發生這樣的事，我們不會特別留意。」然後任由美國父母們在一旁嚇得目瞪口呆。

瑞士父母的態度同樣比較放鬆，過度教養不屬於當地文化的一部分。二〇一五年五月，《紐約時報》刊登了一篇文章，標題極具有暗示性：〈在瑞士，父母冷眼旁觀；在美國，盤旋是必要的〉（*In Switzerland, Parents Observe. In the US, Hovering is Required*）[11] 居住在美國的瑞士母親會坐在食堂裡，看著自己女兒與年紀較小的男孩發生小爭執，她就像典型的瑞士母親，覺得沒理由介入這種毫無意義的爭吵，寧可讓小孩獨自找出方法，化解衝突。接著，她看到習慣在兒子上方盤旋的母親表情驚恐，無法認同她如此冷靜，要求她和女兒提出適當的道歉。

在瑞士的教養文化中，「獨立」排名相當前面。小孩進小學就讀，甚至會在沒大人監督的情況下，和其他小孩一起走路上學。瑞士政府會盡力而為，確保沒有人因為這種做法而受到傷害，街道上四處可見警告駕駛的交通號誌，提醒他們已進入校園區域。換句話說，駕駛方式得因應當地特定的教養方式而做出調整。（駕駛疏忽會受到嚴厲的處罰！）

但「瑞士小孩生活較放鬆、壓力較少」這說法其實是有條件的，或者至少有年齡限制。小學低年級的瑞士小孩確實能度過輕鬆的兒童時光，一旦升上更高年級後，他們的壓力也隨之增加。就如同先前提過的，瑞士小孩必須參加高中入學考試，決定要進入學術導向的文理科高中，還是專業導向的職業高中。這項考試是重要的轉捩點，也是瑞士家庭生活的主要壓力來源。在蘇黎世地區，學生十二歲時（也就是到了六年級）就得參加這項考試。許多父母會幫小孩報名升學準備課程，花很長的時間幫小孩複習功課。高中入學考試當天會看到各種戲劇性場景：大批父母站在考場前焦急等待，看到小孩從考場出來時，想辦法從孩子的臉部表情搜尋成功或失敗的線索。這案例顯示，除了貧富不均的因素外，制度特色——例如學校系統的設計——也會影響教養方式的選擇。以下是經濟學的預測：高風險考試會提高教養的風險，使父母有誘因採取更密集的教養方式。關於這點，我們會在第九章進行更深入的討論。

瑞士也是很有趣的案例，雖然是小國，但不論是語言、經濟特性，甚至是學校系統，各地區不盡相同。蘇黎世大學經濟學家朱利安・謝佛（Julian Schärer）在一篇論文中，運用「瑞士兒童與年輕人調查」（Swiss Survey on Children and Youth）的能力與背景資料（Competence and Context），分析瑞士各行政區（州）貧富不均與教養方式之間的關係。[12] 這是自二〇一六年開始的長期調查，包含瑞士的德語區和法語區。受訪父母必須回答一系列關於親子關係的問題，謝佛根據父母的回答分類教養方式。由於專斷教養方式在瑞士相當少見，因此他將研究重點放在放任與威信教養方式之間的選擇。根據他的分析結果，各州的威信教養方式占比，會隨所得不均程度的擴大而增加。所得高度不均的州，例如施維茲、佛德、巴塞爾，威信型父母占比較高；所得不均現象較溫和的州，例如阿爾高、索洛圖恩、伯恩，威信型父母占比較低。在不同的國家，我們都觀察到相同的模式。

英國：過度教養愈來愈普遍

主流教養方式不同，不僅是反映歐洲和美國之間的文化差異。並非所有歐洲人都相信：放鬆的教養方式能培養小孩的獨立與想像力。二〇一六年一月，也就是英國首相大衛．卡麥隆（David Cameron）因英國脫歐公投結果而引咎辭職的前幾個月，他在倫敦北部的伊斯林頓向一群父母發表演說，呼籲父母和學校老師應採行虎媽的教育理念，盡一切可能灌輸小孩勤奮的美德；公立學校應該傳遞蔡美兒的信仰：「努力嘗試，相信自己可以成功，站起來，再試一次。」而不是鼓吹「人人有獎」的文化。根據他的說法：「性格——堅持——是成功的核心關鍵……不論你有多聰明，如果你不相信持續努力與專注力的重要，就無法發揮你的潛能。」[13]這場關於道德價值觀的熱情演說，隻字未提精英私立學校擇優錄取的重要性，例如卡麥隆就讀的希瑟堂預備學校和伊頓公學。

雖然卡麥隆並未說出完整事實，不過這場演講恐怕只是多此一舉。事實上，英國人的教養方式比德國人和北歐人更為密集，特別是教育程度高的階級。從一九九〇年代開始，直升機教養方式在英國迅速普及，愈來愈多父母主動引導小孩選擇就讀的大學，與小孩一同參觀校園，就如同美國父母的做法。

為了因應這項新趨勢，如今大學參觀日的訴求對象轉為未來學生的父母，而非學生本身。在參觀校園的過程中，父母愈來愈常發表意見。也因為這項趨勢，大學必須同時分別向父母和學生進行簡報，以免父母「擅自闖入」學生的場次。還有其他不少趣聞，例如（未受邀請的）母親出席為碩士生舉辦的派對，目的是和教授當面討論自己二十多歲孩子的學業情況。有趣的是，促使英國父母改變態度的轉折點，就是一九九八年通過的《教學與高等教育法》（*Teaching and Higher Education Bill*），大學提高學費、取消生活助學金，改用入息審查的新貸款制度取代。[14] 此後，一年的學費從原本的一千英鎊暴增為九千英鎊，頂尖大學之間的競爭日趨激烈。改革前有很高比率的學生能獲得生活助學金（例如大學講師的薪資偏低，因此他的小孩有資格領取生活助學金）。然而在新制度之下，使得許多中下階層父母無力負擔學費，數年後小孩不得不放棄學業，不然就是轉課程或轉學。

因為這樣，父母不太可能讓自己的小孩選擇「未來無法爭取高薪、使工作機會有保障」的課程。換句話說，進行改革之後導致了財務風險升高，隨著教育風險增加，直升機教養方式也因此日益普及。[15]

中國：父母知道怎麼做才對小孩最好

如果你想找到以密集教養方式為常態的國家，絕對非中國莫屬。蔡美兒相信出身中國的父母比起西方父母更重視小孩的學業成就：「中國父母每天大約花費十倍的時間陪小孩鑽研課業。相反，西方小孩比較常花時間參與運動。」[16] 世界價值觀調查的資料，也證實中國教養文化偏嚴格的刻板印象（請參考圖三・一），有九〇%中國父母看重勤奮的價值觀（美國為六五%，瑞典為一一%）。根據《中國日報》的調查，蔡美兒鼓吹的嚴格教養方式在中國相當受歡迎，「接受調查的一千七百九十五人中……九四・九%的人說他們有認識要求嚴格的母親，五五・一%的人說他們看到中國教養方式的優點」，只有「一八%的人說虎媽剝奪了小孩的童年樂趣」。[17] 同篇文章引述北京大學某教育學教授的說法，他認為這種教養方式的優點是能教育出更聰明的小孩，而且面對未來競爭激烈的環境，更能做好準備。

中國對於虎媽的迷思相當普遍，甚至成了電視劇主題。由知名演員趙薇和佟大為主演，劇中三位主角分別是畢勝男（「虎媽」）、羅素（她的先生）和羅茜茜（他們的五歲女兒）。勝男（名字意思為「勝過男性」）是某家成功企業的資深執行長，意志堅定、要求嚴格，並且準備好要投注所有心力，引導女兒邁向成功之路。相較之下，羅素是態度較放任的父親。電視劇情就是隨著這對父母幽默風趣的爭論而展開。

觀眾會一再看到貫串全劇的主題：給予茜茜最好的教育最重要。某天，勝男有個沮喪的發現：茜茜希望看起來更漂亮而化了妝，這舉動卻激怒了母親。母女兩人僵持不下，直到後來茜茜告訴母親，她再也不會化妝，而且會像自己的朋友杜杜一樣用功讀書，母親才展露笑顏。後來勝男發現杜杜是第一小學的學生，這所學校招收數百位像杜杜一樣的學生。此後，她的人生目標就是要把茜茜送進第一小學。取得入學資格的一個條件是必須住在學校學區，但當地的物價昂貴，於是勝男決定賣掉原本居住的兩層公寓，買下破敗、老舊、擁擠、每平方公尺要價九萬人民幣（約一萬四千美元）的「學區房」。羅素及其家人試圖勸阻勝男申請兩百萬人民幣的房屋貸款，因為這將導致他們生活陷入悲慘的境地。而勝男說出自己的故事：她父親雖然貧窮，卻將多數積蓄用在她的教育上。正因如此，她才能進入最好的學校就讀，最終獲得了成功。

儘管家人做出了極大的犧牲，最後茜茜卻未能進入夢想中的學校，原因是入學規則改變，只有在學區居住至少兩年的學生，才能取得優先入學資格。勝男並未就此放棄，她沒有將女兒送往普通小學，而是讓女兒晚一年入學。但她也不可能放任茜茜在學區四處晃蕩，於是決定辭去工作，安排超密集的在家自學課程，以及吃重的健身運動；此外還聘請繪畫與音樂家教。勝男堅信：「我們的生涯可以被犧牲，但女兒的未來不可以。我們是為了女兒而活。」

勝男正是典型盡責的中國母親，相信勤奮是通往成功的不二法門——與接受世界價值觀調查的中國父母有相同的信念。某天，茜茜被奶奶帶出去玩了一整天，所以沒有做完功課。勝男晚上回家後，直接把女兒從床上挖起來，強迫她寫完功課。你以為這只是電視劇的誇張劇情？不完全是。某天，法布里奇歐語帶羨慕向一位中國朋友探詢他女兒的情況，這朋友的女兒是鋼琴天才，他好奇她的天分從何而來，他朋友熱心的回答，他認為自己女兒不是比其他同學有天分，只是願意投入更多時間練習。許多中國父母很認同常被引用的愛迪生名言：「天才是一%的天分和九九%的努力。」

中國案例支持了教養經濟學的理論。現今中國貧富不均情況惡化，甚至比美國嚴重，而且遠超過西歐國家。此外，教育風險相當高。最後，就如勝男所分享的人生經驗，勤奮是改善社會地位的有力方式。在學校教育裡，成功之門是名為「高考」的考試，每年有超過九百萬名學生參加，希望能取得高等教育機構的入學資格，因此風險相當高。高考成績優異的學生，就有資格進入頂尖大學就讀；如果成績不佳，很可能就沒大學可讀。在美國想要進入精英學校就讀，除了學業成績和考試分數外，還取決於其他因素，例如課外活動及社經背景，但在中國是分數決定一切。我們將在第九章探討高考導致的戲劇性結果。

我們是否相信，貧富不均、教育風險高等因素，可以完全解釋中國主流的教養方式？我們認為這些因素至關重要，也同意中國教養文化的某些面向是源於更古老的傳統，而非當下的經濟條件。例如尊重權威與階級的傳統或許能解釋，為何採取專斷教養方式的密集型中國父母，與同樣貧富高度不均的西方國家父母有所不同。借用蔡美兒的話來說：「中國父母相信，他們知道怎麼做對自己的小孩最好，因此會無視小孩的渴望和偏好。」[18]

日本：送心愛的小孩遠行

日本的教養文化正好與中國形成有趣的對比。現在的中國和日本是完全不同的國家，但長期以來擁有某些共通的文化特性。例如兩國都非常重視教育和學業成就：尊敬父母和長輩都是重要的傳統價值觀。因此，如果你相信世代傳承的文化因素是影響教養方式的主要決定因素，那麼應該會在這兩國觀察到類似的教養方式。但日本的經濟情況與當今的中國大不相同，要比中國富有得多（日本人均 GDP 是中國的二．五倍），但在過去二十年，中國經濟成長速度高於日本。更重要的是，日本所得不均的問題不如中國嚴重，吉尼係數遠低於美國，介於德國和英國之間。除了經濟條件差異外，日本和中國的教養方式也大不相同。在世界價值觀調查中，日本父母不像中國父母那麼強調勤奮的重要。只有三分之一的日本受訪者將勤奮列為育兒最重要的價值觀，遠低於中國的九〇%。相反，日本父母對想像力的重視高於中國父母。因此中國和日本之間的差異，符合我們經濟理論的預測。

然而，若談到培養小孩的獨立性，中國和日本的教養文化則相同。有七六%中國父母將獨立視為非常重要的價值觀，日本父母則超過八〇%如此認為，遠高於美國的五六%。日本父母如此看重小孩的獨立，可以用一句日本諺語來總結：送心愛的小孩遠行（可愛い子には旅をさせよ）。這句話凸顯培養小孩自力更生的重要性，日本小孩在很小的時候，就會搭乘大眾交通運輸工具及負擔家務，例如在沒大人陪同的情況下去雜貨店買東西。

培養小孩獨立的重要性深植於日本教養文化，曾有一檔爆紅的日本電視節目《我的第一份家務》，拍攝年幼兒童第一次做家務（例如第一次外出買雜貨）的情形。這節目在日本播出超過二十五年。[19] 為什麼獨立價值如此受日本父母的重視？這可能是因為日本文化有極高的社會信任與社區意識。此外，日本的犯罪率相當低，小孩從小就被父母教導，必要時可以請求其他社區成員的協助。[20]

雖然日本父母不像中國父母那樣執著於工作倫理，但密集型父母的人數依舊逐年增加，特別是對小孩教育的支持。長期以來，日本父母相當關注教育問題，母親會負責確保小孩的課業表現真的有進步，多年來日本人所說的「教育媽媽」正是指這類型的母親角色。如今這項傳統以某種特有方式產生了變化。一群兒童發展學者研究日本母親與幼兒園及小學教師的關係，結果顯示一九六〇年代的傳統教育媽媽（態度靦腆但支持學校的目標和教學方法），已轉變成現在所謂的「怪獸家長」，高度介入干預小孩生活的各個面向。[21] 怪獸家長時常與學校老師發生衝突，指責老師的教學不符合他們的期望。[22]

專斷教養方式依然存在的歐洲國家：法國與西班牙

到目前為止討論過的國家，教養方式的選擇都符合我們的理論預測。現在我們將目光轉向更具挑戰性的兩個歐洲國家：法國與西班牙。世界價值觀調查的資料顯示，這兩國的父母對勤奮的重視程度，與我們的理論預測相符。如果按照法國的貧富不均程度來看，法國父母對獨立和想像力的重視程度，遠低於應有的水準；反而是順從的分數較高，有四三％受訪者將順從列為最重要的價值觀之一，比率遠高於德國（一七％）、瑞典（一七％）、美國（三〇％）。西班牙與法國相近：四二%父母重視順從的價值觀。

法國與西班牙教養方式偏向專斷，這點從兩國父母普遍接受體罰即可看出。不過近年來法國與西班牙的法律規定有所不同：自二〇〇七年開始，西班牙禁止體罰；法國直到二〇一七年才禁止體罰。但兩國父母都承認，他們還是時常使用體罰。一項針對五個歐洲國家（瑞典、奧地利、德國、法國、西班牙）進行的研究，訪談了五千位父母，詢問他們對體罰的看法、是否有使用體罰，以及對於暴力行為的親身體驗。[23] 有超過一半（五五%）的西班牙父母曾甩小孩巴掌，八〇%父母曾打小孩屁股，七%父母曾使用某種物件打小孩；至於法國父母，比率分別為七二%、八七%、五%。

一種可能的解釋是：天主教父母特別偏向專斷教養。美國社會學家哲哈德．倫斯基（Gerhard Lenski）曾做過一項研究，分析居住在底特律的天主教父母與清教徒父母的教養方式差異，結果與我們的看法相近：[24] 天主教家庭與小孩的互動關係比清教徒家庭還要傳統；他們更重視順從權威，而非個人自主性與自我向導（self-direction），也比較常使用體罰。這項研究發現是基於半個世紀前的美國。至於較近期世界價值觀調查所提供的各國數據，只有一部分支持這論點。參與調查的多數天主教國家都高度重視順從，包括阿根廷（四八%）、智利（五八%）、哥倫比亞（六七%）、墨西哥（六四%）、秘魯（六一%）、巴西（五五%）、波蘭（五五%）。但義大利（二九％）雖也是天主教國家，父母卻不太看重順從。此外，我們分析這些國家的父母行為後發現（請參考第五章），整體而言，有宗教信仰的父母態度比較專斷，不論是信仰天主教或其他宗教，基本上沒有顯著差異。其他可能的解釋主要和政治歷史（西班牙是相對年輕的民主國家，而且在一九三〇年代曾經歷內戰）、教育系統特色有關，我們會在第九章深入討論。

使用世界價值觀調查的個別資料

在深入探討幾個國家的案例後，我們再回頭更細部去解析世界價值觀調查的資料。本章一開始我們使用單一年份的世界價值觀資料，說明特定教養價值觀與各國的貧富不均程度相關（選擇涵蓋率最大的年份）。從這些資料中，我們可以得到更多資訊。首先，可以用教養價值觀的資訊，推論每位受訪者的特定教養方式；接著，有許多國家每年重複參加調查，因此我們可以測試，不同教養方式的普及程度變化，是否與所得不均的變化有關。換句話說，我們可以觀察當國家變得更不平等時，威信教養方式是否會更普遍，放任教養方式是否因此被捨棄。最後，世界價值觀調查提供的資訊相當豐富，讓我們能了解個別受訪者的社經條件，例如年紀及教育程度。這些個別特性同樣會影響教養方式的選擇，因此我們藉由統計技術，將這些額外因素的影響與國家所得不均的影響區隔開來。

為了決定世界價值觀調查每位受訪者屬於何種教養方式，我們使用四種不同的價值觀：獨立、想像力、勤奮、順從。由於每位父母會被要求從選單中挑出他們認為最重要的五大價值觀，因此很可能選到一種以上我們感興趣的價值觀。考量到這點，所有將順從列入五大價值觀的父母，不管其他四種價值觀選了什麼，都將他們歸類為專斷型。要求順從是專斷教養方式獨有的特性，不存在於其他教養方式裡：威信型父母的目的是說服小孩照父母的意願去做正確的事；放任型父母不會干預小孩的選擇。至於其他（非專斷型）父母，將勤奮列入五大價值觀的父母，則歸類為威信型，因為要求小孩提升表現正是此種教養方式的特性。最後，我們將不屬於專斷型與威信型，但將獨立或想像力列入最重要價值觀的父母歸類為放任型，因為這些價值觀與放任教養方式有關。剩下那些沒選擇我們分類所依據四種價值觀的父母，由於僅占全體受訪人數的九%，因此不列入分析。

貧富不均愈擴大，愈多父母轉為威信型

圖三．二顯示，各國不同教養方式的人數比率，如何隨所得不均程度而變動。[25] 在此以全

職受雇工作者中，所得分配位於第九十百分位數與第十百分位數的薪資比值，衡量各國的所得不均程度（請注意，這方法與本章開頭及第二章討論的 S90-S10 比值並不同）。得出的結果與圖三．一的吉尼係數分析類似，但這項指標更能反映長時間的趨勢。[26] 此圖僅顯示每個國家的某個觀察指標，也就是各年度世界價值觀調查的平均數據。

首先來看放任教養方式（圖三．二的左上方），放任型父母占比較低，與所得不均惡化有關。許多瑞典父母屬於放任型，而瑞典的所得不均程度偏低；美國只有少數父母採取放任教養方式，而美國的所得不均問題相當嚴重。當我們取得不同年度的世界價值觀調查資料後，就可以比較各國的長期趨勢變化。在我們更早之前公布的研究報告中，有提出更系統性的分析。[27] 在這份研究報告中，我們分析各國不同教養方式的普及程度，如何隨著所得不均程度的變化而改變。

在多數情況下，一個國家的所得不均程度擴大，放任教養方式的普及度便會下降。就以挪威為例，整體而言，大多數的挪威父母為放任型。但一九九六至二〇〇七年間，由於所得不均擴大，愈來愈少父母採取放任教養方式。芬蘭、德國、紐西蘭、美國的所得不均程度雖然有差異，但都在這段時間更加惡化。相反，二〇〇七至二〇一一年間，西班牙的所得差距縮小，父母的教養方式變得較為放任。不過就如許多社會科學研究經常面臨的情況，沒有任何理論可以

圖三・二：
經濟合作暨開發組織國家的所得不均
（所得分配第九十百分位數與第十百分位數的比值），
以及放任（左）、威信（右）、專斷（下）型父母占比

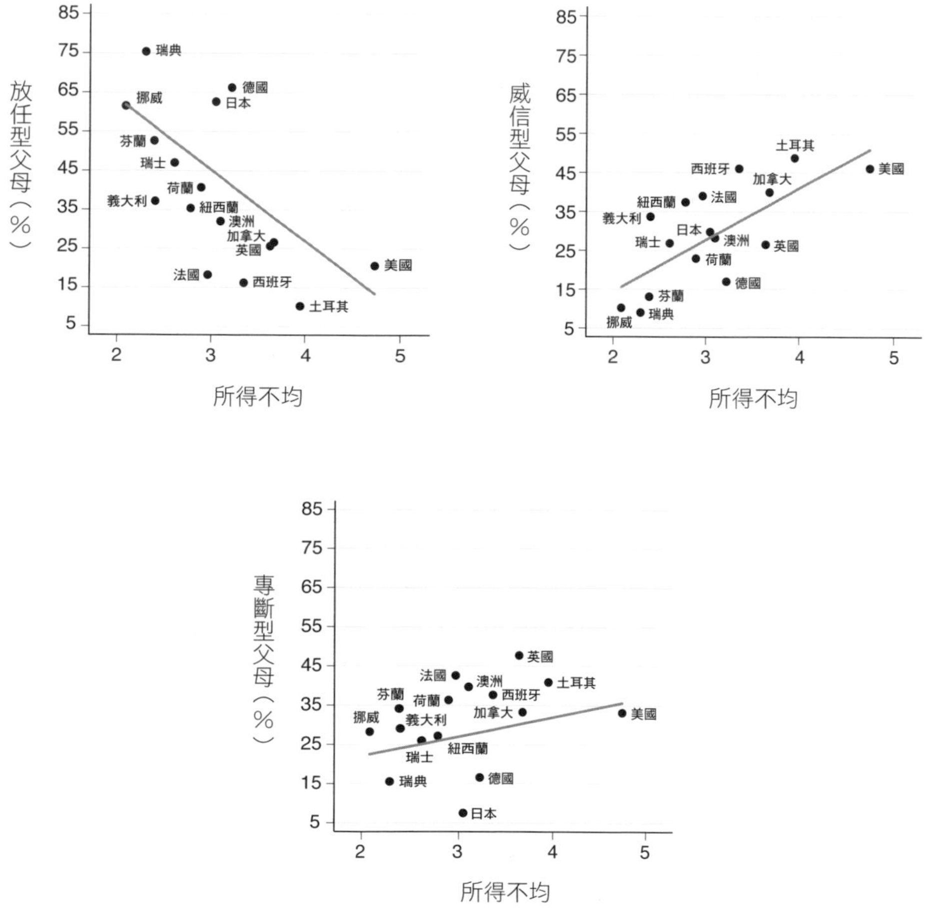

準確預測數據，因為理論只聚焦某個面向（在我們的案例中，重點是所得不均），排除了其他同樣重要的因素。例如二〇〇六至二〇一三年間，德國所得不均程度並沒有太大變動，但德國父母的教養方式卻變得更放任。

圖三．二的右上方顯示，更多父母採取威信教養方式，與所得不均惡化有關。這種教養方式在北歐、荷蘭、瑞士或德國並不常見；相反，在美國、土耳其、法國、西班牙則非常普遍。我們先前的研究結果顯示，不同教養方式的普及性，會隨國家所得不均程度的變化而改變。以美國為例，一九九五至二〇一一年間，威信教養方式的占比從三九%增加至五三%，原因與美國的所得不均急速惡化有關。

最後，圖三．二的下方顯示，所得不均程度與專斷教養方式的關係。這種教養方式強調順從，所得高度不均與專斷型父母占比成長有關，不過兩者關聯不如另外兩種教養方式密切。這跟我們先前對日本的預測相同：日本專斷型父母非常少見。不過也有一些意外發現：芬蘭的專斷型父母遠多於瑞典。接下來的章節我們將會看到，父母採取專斷教養方式的主要決定性因素，取決於父母的社經地位與經濟發展程度，而非國家整體的所得不均程度。

貧富不均的效應有多大？

交叉分析世界價值觀調查的各國數據後，我們證實放任型父母減少、威信型父母增加（專斷型父母的增加幅度較不明顯），與所得不均惡化有關，但這些關聯仍需進一步被確認。到目前為止，我們僅單獨考量宏觀經濟的貧富不均因素。但在個人層面，教養方式的選擇也會受父母的社經條件影響，例如教育程度。在國家層次，教養方式出現差異，有一部分原因可能是源自於文化異質性（例如中國的儒家傳統或美國的清教主義）。如果我們排除這些決定性因素，就會過度放大所得不均對教養的影響。

基於上述考量，我們重新採用第二章運用的統計方法：多變量邏輯迴歸分析。這次不是整合國家層級的資料，而是分析個人的原始資料，也就是說我們觀察的對象是接受世界價值觀調查的個人。透過這種方法，就能將所得不均惡化所導致的效應，和父母教育或人口結構特性區隔開來。[28] 換言之，我們推估**經濟條件相同**的父母，在面臨不同程度的所得不均時，採取特定教養方式的機率。由於每個國家的資料來自多項調查（而且是在不同年度進行），因此能夠解決可能受各國家特有因素（例如文化影響）干擾的問題。在固定國家層級的因素後，我們可以比較同個國家不同父母的決定，藉此了解所得不均對教養方式的影響。這種分析方法稱為「國家固定效應模式迴歸分析」（regression with country fixed-effect）。

整體而言，這次分析得到的結果，與先前提到較不複雜的分析方法類似。父母採取特定教養方式的機率變化，與國家的所得不均變動有關。[29] 更具體說，當某國變得更不平等，具備相同社經條件的父母會明顯轉向較不放任、更威信的教養方式，或是稍微專斷的教養方式。

想了解所得不均變化對形塑教養方式的量化重要性，可以思考以下案例。假設有對瑞典父母的社經條件符合一九九六年的平均水準（例如年紀、教育程度等），當時瑞典的不均比值為二・三。該對父母成為放任型、威信型、專斷型父母的機率分別為七五％、六％、一九％，相當接近圖三・二的國家平均水準。接著，我們將這對父母放到新的經濟環境裡，當地所得不均程度與二〇一一年的美國相當。透過推估的效應，我們可以計算他們在與美國相似的社會環境中，選擇三種教養方式的機率。結果這對父母採取放任、威信、專斷教養方式的機率別為二一％、二六％與五三％（請參考圖三・三）。[30] 這張圖與原始圖有極大的差異！從放任轉向威信教養的比率相當高，這數據極具統計意義。放任型父母占比大幅下降，相當於瑞典和美國放任型父母比率的差異（請參考圖三・二）。這代表瑞典和美國的教養方式出現差異的原因，很大一部分是由於所得不均，而非個人條件或國家特有的因素。再更進一步分析，這些結果也反映所得不均的持續惡化，很可能導致全球直升機父母大幅增加。

圖三・三：
社經條件符合一九九六年平均水平的瑞典父母，
採取不同教養方式的預估占比（黑色）；
假設所得不均程度擴大至二〇一一年的美國水準，
在不運用固定效應模式（淺灰色）
及運用固定效應模式（深灰色）情況下，
採取不同教養方式的預估占比

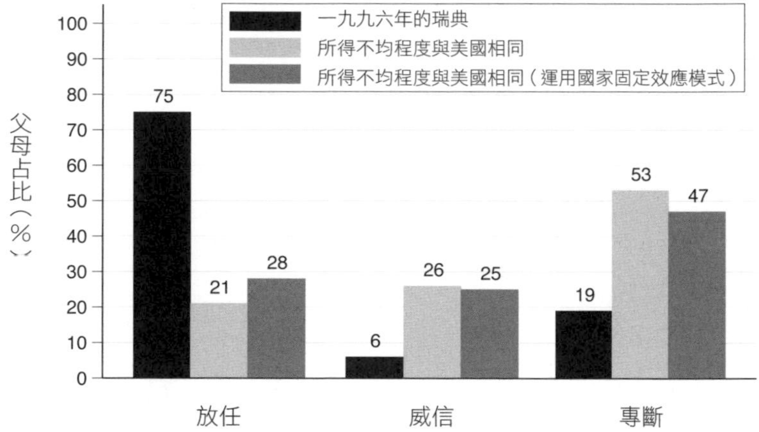

但這裡有兩大限制。第一，雖然我們控制了其他可能影響教養方式抉擇的因素，例如父母個人社經條件、國家特有的影響，但不確定是否包含所有可能的影響因素。因此我們無法確知，所得不均與教養方式之間的連結，是否有一部分被我們沒衡量到的因素影響。第二，就如同前面所述，當瑞典的所得不均程度擴大到與美國相近時，我們考量到這變動幅度極大，並且遠高於同時期個別國家曾有過的變動幅度。換句話說，任何國家未來十年的教養方式，都不可能出現我們案例那樣的戲劇化轉變。

從統計分析的結果可以看出，根據國家所得不均程度進行衡量，有哪些國家的教養行為特性相對不尋常。從統計來看，所得不均和放任教養方式之間呈現負相關，德國和瑞典（兩國所得不均程度偏低）的放任型父母比率高於合理的水準。同樣，日本的專斷型父母比率過低。然而，和國家的所得不均程度相比，法國與西班牙的放任型父母偏低，反而有許多威信型或專斷型父母，先前我們已提到這點，後面會再深入討論；義大利的威信型父母偏高，專斷型或放任型父母偏低；最後，英國、土耳其、美國的專斷型父母占比偏高（即使考慮這些國家高度貧富不均，占比依舊偏高）。就全球趨勢來看，我們的分析反映出隨著時間累積，威信教養方式確實明顯增加，這與第二章討論的全球所得不均惡化趨勢相符。

那麼教育因素呢？根據我們的預估，比起未能完成高中學業的父母，擁有高中文憑的父母較可能採取放任教養方式，而有大專學歷的父母機率更高。大專學歷的父母特別不可能成為專斷型父母，換句話說，他們不認為順從是該灌輸給小孩的重要價值觀。關於「教育程度較低的父母較可能成為專斷型父母」這個發現，我們會在第四章進行更深入的探討。

最後，可能有人會質疑經濟發展對教養方式的影響。不過我們交叉分析經濟合作暨發展組織國家的數據後，發現其影響程度較小。當人均GDP（衡量經濟發展的標準指標）提高，放任教養方式的吸引力僅微幅增加。整體而言，就我們收集到的先進國家數據來看，所得不均的影響比經濟發展水準更大、更穩固。我們在第五章將收集更多國家的資料（包括開發中經濟體）來討論這問題。

公共政策的角色：稅務和重分配如何影響教養方式

截至目前為止，我們只分析稅前所得不均的效應。但人們更在意自己的可支配所得，也就是繳稅後可運用的所得。此外，人們的福祉也會受公共財（公園、公立醫院、法律和秩序）與安全網（公共退休金、失業救濟、健康保險）等相關公共政策影響。如果父母的教養方式取決於他們對小孩未來前途的期望，那麼不同的稅務規定與社會福利支出，也會影響不同教養方式的普及性。例如在福利政策優渥的國家，父母會比較放鬆，也比較不在意小孩的成功，因為知道當孩子面臨經濟困境時，可以依賴國家的支持。

累進稅率是非常有效的政策工具，當應稅所得增加，稅率也隨之提高。這種制度的目的是重新分配所得，也就是犧牲高收入的有錢人，照顧低收入的窮人。當稅率的累進程度愈高，高收入與低收入的可支配所得差異就隨之縮小。

我們的理論預測，如果稅率累進程度較低，父母會傾向採取密集教養方式。反過來說，在稅率累進程度高的國家，應該會看到非常多放任型父母。我們使用了安德魯楊政策研究學院（Andrew Young School of Policy Studies）開發的累進稅率指標。[31] 圖三・四顯示的證據與我們的預測相符：稅率累進程度愈高的國家，父母的態度就愈放任、愈不威信與專斷。

接著，我們考量總體社會福利支出占 GDP 的比例。[32] 社會福利支出能幫助窮人，減緩所得不均的影響。因此我們預期，國家對社會福利政策的花費愈高，父母的態度就愈放任、愈不威信。這項預測再度獲得證實。社會福利支出與專斷教養方式之間同樣呈現負相關，只不過相關性較薄弱，不太具有正式的統計意義。

有人可能會反對，不認為上面強調的不同結果有共通的根源，稅前所得不均程度偏低的國家，整體稅率與社會福利支出通常也較高，例如瑞典；反之亦然，例如美國。但是結果顯示，

圖三・四：
經濟合作暨發展組織國家的稅率累進程度，以及採取不同教養方式的父母占比

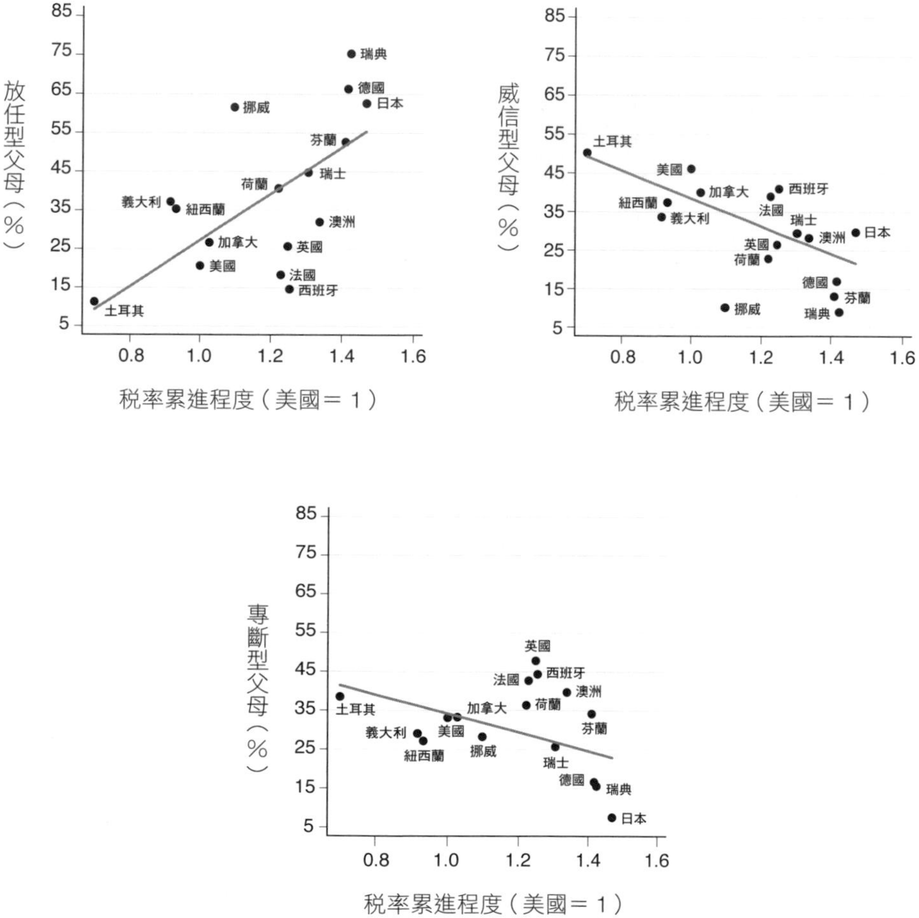

本章討論的三大變數，各自會對教養方式的選擇產生影響。在多重迴歸分析中，我們發現每個變量——稅前所得不均程度偏低、稅率累進程度高、社會福利支出高——都會促使父母的教養態度較為放任。

更精確說，如果有兩對父母社經條件相同，其中一對住在所得不均程度偏低且（或）稅率累進程度高且（或）社會福利支出龐大的國家，那麼他們的教養態度會較為放任，較不可能採取威信及專斷的教養方式。為了更具體說明我們的論點，不妨想像有兩對年紀、教育程度等條件相同的父母，分別居住在德國與土耳其。假設土耳其父母成為放任、威信、專斷型父母的機率分別為一〇%、四五%、四五%（請見圖三．五）。那麼依據我們的分析，社經條件相同的德國父母，成為放任、威信、專斷型父母的機率分別為四九%、二二%、二九%。因此，即使個別條件相同，德國父母比較可能採取放任教養方式。兩者之所以出現差異，一部分原因是德國的所得不均程度偏低，另外一部分原因是德國福利政策較慷慨。為了區隔這兩大因素，我們另外假設有個虛構國家，所有指標與都土耳其相同，但是稅前所得不均的程度與德國相同。我們姑且將這國家稱為偽土耳其，該國父母採取放任、威信、專斷教養方式的機率分別為三九%、二七%、三四%。與真正的土耳其落差較小，只有稅前所得不均程度出現變化，成為放任型父母的機率就會從一〇%提高到三九%。[33]德國父母採取放任教養方式的比率為

圖三·五：
社經條件符合二〇〇七年土耳其平均水準的父母，
採取不同教養方式的推估占比（黑色）；
假使所得不均、稅率和社會福利支出（淺灰色），
或是只有稅率和社會福利支出（深灰色）與德國相同，
土耳其父母採取不同教養方式的推估占比

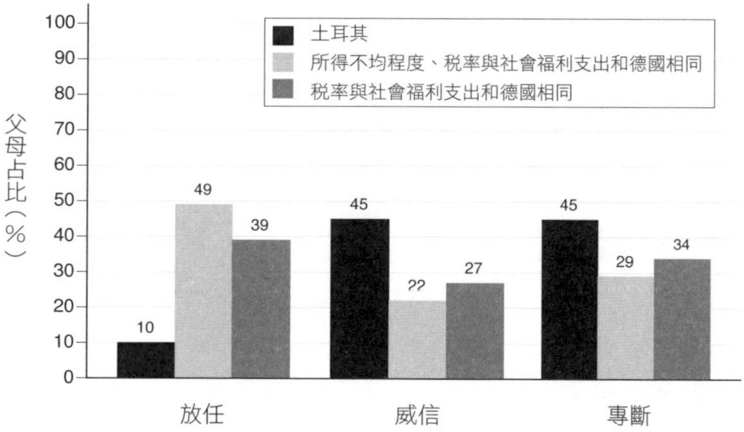

四九%，又比偽土耳其高一〇%，原因是德國稅率累進程度較高、社會福利政策較慷慨。

整體而言，我們發現即使考量了稅前所得不均的因素，政府政策依舊能解釋教養方式的某些變動。這表示經濟政策的變動有可能影響父母的育兒方式，之後的章節我們會再回頭討論這主題。

教育投資報酬率的效應

可以說父母教養方式最重要的影響，就是小孩的教育成就。本書的主題是：教養方式的選擇取決於小孩的經濟前景，因此我們預期父母介入的密集程度，會隨著財務風險的增加而提高。尤其我們預期，在教育投資報酬率高的國家，父母的態度會比較不放任且更為威信。教育投資報酬率與國家的所得不均程度有關，但兩者概念不同。如果教育投資報酬率高，教育程度最高的工作者，收入會遠高於其他人，進而導致所得不均惡化。與此同時，還有其他因素導致所得不均（例如財富的初始分配），但這些因素對教養的影響較小。因此若只看教育投資報酬率，而非整體的所得不均程度，就能更聚焦於直接影響教養方式的誘因。

不幸的是，要比較不同國家的教育投資報酬率，遠比我們想像得要複雜。計算教育投資報酬率時，經濟學家採取的標準做法是：比較取得大學學歷工作者與未取得大學學歷工作者的收入；另一種做法是，比較每多一年教育時間對收入的影響。但如果你的重點在於不同國家的經濟風險差異，這兩種做法都有局限。在某些國家（例如瑞士），職業訓練相當重要，接受不同類型職業訓練的工作者收入差距頗大；此外，由於不同升學管道的入學方式複雜，如果只計算不同教育年限的投資報酬率，並無法反映上述因素的影響。同樣，在某些國家（例如美國），進入精英大學能獲得極高的收入溢價，但標準的教育投資報酬率指標，無法反映進入頂尖大學所能得到的額外益處，這點非常重要，因為在其他國家（例如德國），不同大學之間的差異較小。

儘管存在著上述限制，各國的教育投資報酬率與教養方式之間的相關性，依舊符合我們的理論預測。我們使用的教育投資報酬率資料，來自於世界銀行近年進行的一項調查。[34] 圖三・六顯示，教育投資報酬率高的國家，父母的教養方式就偏向威信與專斷；在教育投資報酬率低的國家，父母的教養方式較放任。[35] 有趣的是，教育投資報酬率這項指標可以解釋，為什麼法國和西班牙放任型父母的占比偏低。正如我們先前提到的，這個結果實在令人不解，因為這兩個國家所得不均程度沒有很高。從圖三・六可以看出，法國與西班牙的教育投資報酬率是歐洲前段班。相較於投資報酬率低的其他歐洲國家（例如北歐），或是在文化上相近的義大利，法國與西班牙父母的教養方式之所以更強勢，教育投資報酬率或許是原因之一。

圖三．六：
在經濟合作暨發展組織國家，
大學與研究所教育投資報酬率
及父母採取不同教養方式的占比

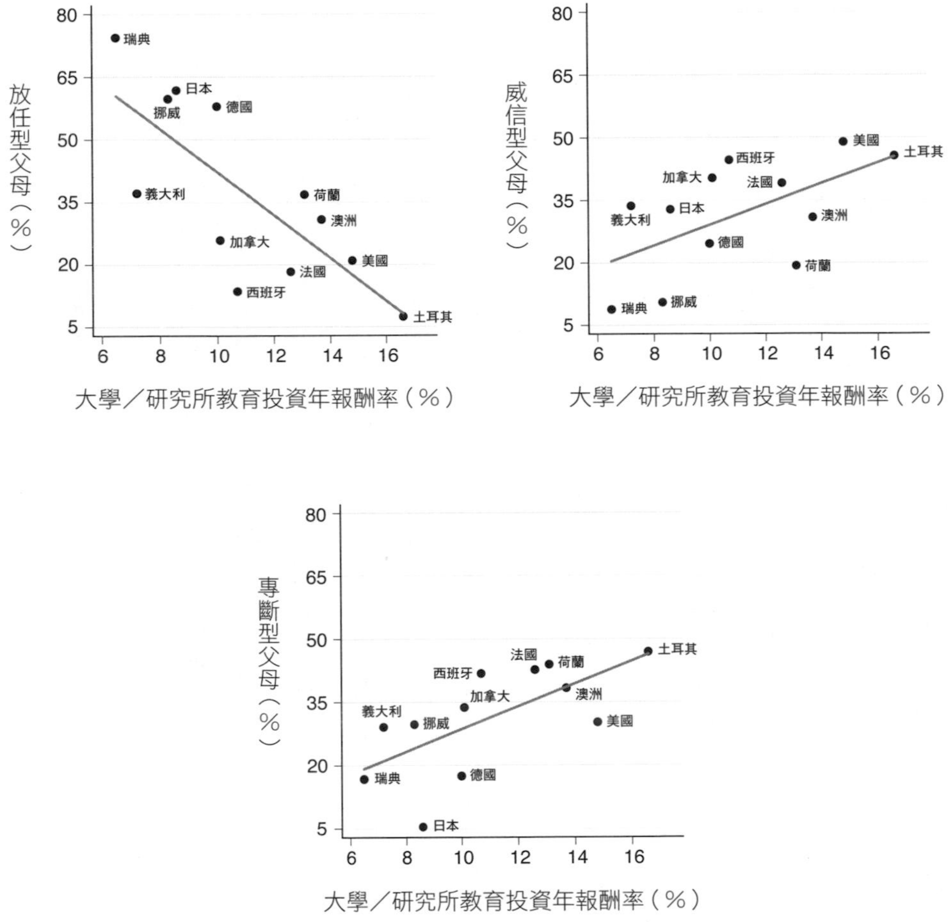

政治制度與公民自由

截至目前為止，我們分析了所得不均、重分配，以及教育投資報酬率的因素，這些都與父母對小孩經濟前景的期待有關。但對於小孩未來的期望與恐懼，不只與金錢有關。假設父母居住在壓制言論自由的國家，隨意表達意見可能有被攻擊或入獄的風險，無法受到法律保護，那麼父母就更可能堅持小孩必須遵從慣例，不能特立獨行，因此可能會採取專斷教養方式。相反，如果在擁有言論自由的國家，對人權的保護制度完善，父母就會較願意讓小孩依照自己的天性發展。在這樣的國家，想像力與獨立變得更重要，因為有助於培養批判性思考能力——推動創新的重要驅動力。因此，我們預期在這些國家中，放任教養方式會更普遍。

上述的討論顯示，教養方式的選擇不僅與經濟因素有關，同時還會受政治制度影響，例如人權保護的強度與司法系統的品質。為了確認這是否屬實，我們分析了三種指標。第一是哥特堡大學政府品質研究所（Quality of Government Institute）設計的人權與法規指數，該指數包含與言論自由、公民自由、政治自由、人口販賣、政治犯、監禁、宗教迫害、虐待、處決相關的指標。一如預期，圖三・七顯示，人權保護制度較完善的國家，放任型父母的占比較高，威信或專斷型父母占比較低。

我們也使用了國際透明組織（Transparency International）的貪腐指標，該組織自稱完全獨立，不偏向任何政治立場，依據各國人民對政府的清廉印象進行排名。[36] 在貪腐嚴重的國家，正式機構功能不彰，非正式層級可能比政績更重要。在這種社會中，擁有批判性或獨立思考能力只會惹上麻煩，而非有所成就。在這份排名中，北歐國家、紐西蘭、瑞士的得分名列前茅——換句話說，這些國家的人民認為自己的政府比較清廉。在我們的樣本中，義大利和土耳其是貪腐最為嚴重的國家（聽起來有些令人沮喪，不過根據本書其中一位作者的說法，這是有可能的）。我們發現較清廉的國家與放任教養方式呈現強烈的正相關，與威信和專斷（關係較薄弱）教養方式呈現負相關。[37]

最後，我們運用世界銀行的資料（全球治理指標〔World Governance Indicator〕）分析法規因素的影響，這項指標綜合了企業界、民眾及專業調查受訪者的看法，可以反映人們對社會規範的信任與遵循程度。尤其這項指標主要聚焦於合約執行品質、財產權、警察、法院，以及犯罪和暴力發生的可能性等面向。分數愈高，代表法規愈完善。就跟其他制度相關指標一樣，我們發現法規較完善的國家，放任型父母比率較高，威信或專斷型父母比率較低。

正如我們先前強調的，不該將跨國比較分析所呈現的相關性解讀為因果關係。第一，促使人民強烈維護人權的相同因素，也可能導致父母偏向放任教養方式。第二，上述與制度品質有

圖三・七：
在經濟合作暨發展組織國家，
人權與法規指數（在可觀察期間的時間平均值），
以及採取不同教養方式的父母占比

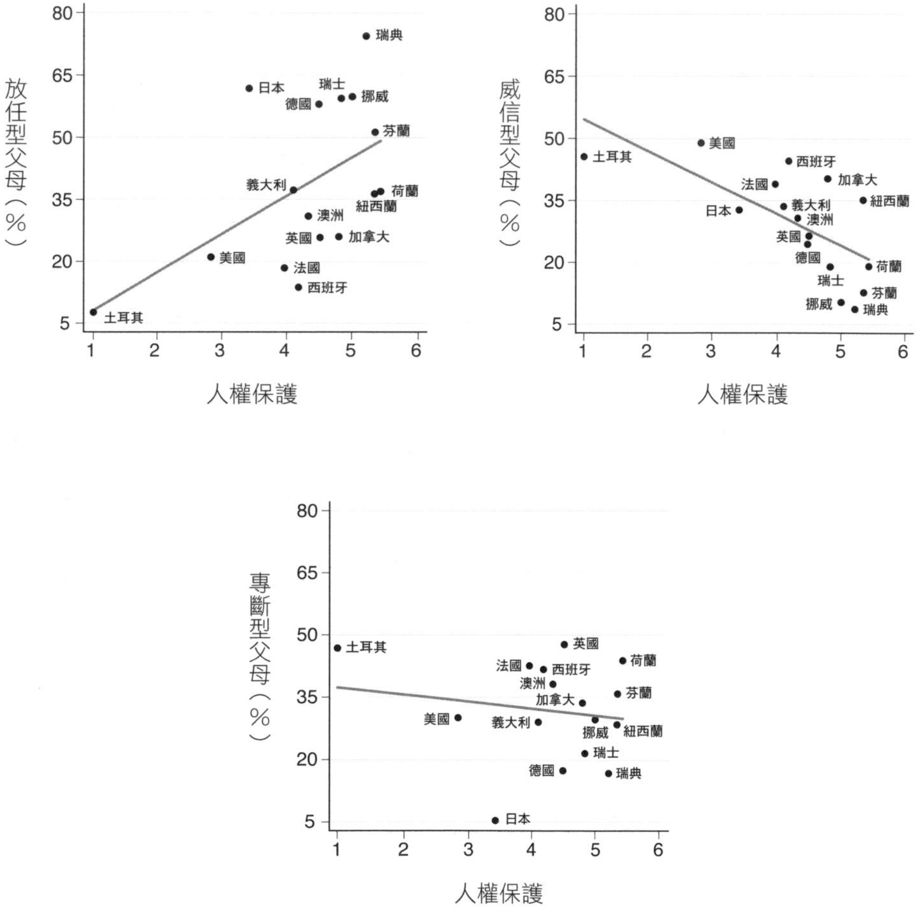

關的三大指標，彼此之間高度相關。例如北歐國家的政府較為清廉、法規完善、對人權的保護更周全。根據經濟誘因理論預測模型，這些觀察明顯反映，制度完善與否也會影響教養方式的選擇。

摘要：為何全球的教養方式會出現差異

前一章我們認為直升機父母與虎媽的崛起，與近幾十年先進國家的貧富不均問題惡化有關，當貧富不均擴大時，父母有更強烈的誘因要求小孩提升學業成績。我們也證明了更密集的教養方式，和小孩取得更高的考試成績、更好的教育成就有關，這也符合我們先前的解讀。

本章我們轉向更具挑戰性的任務：解釋不同國家的教養方式差異。為什麼美國、瑞典、中國父母的教養方式不同？傳統智慧認為根深柢固的文化差異扮演了關鍵角色。但我們一再發現，經濟誘因可以解釋大部分觀察到的現象。

首先我們從世界價值觀調查的資料找到統計證據，這調查詢問不同國家的父母，在育兒方面最重視哪些價值觀。就如我們先前探討直升機父母崛起的問題，貧富不均是非常重要的因素：在貧富不均的國家，父母多半會強調勤奮的好處，忽略想像力和獨立的重要性。此外，我們也深入探討少數特定國家的父母，在選擇教養方式時看重哪些因素，並且發現文化因素至少扮演了某種角色，例如在信奉天主教的法國與西班牙，父母多半反對放任的教養方式，但日本文化非常強調獨立的重要性。不過整體趨勢與我們的經濟理論相符：貧富不均問題嚴重、教育投資報酬率高，會促使父母選擇密集的教養方式。

接著我們推論每位受訪者究竟是採取專斷、威信或放任（依據他們的教養價值觀）教養方式，並運用其他個人資料，進一步分析世界價值觀調查的資料。結果發現即使社會和人口結構條件不變（例如父母的教育程度），我們的結論依舊能獲得證實。此外，當我們聚焦於每個國家所得不均的變動，而非不同國家之間的所得不均差異時，根據我們理論得出的預測依舊有效。隨著貧富不均加劇，父母的教養方式會變得更威信且不放任。這項觀察再次提出新的證據，反駁傳統觀點：認為不同國家之間的模式出現差異，只是反映文化上的差異。例如有人可能以為北歐人的社會同質性較高，因此能促進更多的合作，貧富不均的程度較為緩和；此外，父母的教養方式也較為放鬆。如果這就是事情的全貌，那麼每個國家的教養方式，應該不會隨時間不同而發生系統性變化。但我們看到隨著時間推移，父母的教養方式因為貧富不均程度的變化而發生轉變。

我們還分析了其他變量，它們提供了重要誘因，促使父母決定採取密集的教養方式。依據我們的理論預測，教育投資報酬率會影響教養的選擇：教育投資報酬率愈高，父母教養方式愈不放任。同樣，假使其他因素（例如稅前所得不均）相同，稅率累進程度與社會支出愈高的國家，父母的教養方式就愈放鬆（例如愈放任）。除了其他經濟因素外，制度品質也很重要，人權保護制度完善、政府清廉、司法獨立及行政有效率的國家，父母知道自己的小孩會受到較好的保護，因此態度會更放鬆、放任。

再次強調，我們不做任何價值判斷。勤奮對經濟成長很重要，但教育高風險與密集教養方式可能會限制自發性、創意及小孩的整體福祉，因而對社會產生負面影響。有趣的是，瑞士和瑞典兩國有完整的制度與人權保護，放任教養方式比較普及，並且在二〇一六年全球創新指數（2016 Global Innovation Index）中名列前茅。[38]

這些觀察與本書主題相符，也就是談到教養，誘因是至關重要的因素。

第四章

不平等、教養方式與教養陷阱

不只是不同國家之間的教養方式不同，相同國家的不同父母，教養方式也會有差異。有錢人整體的教養選擇與窮人不同；例如長期以來心理學家注意到，專斷教養方式在低收入家庭較為常見。[1] 至於其他社經條件，例如教育、種族背景、政治觀點等，也會影響教養選擇。經濟分析也有助於解釋，為何相同國家的不同父母會採取不同的教養方式，以及這些差異將如何影響未來的所得不均與社會流動。

我們在前一章探討過，近期由於貧富不均擴大，社經因素對教養的影響，尤其在美國，已成為愈來愈迫切的議題。在主要都會區（例如紐約、洛杉磯、芝加哥、邁阿密、華盛頓特區），貧富不均的問題更是顯著，貧窮與炫耀性財富彼此緊鄰。原本大型城市有個特色是高度多元化，但近年來都市貧富不均急速惡化。如今美國一定規模以上的行政區中，曼哈頓貧富不均最為嚴重，此地區的所得不均程度，比得上全球所得不均差距最大的五個國家。[2] 在一九八〇年代，曼哈頓行政區的所得不均嚴重度，還只是美國第十七名。

隨著貧富不均擴大，中產階級逐漸消失，居住隔離的問題也開始浮現。社會科學家喬治・格斯達（George Galster）、傑基・卡斯汀吉爾（Jackie Custinger）與傑森・波札（Jason Booza）曾收集全美國最大規模都會區的資料進行研究，結果發現：「在十二個最大規模都會區當中，二〇〇〇年時中心都市僅有二三％中產階級居民，低於一九七〇年的四五％。在這些城市當中，大部分家庭（五二％）和社區（六〇％）的所得，低於或遠低於二〇〇〇年都會區所得中位數。」[3] 這項調查也發現，在一九七〇至二〇〇〇年間，居住隔離的現象愈來愈顯著，也就是愈來愈不常看到低收入家庭住在高收入社區，或是高收入家庭住在低收入社區，在二〇〇〇年僅有三七％低收入家庭住在中產階級社區，低於一九七〇年的五五％。

隨著貧富不均與隔離現象的惡化，窮人不僅在所得和就業機會上遠遠落後，在教養方面也跟不上腳步。為了回應貧富不均擴大與教育投資報酬率提高的趨勢，中上階層的父母採取更密集的教養方式，但弱勢族群採取相同投資手法的能力正在下降。本章我們會說明，來自不同社會階級的父母，對教養方式的選擇明顯不同，而且近幾年隨著貧富不均加劇，差異也日益擴大。教養方式的落差擴大，將進一步導致貧富不均惡化，阻礙長期的社會流動。

我們的論述正好補足了羅伯特·普特南在《階級世代：窮小孩與富小孩的機會不平等》（*Our kids: The American Dream in Crisis*）一書中提出的分析。[4] 普特南和我們一樣參考了自身經歷。他以自己一九五九年在俄亥俄州柯林頓港就讀高中的經驗，指出當時的社會落差有限，來自不同背景的小孩雖然沒有相同的機會，但彼此的差異並不明顯。多數家庭生活穩定，各個學校之間的差異相對較小，小孩生活的社區有來自不同社會背景的居民。多數高中同學成年後的生活水準比上一代更好。相比之下，現在的小孩面臨極為不同的環境條件。特權階級家庭想方設法讓小孩能立足於社會，選擇住在有好學校的中上階層區域，但貧窮家庭的小孩得面對機會愈來愈少的困境。

本章的分析重點在於，貧富不均與貧窮如何限制教養的選擇。前幾章我們探討了密集教養策略愈來愈普遍的主因：人們認知到密集教養的投資報酬率發生改變，而這最終都與父母的目的有關。如果我們比較不同社會階層的教養方式，會發現整體而言父母的目標都很類似。我們看到各社會階層父母的教養方式愈來愈密集，這趨勢也與我們的研究發現相符，不過在更具優勢的階級，趨勢更為明顯。然而，父母面臨的限制條件，也會隨著所得和教育程度的不同而有所差異。

一些限制條件與財務有關。密集教養方式的某些做法費用高昂，例如優質的托兒所、音樂班、運動及補習班，或是為小孩的大學考試聘請家教。貧富不均加劇最直接的影響，就是位於所得分配的底層家庭與上層家庭，可運用的資源落差日益擴大。對富裕家庭而言，密集教養方式的成本相對低廉，但對其他家庭則是沉重的負擔。由於富裕家庭對教育和娛樂服務的需求激增，帶動整體學費和物價的上漲，結果使貧窮家庭面臨的限制條件更嚴苛。

另一個同樣重要的限制因素是時間。有錢的父母可以付錢買服務，例如家庭清潔服務，保留更多時間養育小孩。此外，有些父母由於薪資微薄，必須做多份兼職才能達成收支平衡，因而犧牲了與小孩相處的時間。更重要的是，時間這限制取決於父母兩人是否與小孩同住：如果雙方共同分擔養育小孩的責任，就比較容易採取密集教養方式。但在許多國家，貧窮階級的單親家庭比率較高。因此，單親是導致不同社會族群教養方式有落差的關鍵決定因素。

關於貧富不均對教養的影響，我們的討論焦點主要放在美國，因為美國近幾年的貧富不均問題急速惡化。但在其他工業國家也能觀察到類似的趨勢。我們先從美國開始，分析不同階級的教養方式有何差異，接著探討教養方式不平等的根源，以及政策干預可能有的影響。

社經教養落差的事實

我們運用第二章提到一九九七年青少年長期追蹤研究的資料，了解教養方式對教育成果的影響。先前我們曾說明這個長期追蹤研究的教養方式變量，來自於兩個問題的回答內容，也就是父母的態度是否「支持」與「嚴格／強勢要求」。我們依循先前的分類，將父母教養方式分為放任、專斷、威信與忽略。

資料顯示，教育程度不同的父母所採取的教養策略明顯不同。表四．一分別列出不同教育程度母親和父親的教養方式，「高中學歷」是指完成十二年教育（完成高中學業），「超過高中學歷」則是指完成一定程度大學教育的父母。從表格中可看出，不論是母親或父親，只要教育程度愈高，愈不可能成為忽略或專斷型父母，更可能成為放任或威信型父母。如果再細分不同教育程度，差異會更明顯。樣本中取得博士學位的母親，沒有一位是忽略型，有一半是威信型。

表格中列出的整體教養方式，只部分反映了教養的社經差異。例如即使是威信型父母，也有可能比其他父母更密集參與，並且花更多時間育兒。若要量化教養密集程度的差異，其中一種方式就是分析時間的運用，如同我們第二章所採取的做法。

圖四．一顯示最近數十年，教育程度低與教育程度高的父母，在教養時間的運用上有何改

表四·一：
不同教育程度父母採取的教養方式
（一九九七年青少年長期追蹤研究）

父母教育程度	所有父母		母親		父親	
	高中學歷	超過高中學歷	高中學歷	超過高中學歷	高中學歷	超過高中學歷
忽略	18%	11%	16%	11%	19%	11%
放任	32%	35%	35%	37%	28%	32%
專斷	18%	15%	14%	13%	21%	18%
威信	33%	39%	34%	39%	31%	39%
	100%	100%	100%	100%	100%	100%

圖四・一：

美國母親和父親育兒的時間運用

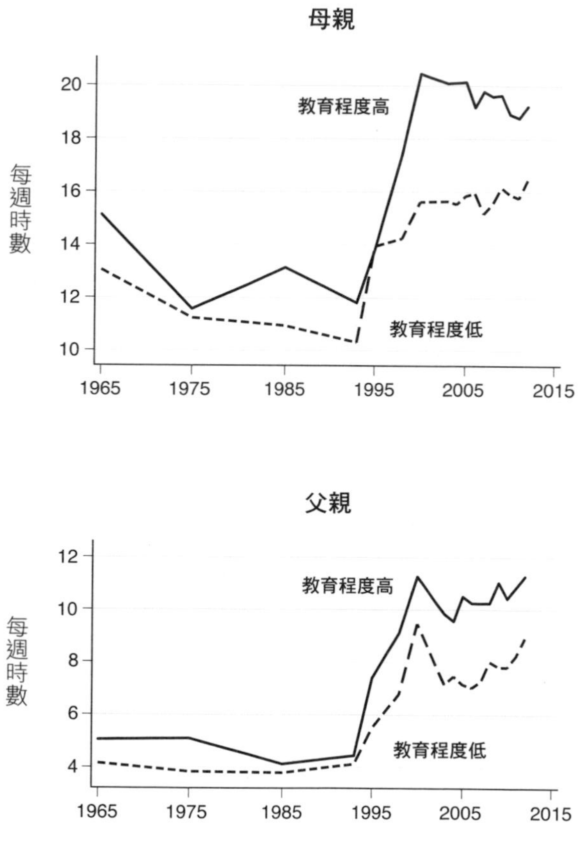

變。我們注意到從一九八〇年代開始，教養時間有增加的趨勢，正好與近年更密集教養方式日益普及的趨勢相呼應。除了整體行為的改變外，我們也觀察到教育程度低與教育程度高的父母之間，教養時間落差逐漸擴大。最近幾年，教育程度高的父母每週與小孩相處的時間，比教育程度低的父母要多出兩小時。如果只看已經完成（而非剛開始）高等教育的父母，教養時間的落差就更顯著。二〇〇三至二〇〇六年間，完成大學教育（取得學士學位）的母親每週照顧小孩的時數，平均比只完成高中教育的母親多出四小時。完成研究所教育（擁有專業學位或博士學位）的母親，每星期會再多花半小時。社會學家安妮特・拉蘿（Annette Lareau）也研究了與小孩相處時間的品質差異。教育程度高的中上階層父母，會採取需要投入大量時間的「精心栽培」（concerted cultivation）養育方式，低下階層父母的參與度較低。[5]

養育小孩的時間出現差異，原因並不是教育程度較高的女性更可能成為家庭主婦。事實上情況正好相反：平均來說，教育程度較高的女性不僅帶薪工作時間較長，花費在育兒的時間也較長。雖然在正式勞動市場的工時並沒出現差異，不過我們可以從休閒時間的差異，證明教育程度較高的母親確實投入較多心力育兒。至少完成大學教育的女性，每週的休閒時間比完成高中教育的女性少四小時。這個觀察結果反映出教育程度不同所產生的育兒時間落差，不僅是因為時間限制，不過這限制因素對某些次族群（例如低收入單親媽媽）確實至關重要。

育兒時間因為教育程度不同而有差異的現象，不僅發生在美國。經濟學家強納森・葛彥（Jonathan Guryan）、艾瑞克・赫斯特（Erik Hurst）以及梅莉莎・卡爾尼（Melissa Kearney）針對十四個工業化國家的研究發現，教育程度較高的母親的育兒時間高於教育程度較低的母親。[6]

教養與社會流動

我們的教養經濟理論認為，父母之所以採取密集教養方式，是為了提升小孩未來人生的成功機會。表四・二依據父母的教育程度及教養方式（兩人採取相同的教養方式）的不同，分別列出小孩教育的成就（擁有超過高中學歷的可能性）。

表格數據可看出教育程度的跨代影響：無論採取何種教養方式，父母教育程度好的小孩，取得較高學歷的機率更高。但如果父母教育程度相同，教養方式的差異就很重要，並且對「向上流動」尤其重要。所謂向上流動，即是父母只有一人（或沒人）完成高等教育，但小孩仍有機會取得更高學歷。令人驚訝的是，忽略型父母教養的小孩，教育程度高於上一代的機率是最低的。如果父母教育程度不高，但是採取威信教養方式，小孩向上流動的機率是最高的，比忽略型父母的小孩要高出一三%。有趣的是，父母至少有一人完成高等教育，但採取放任教養方

表四・二：
依據父母教育程度與教養方式
（雙方採取相同教養方式）的不同，
小孩取得超過高中學歷的機率
（一九九七年青少年長期追蹤研究）

	父母均未完成高等教育	父母其中一人完成高等教育	父母均完成高等教育
忽略	36%	52%	79%
放任	40%	68%	85%
專斷	43%	62%	78%
威信	49%	67%	84%

式，小孩的教育成就則和威信型父母的小孩相同（甚至更好）。這表示教育程度高的父母可提供的角色典範及所具備的軟技能，可能降低了採取嚴格教養方式（一九九七年青少年長期追蹤研究中，被歸為威信型父母的必要條件）的需求。[7]

如果我們將向上流動定義為小孩到達教育金字塔頂端，也就是取得研究所學位的可能性（例如法律或醫學博士學位），那麼教養方式對向上流動的影響將更顯著。假設父母最高都只有高中學歷，如果他們的教養方式從忽略改為專斷，那麼小孩取得研究所學位的可能性將增加三倍；假設父母其中一人擁有超過高中學歷，如果教養方式從忽略轉為威信，小孩取得研究所學位的機率將增加五倍。但即使父母採取威信教養方式，來自上述家庭的小孩，取得更高學歷的可能性僅有一〇%。這樣的結果顯示，如果父母教育程度較低，但希望小孩完成高等教育，密集教養方式是必要條件。

由此看來，雖然密集教養方式在統計上與向上流動有關，但不能因此證明教養方式與小孩的成功有因果關係。尤其是子女的成功可能主要取決於其他因素，例如父母的所得或財富，這些因素恰巧也和教養方式相關。就我們的資料來看，這種可能性無法完全被排除，但顯然相關性夠穩固，可採取多重迴歸分析控制各種不同的因素，例如種族和民族、父母的教育程度、家庭總淨值、家庭所得等。[8] 這表示如果目前兩個家庭的所得相同，其中一個家庭採取密集教養方式，另一個家庭採取非密集教養方式，前者的小孩爬上更高社會地位的機率將高於後者。若父母的種族和教育程度相同，最後結果依舊不變。

如果我們區隔母親和父親教養方式的影響（雙方不一定一致），結果也相當有趣。首先，父母兩人的教養方式都很重要，在剖析小孩教育成就（依據接受教育的年限來衡量，十二年相當於取得高中學歷，十六年則是取得大學學歷）的迴歸分析中，如果母親和父親均採取威信教養方式，小孩的教育成就最高。第二，母親教養方式的影響大於父親。在控制其他因素後，威信型母親的小孩接受教育的時間，比忽略型母親的小孩多出八個月；威信型父親的小孩則只有多出四個月。這或許反映了傳統家庭角色的長期影響，就「敦促小孩取得教育成就」這件事來看，母親扮演了更重要的角色。

有趣的是，專斷教養方式的效果正好相反，主要關鍵在於父母本身：如果母親採取專斷教養方式，對小孩的教育會產生正面影響（相較於忽略型母親）；但要是父親採取專斷教養，則會阻礙小孩的教育成就。[9] 這發現反映出母親和父親的專斷教養方式有些差異：母親通常較嚴格，對小孩的學業成就（例如寫作業）要求也較高；父親則專注於其他行為面向（例如遵循父母的要求）。

英國的教養方式與社會階級向上流動

關於社經條件不平等對社會流動的影響，英國是另一個極為有趣的案例。英國有個特別之處，就是從一六八八年光榮革命之後，其政治制度相對穩定許多，長達數世紀未發生任何革命事件，也不曾被外國占領。這或許在一定程度上能夠解釋，為何比起其他國家，英國較少發生社會動盪，社會階級差異的影響則高於其他國家。

資料顯示，英國和美國情況相同，不同社經階層父母的教養方式有顯著差異。「千禧群組研究」（Millennium Cohort Study）提供了實際證據，顯示不同社會階層的教養方式確實不同，該研究追蹤了　萬九千名出生於二〇〇〇至二〇〇一年孩子的童年生活。圖四・二使用了這項調查的資料，顯示不同社會階層父母在育兒時，認為「順從」是重要價值觀的人數比率。[10] 我們預期順從是專斷教養方式的顯著特徵，因此可將圖四・二的結果解讀為「不同社會階層的專斷教養方式占比」。從圖中可以看出，不論是依據教育程度、社經條件（例如藍領或白領工作）或所得來區分不同社會階層，專斷教養方式在低下階層確實比較普遍，與美國情況相同（請參考表四・一），不過英國社會階層的差異更明顯。不論是依據什麼指標來區分不同階層，最低階層的專斷型父母比率是最高階層的三倍以上。

圖四・二：
不同學術成就、社會階層、家庭所得的英國父母，
認為「順從」對小孩是重要價值觀的比率

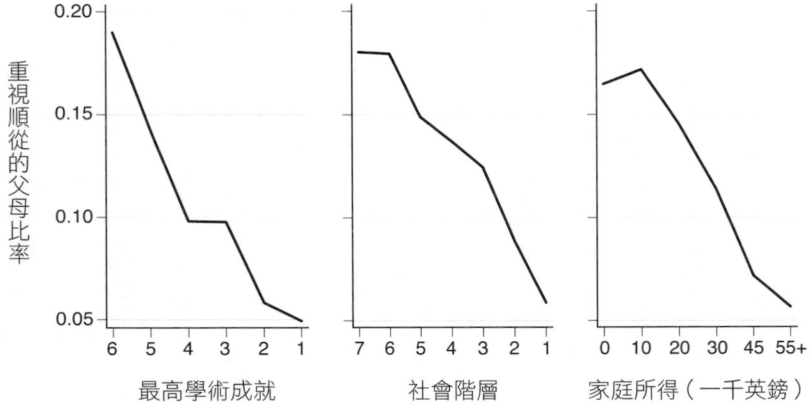

從美國的資料可以看出，教養方式選擇對社會流動將產生重要影響，而英國的情況也是如此。我們可以使用英國家戶長期追蹤資料庫（British Household Panel Survey）的資料來分析社會流動情形，這份資料庫可提供的資訊，與美國一九九七年青少年長期追蹤研究類似。在英國家戶長期追蹤資料庫中，可依據職業別（從技術性勞力工作者到高階領薪工作者，包括大型企業經理人、高層行政人員和官員）將父母和他們的小孩分成七大類。[11] 現在讓我們分析教養方式對社會階級向上流動的影響，而教養方式的分類，是運用社會學家陳德榮和顧靜華建立的方法學。[12] 圖四・三顯示接受不同教養方式的個體向上流動占比。我們定義的向上流動，是指小孩最終社經地位高於上一代。

我們發現英國接受威信教養方式的小孩，社會階級向上流動的可能性最高。專斷型（另一種密集教養方式）父母的小孩，移動至更高社會階層的可能性也較高，但放任型父母的小孩向上流動的可能性較低。我們可以使用迴歸分析區隔教養方式的影響，以及父母社會階層的直接影響，因為社會階層與教養方式、社會流動都有相關。結果發現，如果父母的社會階層相同，接受專斷教養方式的小孩，移動至更高社會階層的機會比放任型父母的小孩要高出七%；而接受威信教養方式的小孩，移動至更高社會階層的機會將增加一三%。如果我們分析更大範圍的向上流動，也就是小孩的社會地位至少比父母高兩個階層，教養方式的效應則更明顯（分別增

圖四・三：
英國接受不同教養方式的小孩向上流動占比

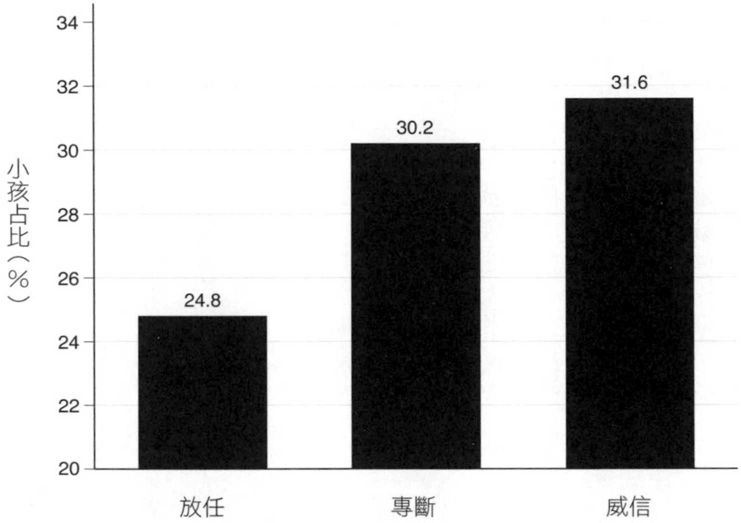

加一〇%與一四%)。[13]類似的向上社會流動案例,可能是父母均為工廠領班,後來子女成為政府或大型企業的高技能管理人員。

我們分析美國一九九七年青少年長期追蹤研究與英國家戶長期追蹤資料庫的資料時,發現其中有相似及相異之處。主要的共通結果是:兩份資料均顯示,不論是針對教育成就或職業選擇,威信教養方式有助於小孩的社會地位向上流動。

單親家庭、婚姻與離婚

如今美國有三分之一的小孩生長於單親家庭,在社經條件弱勢的族群中,單親教養更是普遍。[14]舉例來說,有大學學歷的母親比起只有高中學歷的母親,單親教養的現象較不普遍。對於單親父母而言,財務和時間限制都會實質影響他們的教養選擇。

成長於單親家庭意味著特殊的挑戰,因為一開始這些家庭就相對缺乏資源(只有一位家長的收入),之後的育兒會面臨更大的難題,就是無法好好陪伴自己的孩子。對於低收入父母來說,這些挑戰更是嚴峻,他們無力負擔由市場主導的托兒所費用,有時必須同時兼職多份工作才得以維生。單親家庭的父母不夠富裕,無法負擔許多育兒服務(日間托兒服務和保母等),也不容易獲得其他人的幫助（例如住在附近、關係密切的家人），因此他們無法成為「直升機」父母，監督小孩的一舉一動。

確實，我們在美國一九九七年青少年長期追蹤研究的資料中發現，如果控制年紀與教育程度，相較於雙親家庭的母親，單親媽媽更可能成為忽略或專斷型母親，不太會成為威信型母親。可以提供父母支援的公共機構，例如北歐國家的免費公立托兒所，能減少單親父母的不利處境。法布里奇歐在瑞典遇到許多單親父母，他們的生活過得還不錯。但在像美國之類由市場決定育兒服務價格的國家，許多單親家長必須長時間工作，才能支付育兒費用。對低收入父母來說，這絕對是令人望而生畏的挑戰。

父母沒結婚或選擇不住在一起，或是夫婦分居或離婚，就會形成單親家庭。美國勞動統計局的三位經濟學家，最近依據一九七九年青少年長期追蹤研究的資料做研究，該研究揭露許多事實，顯示婚姻狀態會因社經條件不同而有所差異。不同教育程度、種族、民族之間，也有顯著差異。[15] 例如在一九七九年青少年長期追蹤研究中，未取得高中文憑的人，有一九％在四十六歲前從未結過婚；而大學畢業的人，比率則只有一一％。不同教育程度的族群，婚姻落差隨著時間推移而快速擴大。出生於一九五〇至一九五五年間的人，教育程度高與教育程度低的族群則沒出現任何婚姻落差。[16]

不同族群的離婚落差也是類似情形。出生於一九五七至一九六四年間的人，未取得高中文憑的首婚族有六〇%以離婚收場；大學畢業的首婚族僅有三〇%離婚。整體而言，教育程度高的人，結婚、維持婚姻、離婚後再婚的機率較高。此外，出生於一九五七至一九六四年間的人，婚姻落差也大於上一個世代。不婚與離婚的可能性，也隨著不同種族和民族有顯著落差，後面我們會再深入探討。不同教育程度和社經背景的父母婚姻與離婚落差逐漸擴大，因此影響了教養方式的選擇，導致教養不平等問題的惡化。

單親教養問題之所以重要，不只是因為單親家長的資源較少，父母之間的關係也會影響小孩。有證據顯示，父母離婚或分居的小孩，在校表現通常不如與雙親同住的小孩。[17] 經濟學家皮凱提已經證明，分居本身並不是問題的主因。[18] 會決定分居的父母，通常早就相處得不融洽。皮凱提的研究發現，在父母分居前，小孩已經忍受父母關係不和長達兩年之久。此外，他發現一九七五年法國修法之後，離婚變得更容易，分居的案例增加，但對於家庭衝突的密集程度沒有任何影響。這些觀察反映出，因為父母時常爭吵、家庭關係不睦而導致的生活不安，是兒童在校成績表現不佳的重要決定性因素。教育程度高的父母擁有較穩定的關係，而且整體比較有能力建立和諧的夥伴關係，更善於處理家庭衝突，這可能會影響他們的教養選擇，以及小孩在校的學業成就。

至於共同撫養小孩的已婚父母，結婚對象也是重要因素。我們經常看到一些夫妻在許多方面都非常近似（例如社經背景），社會學家將這現象稱為「選擇性婚配」（assortative mating）。在美國，各個種族和民族的人們，比起跟背景不同的人結婚，較可能與相同族群的人結婚。雖然隨著時間過去，跨種族婚姻愈來愈普遍，但仍屬於少數：二〇一五年僅有一七％新婚夫婦是來自不同種族或民族，而一九六七年比率更僅有三％。[19]

由於近年來貧富不均擴大，配偶的教育程度也變得至關重要。舉例來說，如果多數高中畢業生與大學畢業生結婚，當大學學位溢價提高，不一定會拉大不同家庭之間的教養不平等。但事實上，人們多半也會選擇教育程度與自己相近的人結婚。這趨勢愈來愈明顯，一部分原因是女性平均教育程度提高；數十年前男性大學畢業生多於女性，因此許多男性和教育程度比自己低的女性結婚。在一九八〇年，二十至六十歲有大學學位的已婚男性，其中五四％的配偶教育程度較低。到了二〇〇七年，比率只有三一％。[20] 教育程度較低的人愈來愈難和教育程度較高的人結婚。近期由經濟學家拉塞・艾卡（Lasse Eika）、瑪格尼・莫格斯塔德（Magne Mogstad）與巴席特・札法爾（Basit Zafar）進行的研究發現，「一九八〇年，（沒有高中文憑的美國人）彼此結婚的可能性是隨機婚配的三倍；二〇〇七年則成長為六倍。」[21] 依據教育程度的選擇性婚配，會進一步放大教養愈加不平等的影響：父母都受過良好教育、擁有高收入、生涯穩定的家庭和父母薪資停滯、就業前景不明的家庭，落差將愈來愈大。

種族、民族以及出生國家所扮演的角色

許多國家社經不平等的一個重要面向，是不同種族、民族、出身國家的族群不平等，美國就是典型的例子。根據美國人口普查局的資料，二〇一五年亞裔家庭所得中位數為七萬七千美元，非西班牙裔白人家庭為六萬三千美元，西班牙裔家庭為四萬五千美元，黑人家庭為三萬七千美元。戶長出生於美國的家庭所得中位數為五萬七千美元；戶長為非美國公民的家庭所得中位數為四萬五千美元。[22] 如果以財富來計算，不同族群之間的差異更顯著：二〇一三年，非西班牙裔白人家庭總淨值（擁有的資產價值（包括房產與金融資產）和負債的差額）中位數為十四萬兩千美元，而西班牙裔家庭只有一萬四千美元，黑人家庭僅有一萬一千美元。[23] 這些落差有一部分是與教育成就有關。二〇一五年，二十五歲以上的人口中，三六％非西班牙裔白人有大學以上學位；相比之下，有大學以上學位的亞裔為五四％，西班牙裔為一六％，黑人為二三％。[24] 由於完成高等教育的工作者有較高收入，因此教育程度差異會導致不同族群的所得出現落差。有高所得的家庭可以為未來儲蓄更多，進而累積更多財富。雖然數十年前這些族群

的所得和財富落差更大，隨後逐漸縮小，但近年來縮減速度逐漸趨緩。

從全國資料庫可以看出，來自不同社會背景的家庭，教育成就會出現明顯落差，在馬蒂亞斯目前居住的伊利諾州埃文斯頓（即西北大學所在地）就能觀察到這現象。埃文斯頓是位於芝加哥北方密西根湖畔的郊區。湖邊社區的家庭富裕、平均教育程度高，但居民背景也相當多元，這在美國的富裕郊區並不常見。距離密西根湖一英里遠的內陸地區，獨棟別墅逐漸被獨戶和多戶家庭住宅取代，還有一大片黑人聚居區域。在二〇一〇年的人口普查資料中，埃文斯頓的白人占比為六六％、黑人為一八％、亞裔為九％、西班牙裔為九％（總和大於一〇〇％，因為這些類別並非互斥），人口結構正好與美國整體情況類似（當年全美國的白人占比為七二％、黑人為一三％、亞裔為五％、西班牙裔為一六％）。

埃文斯頓的公立學校口碑相當好，不同背景的小孩都可就讀。但出身不同社經族群的小孩，教育成就也有所差異。事實上近期的研究發現，在中學時期，埃文斯頓公立學校系統下的不同種族學生，教育成就落差為全國最大。白人學生（平均而言，來自相對富裕家庭）的教育成就，比全國平均高出四個學年，西班牙裔與全國平均相當，黑人則落後半年。[25] 這些成就落差是源於不同種族和民族的父母所得及教育程度差異。埃文斯頓的差異之所以如此顯著，還有幾個原因。第一，埃文斯頓是多元的城鎮，同時包含富裕與低收入社區；這種多元性在美國相當少見，在大城市之外不同社區都能觀察到明顯的所得隔離現象——「富有」和「貧窮」的城鎮與郊區，有各自的政府及學校系統。第二個因素是埃文斯頓是座大學城，原本不同社經族群的條件就有差異，而教育程度高的大學教授、研究人員（少數族裔人數不多的群體）則進一步擴大原本的落差。這也有助於解釋，為何學校教育成就落差大的城市都是大學城，例如加州柏克萊（加州大學）及北卡羅萊納教堂山（北卡羅萊納大學）。

小學的教育成就落差會持續到高中畢業，而這些差異將轉為更高等教育及職涯機會的不均等。埃文斯頓市立高中是當地唯一的公立高中，註冊學生超過三千人，一直是全美名列前茅的高中。二〇一四年畢業的學生中，有八四%繼續就讀大學。然而，不同學生的成就落差相當明顯。這所高中註冊學生的人口結構，正好反映出埃文斯頓的多元性，其中四三%學生為白人、三一%為黑人、一七%為西班牙裔、四%為亞裔。[26] 白人和亞裔學生的成績優於其他學生，二〇一四年的平均「學業成績平均點數」（範圍介於一到四）分別為三．七一與三．六六，黑人學生為二．六二，西班牙裔學生為二．七一。白人和亞裔學生也會更審慎考慮參加大學先修班，授課內容以大學程度的教材為主。此外，對於申請大學至關重要的標準化考試，成績落差也相當明顯。二〇一四年埃文斯頓市立高中學生的大學入學考試（ACT）成績，白人學生平均為二七．五分，黑人學生為一七．九分，西班牙裔學生為一九．五分（亞裔學生的資料無法取得）。至於全國學生平均成績為二一分（最高為三十六分）。

我們在埃文斯頓與全美國觀察到的學業成就落差現象，相當令人憂心；若要弭平不同種族和民族間的所得及財富差異，很重要的一步是：不論背景，盡可能提供小孩最好的教育。想了解如何消除教育成就落差，就必須找出問題根源。上述提到不同族群學生之間的教育成就落差，其中最大一部分來自於家長的社經條件差異，例如所得、財務與教育落差。確實，在埃文斯頓這樣的城鎮中，這些落差特別顯著。

在埃文斯頓，二〇一四年非西班牙裔白人的人均所得為五萬三千四百九十二美元，黑人為兩萬四千兩百九十六美元，西班牙裔為一萬七千九百三十九美元。[27]不同種族的教育成就落差同樣顯著。至少擁有大學學位的成年白人為七九%，黑人為二九%、西班牙裔為三三%、亞裔為九二%。雖然不同族群的教育成就出現落差與其他不平等現象有關，卻依舊無法提供最終答案：我們必須了解，為何社經條件不平等會影響小孩的教育成就，這點非常重要。

不同種族和民族之間的不平等，其中一項是教養方式。美國一九九七年青少年長期追蹤研究的資料顯示，亞裔父母最專斷（二二%亞裔母親屬於專斷型，但僅有一一%白人母親為專斷型），白人父母最放任，黑人父母比西班牙裔或白人父母更專斷。在某些行為模式上，父親和母親也有不同；例如黑人母親和白人或西班牙裔母親相比，比較不會成為忽略型；但黑人父親正好相反。由於教養方式與兒童的成就相關，所以這些差異在一定程度上能夠解釋，為何不同族群的小孩會出現成就落差。但不同種族的教養方式差異並不大，自然不足以解釋成就的巨大落差。此外，教養方式的效果對不同族群的影響並不一致，例如亞裔父母比較可能屬於專斷型，一般接受這種教養的小孩學業表現會比較差，但正如我們在第二章所見，亞裔學生的學業成績通常很好。

婚姻市場與性別失衡

我們前面提過，所有影響教養選擇的限制因素中，單親教養至關重要。在不同教育程度群及不同種族之間，單親教養的普遍程度不盡相同。二〇一四年，六六%的黑人小孩（十八歲以下）生活在單親家庭，西班牙裔小孩為四二%，非西班牙裔白人小孩為二五%，亞裔小孩僅有一七%。[28] 在分析教育成就落差時，這些顯著差異很可能扮演重要的角色。某些少數族群的單親媽媽比率高、結婚率偏低，背後有很多原因，不過貧窮是重要因素之一。如果配偶的經濟穩定，要維持婚姻與長期承諾關係相對容易許多。但對於少數族群來說，由於缺乏經濟機會、失業率居高不下，使維持穩定關係變成嚴峻的挑戰。

當問題牽涉到經濟學家所稱的**婚姻市場**（marriage market）時，一個對少數族群特別重要的因素是「性別失衡」。要維持高結婚率，條件之一是在婚姻市場上可結婚的女性和男性「供給」大致維持平衡。但在最為弱勢的市區，由於長久以來年輕黑人男性入獄比率偏高，導致婚姻市場性別失衡。在二〇〇九年，入獄服刑的黑人男性比率為四．七％，白人男性僅有〇．七％。[29] 此外，許多入獄男性多為年輕人，而且通常處於適婚年齡。在二〇〇九年，整體而言二十五至二十九歲黑人男性入獄比率為一一％，其中有三一．二％沒有高中學歷。[30]

挑戰不止於此。先前我們討論了選擇性婚配逐漸增加的現象，也就是教育程度高、薪資高的人會相互結婚。年輕黑人女性若希望提供子女最好的機會，進入大學就讀絕對有助於達成她的希望，嫁給大學畢業生亦是如此。這些女性面臨的挑戰除了婚姻市場的性別失衡外，還有性別教育落差的問題。整體而言，今日所有種族的女性教育程度都高於男性，在某些少數族群中，兩性的教育成就落差更是顯著。在二〇一二年高中畢業的黑人女性中，六九％緊接著在十月進入大學就讀，但黑人男性只有五七％，兩者落差高達十二個百分點；拉丁裔的落差更是顯著。相較之下，白人的性別落差較小，亞裔則是最低，落差只有三個百分點。[31]

如果將重點放在以經濟條件弱勢學生為招生對象的學校，大學入學的落差就更顯著。以芝加哥地區為例，馬蒂亞斯任教的西北大學是美國頂尖私立大學，錄取條件嚴格，就讀成本相當高，學費超過五萬美元，每年總費用超過六萬五千美元（雖然學生可依需求申請獎學金）。西北大學也維持了完美的性別平衡，二〇一五年的大學新生有一千九百七十八位男性與一千九百九十三位女性，女性占比為五〇・二％。[32]從這數字可以看出，招生辦公室有意識到大學在婚配市場上所扮演的角色，因此致力於維持完美的性別平衡。美國多數精英大學機構都會採取類似做法；對進入頂尖大學就讀的學生來說，大學入學的性別失衡並不明顯。

距離西北大學南方幾英里、位於芝加哥市中心的德保羅大學是大型天主教大學，全校人數高達一萬六千七百零七位。雖然同樣是私立大學，德保羅大學全年費用低於西北大學，二〇一六年學費為三萬七千美元，每年總費用超過五萬美元。[33]比起西北大學，德保羅大學的學生結構更能代表美國大學生的整體樣貌。二〇一五年入學的大一新生，女性占五六％，男性占四四％，換句話說，女男比大約是五比四。[34]當然，除了大學外，大學生還會在其他地方遇見未來的對象或配偶，而且有許多大學生在畢業多年後才結婚。但我們預測，明顯的性別失衡會對校園內約會與婚姻市場機會造成極大的影響。

再往南走，芝加哥州立大學是公立大學，多數學生是來自芝加哥南區的經濟弱勢族群。對許多人來說，就讀芝加哥州立大學是價格相對合理的選擇，二〇一五年的學費為八千八百美元，全年總費用（包括住宿）大約是兩萬多美元。[35]許多芝加哥州立大學的學生有資格申請聯邦政府的學費補助。芝加哥州立大學也錄取許多的少數族群學生，二〇一二年有八三%學生為黑人。比起西北大學和德保羅大學，芝加哥州立大學的學生性別失衡問題嚴重得多。二〇一二年學校的女學生占七二%，也就是每有一位男學生，就有二・五位以上的女學生。[36]

當接受高等教育的女性多於男性時，一些女性難免會找不到教育程度相近的長期伴侶。前「第一家庭」歐巴馬、蜜雪兒和他們女兒（其中一位就讀哈佛大學）的案例證明，在美國凡事都有可能。蜜雪兒成長於芝加哥南區，父母都沒有上大學，她在芝加哥公立學校接受教育，之後進入普林斯頓大學和哈佛大學就讀，畢業後在某家律師事務所工作，因而結識了歐巴馬。蜜雪兒無疑是重要的角色典範，激勵了當今成長環境類似的年輕女性。但除非黑人女性和男性的教育成就落差縮減（或是跨種族結婚率大幅成長），否則黑人女性與教育程度相當黑人男性結婚、共同育兒的機會，將低於具備其他優勢（例如家庭所得較高）的白人與亞裔女性。

當然，不同於過往時代，「成功婚配」絕不是當今教育的唯一或主要目的。[37] 談到父母之間的育兒與承諾關係時，伴侶的能力與渴望仍是相當重要的因素，這意味著教育的性別落差，使現今少數族群的女性面臨更嚴苛的挑戰。

教養落差與持續貧窮

經濟學家用**貧困陷阱**（poverty traps）一詞形容個人或社會持續無法擺脫負面結果的情境。例如國家需要投入實體和人力資本才能發展，但如果人民生活貧困，必須花掉大部分收入才能滿足基本生存需求，就導致儲蓄和投資偏低，生活持續貧困。另一個案例是無家可歸的貧困遊民，由於沒有住家地址而找不到工作，因為潛在雇主對其無家可歸有所顧慮。然而，沒有工作的人根本無力負擔房租。在上述兩種情況下，貧窮只會導致更貧窮。

本章提到的多項事實顯示，除了所得、財富和教育不均外，不同族群之間的「教養落差」也逐漸擴大。在某些情況下，這樣的落差會讓一些家庭從富有變得更富有，但使其他家庭從貧窮落入更貧窮的境地。換句話說，教養落差可能是導致「教養陷阱」的原因之一。在其他方面占優勢的族群中，採取更密集、更成就導向的教養方式已是常態。例如教育程度高的父母比較可能共同撫養小孩、花更多時間與小孩相處、採取有助於小孩維持或提升社會地位的教養方式。相較之下，弱勢家庭的父母面臨愈來愈多條件限制，無法採取成就導向的教養方式。教養落差使得弱勢家庭的小孩面臨更多挑戰，阻礙人口的社會流動。

先前我們討論的時間運用資料已經證明，不同教育程度的父母，教養投資落差正逐漸擴大。前面的圖四・一呈現過去數十年來，所有父母都增加了教養投資，但教育程度高的父母，投資的增加幅度更顯著，這代表教養落差正逐漸拉大。

其他衡量教養與父母態度的指標，也呈現相同的趨勢。過去數十年由於貧富不均惡化、教育投資報酬率提高，有助於小孩取得教育機會的教養方式愈來愈普遍，特別是威信教養方式；相比之下，「更舊式」的做法，例如嚴格的專斷教養方式（最典型特色是時常使用體罰）變得更少見。

圖四・四顯示了美國不同教育程度族群對體罰的態度變化。[38] 圖表展現每個族群認同體罰的比率。一九六〇年代幾乎多數人都認同體罰，不論教育程度為何，態度沒有太大的差異。但從一九七〇年代開始，認同體罰的比率大幅減少，與專斷教養方式下滑的趨勢一致。對此我們將在第五章更深入探討，並提出各國證據加以說明。本章的重點在於，不同教育程度族群對體罰態度的差異逐漸擴大。教育程度最高（擁有研究所學歷）的成年人，認同體罰的比率逐年下滑。高中以下學歷的成年人（圖四・四「教育程度較低」者），認同體罰的人數比率減少幅度，只有教育程度最高族群的一半。假設對體罰的認同度能反映體罰的使用情形，那就再次證明：不同族群之間的教養落差逐漸擴大。

圖四・四：
美國不同教育程度族群認同體罰的比率

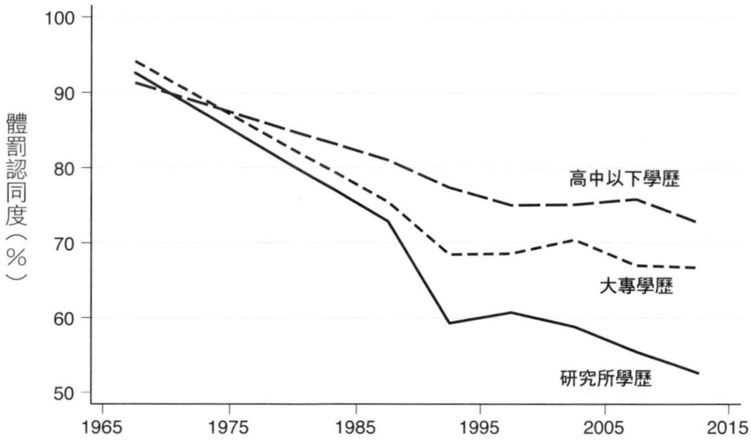

從教養落差到教養陷阱？

上述的教養落差擴大，進一步拉大不同社經背景小孩的機會落差，因此非常可能形成教養陷阱。想了解教養落差是否會導致教養陷阱，必須回答一個特別重要的問題：教養的社經差異如何應對經濟環境的改變？特別是如果不平等現象惡化（例如過去數十年美國及其他國家的情況），教養落差是否會隨之擴大？若是如此，就代表很可能存在一種導致高度不平等與持續貧窮的自我強化機制。例如社會高度不平等導致教養落差擴大，來自社會光譜兩端的小孩，整體教育成就落差也隨之拉大。這將會妨礙社會流動，導致下一代貧富不均問題更加嚴重。

為了評估教養陷阱的風險，我們必須思考教養落差的根源，然後提問：如果不平等現象進一步惡化，會發生什麼事情？根據我們的誘因理論，對特定社會中不同家庭間的教養差異問題，可以有兩種解釋。其中一種可能是，教養方式出現社經落差的主因在於：不同背景父母對小孩未來生活的渴望與期待。依據這種解釋，父母會合理預期小孩將走向不同的生涯道路，並據此調整教養方式。

社會學家梅爾文．柯恩（Melvin Kohn）和卡爾米．斯庫勒（Carmi Schooler）提出了類似理論。他們推測藍領階級的工作單調乏味，如果從事類似的工作，具備好問精神只會造成阻礙。[39]因此，如果父母期望小孩成為藍領階級，就比較沒誘因採取重視推論和討論的教養方式，也就是威信教養方式；相反，他們會轉向強調不得質疑權威的專斷教養方式。

如今這種想法或許有些過時。製造業現存的工作不太可能只是例行性工作，在後工業經濟中，重複性高的工作不是被機器或電腦取代，就是外包給其他國家。不過這理論某種程度上依舊有效，因為服務業仍有許多例行性工作。就如前面表四．二所顯示的，如果父母教育程度較低，即使採取有助於提升教育成就的教養方式，子女接受高等教育的可能性仍不高。一部分原因包括：教育程度較高的父母平均所得較高、可傳承自身工作技能，以及轉移人力資本、知識與非認知能力，例如家庭成員的勤奮與耐心。無論是何種方式，教育程度較低的父母合理預期，即使採取有助於小孩取得優異教育成就的教養方式，也不太可能像教育程度較高的父母一樣獲得回報。因此，這些父母會理性減少教養的投資，或是採取另一種不同的做法。

關於教養落差的第二種可能解釋是，差異不在於父母的目標或期望，而是父母面臨的限制條件。其中一個限制條件是，不同社經背景的父母執行各種教養方式的能力有差異。[40]藍領階級父母如果小時候是接受專斷教養，對於威信教養的概念自然是相對陌生。威信教養方式的一項特點是改變小孩的偏好或態度，因此需要具備軟技能，而這類技能通常是教育程度較高的父母更可能擁有。如同我們在本章所提，其他限制條件的差異與金錢、時間有關。某些中上階層家庭採取的密集教養方式，例如昂貴的課外活動，收入微薄的父母根本負擔不起。此外，經濟條件不佳的父母必須長時間工作或兼職多份工作，大幅壓縮了教養時間。

除了家庭外，另一個不平等面向和小孩成長的大環境有關。長期以來教育研究人員便認定同儕的重要性：小孩之間會相互學習，有企圖心的小孩身邊若有其他相似的孩子，他們（就教育成就而言）會表現得很好。如果父母的投資和同儕的影響會相互強化，那麼只要小孩身邊有同樣表現良好的同儕，父母就有誘因提高教養的投資。[41] 此外，居住隔離的現象顯示，家境富裕的小孩通常會生活在父母教育程度較高、經濟條件好、採取威信教養方式的社區。此外，小孩是否接觸到正面或負面角色典範，也同等重要。[42] 居住隔離降低弱勢族群小孩與其他社會背景成年人互動的機會，而這些成年人可提供小孩不同於家庭成員的角色典範。

針對教養落差提出可能的解釋後，接著要考量父母會如何應對經濟環境的變動，特別是過去數十年觀察到的貧富不均問題惡化。首先我們探討貧富不均惡化與教育投資報酬率提高對教養目標（也就是父母對小孩的期望與渴望）造成的影響。就父母的教養目標而言，貧富不均的惡化將導致教養風險升高：父母會更關注小孩在社會階層的地位，因此有誘因投入更多。這可以解釋為何隨著貧富不均加劇，密集教養方式也變得更普及。談到教養落差的問題就在於，不同社經階層父母的教養目標，是否以同樣方式發生改變。

原則上，貧富不均加劇將使所有階層父母面臨的風險增加，所以改變目標不表示不同社經族群的教養落差會隨之擴大。但關於教養方式對小孩成就的影響程度，不同父母有不同的認知。貧富不均加劇或許會刺激父母思考，如果再嚴格一些，小孩就能表現得更好；如果放任小孩自由行動，他們很有可能會失敗。相比之下，假設有對父母位於社經階層頂端，相信無論他們怎麼做，小孩都會表現得很好；對於這類型父母而言，貧富不均惡化並不會增加教養的風險。同樣，位於社會底層的父母若認為形勢對他們非常不利，不論做什麼都無法成功，也就沒有誘因花太多心力去教養。即使貧富不均持續加劇，他們依舊選擇放棄。對位在社會中層的父母而言，經濟變動的影響可能更劇烈，因為他們認為小孩的未來成就有多種可能，因此父母的行動非常重要。

整體而言，貧富不均加劇提高了教養的風險，但對於來自不同社經階層的父母，影響程度不一。這影響對中產階級可能最大：對頂層或底層階級的影響不大，因為他們無論做什麼，孩子的未來都差不多。

讓我們將重點轉向限制條件，就金錢財務而言，貧富不均加劇顯然擴大了教養落差。根據定義，當貧富不均加劇與教育投資報酬率提高，比起社會上層的父母，社會底層的父母所得是縮水的。更糟的是，由於富裕階級的需求成長，高品質教育服務的價格上漲，低收入家庭受到的衝擊更加劇烈。所得和財富愈來愈不均，也導致時間不平等的問題惡化。低收入父母無力負擔保母、日間托兒中心，以及其他能代替父母育兒的服務費用，低收入父母在工作與教養上愈來愈沒有時間與彈性。對低收入父母來說，貧富不均加劇雖然讓他們更有誘因採取密集教養方式，但同時也愈來愈無能為力。

隨著父母對小孩學業介入愈來愈深，教育程度高與低的家庭差異也隨之擴大。教育程度高的父母可以協助小孩做數學和科學作業，幫助他們完成學業相關的研究專案。此外，教育程度高的父母能協助小孩準備申請頂尖學校（例如撰寫短文），但其他父母可能就愛莫能助。

我們也探討富裕與貧窮家庭的婚姻落差。家境富裕、教育程度高的個人，愈來愈可能與相同族群的人結婚並撫養小孩；所得低、教育程度低的個人，結婚機率愈來愈低、離婚機率愈來愈高，而且獨力撫養子女可能性日益提高。這趨勢在可見的未來很難改變。即使是現在，婚姻與經濟穩定之間有一定的關聯。教育程度不高的男性和女性由於收入偏低，而且失業風險高，對於未來潛在配偶的吸引力也較低。

貧富不均的擴大反過來影響了婚姻市場，使弱勢族群面臨更大的挑戰。正如同先前我們的論述，如果貧富不均惡化提高了教養風險，那麼也會提高我們找到能成為優秀父母的伴侶的風險。教育程度高的個人會試著尋找教育程度高的另一半，從而強化婚配過程的相配性。[43] 簡單來說，貧窮的人愈來愈難透過與社經條件較好的另一半結婚，改善自身的社經地位。這又進一步擴大了社會上層與下層兒童的機會落差。

最後，我們討論城市內的居住隔離現象愈來愈明顯。這意味著出身富裕、教育程度高家庭的小孩，愈來愈常與來自相同背景的小孩互動，其中多數小孩的父母採取威信教養。同儕影響會進一步強化父母的影響。來自較貧窮家庭的小孩逐漸被排除在正向循環外。居住隔離的現象也透過婚姻對社會流動產生負面影響：來自社會底層的女性和男性，愈來愈不可能巧遇富有的白馬王子或白雪公主。

我們的結論是，貧富不均加劇可能進一步擴大社會上的教養落差。反過來說，教養落差會使貧富不均更惡化。下一代面臨的機會落差將愈來愈大，他們的發展前景也更不樂觀。教養落差最終將導致教養陷阱。

避免教養陷阱的政策

儘管本章描述的機制都可能引發教養陷阱危機，結果已不可避免，但我們可以透過政策干預，消除教養落差與引發教養陷阱的可能性。就如同俗諺所說：「天下沒有白吃的午餐。」終究要由選民和政府決定如何縮減貧富不均，維持社會的凝聚力與包容性。社會科學研究可以提供指引，說明哪些政策較可能解決這些挑戰。

有兩種政策干預方式或許能有所幫助。其中一種是消除導致教養落差的貧富不均根源。不同社經族群的教養方式之所以出現差異，主要來自於父母面臨的限制條件，如果政策干預能消除弱勢家庭面臨的限制條件，就能縮減教養落差。第二種政策干預方式的重點則是提供弱勢小孩必要的支援。

第一種政策干預包含傳統的財政與社會政策，例如累進稅率、縮減稅後所得不均的一般轉移。如果貧富不均加劇導致教養落差惡化，政府可以擴大有助於財富重分配的總經政策，創造反向作用力。我們在第三章提到，著重於重分配的財政政策會影響教養方式，也就是降低密集教養的需求，縮減教養落差。如果是為了消除教養的社經差異，政策目標應該鎖定有幼兒的家庭。事實上，多數工業化國家已推出相關政策，期望能縮減小孩面臨的機會不平等，例如提供有幼兒的家庭收入補助，或是在特定領域提供協助，像是醫療保險。

另一個重要的政策領域是設立公立托兒所或提供托兒補助。如果貧窮父母能更容易獲得幼兒照護服務，他們（特別是單親媽媽）就更有誘因進入勞動市場，來自不同背景的小孩也有機會一起相處。在隔離日益顯著的社會，讓小孩有機會接觸社會背景多元的環境，也許是消除教養落差的有效方式。幼兒園免費或透過稅收補助大部分的費用，對許多讀者來說似乎遙不可及，但這正是北歐和其他歐洲國家實行多年的做法。雖然這樣的政策成本高昂，但讓小孩與來自不同社經背景的其他小孩互動，確實有其價值：法布里奇歐和瑪莉亞發現，比起英國任何一所精英預備學校，女兒諾拉在公立幼兒園獲得的生活經驗，對她未來人生的影響更重要。

第二種政策著重於弱勢族群的教育。由諾貝爾獎得主赫克曼與其他學者共同進行的研究顯示，小孩在生命早期習得的能力至關重要。[44]如今有大量研究顯示，特別針對弱勢家庭提供的「早期介入」（Early Childhood Intervention）計畫確實有效。補助優質、中心本位的托兒服務或提供父母居家支援等做法，已經被證明非常有效。針對兒童發展提供父母更完整的資訊、提高父母的教養意識，這些做法也很重要。[45]早期介入計畫不僅有助於提升小孩未來的教育成就與勞動收入，對孩子的健康與婚姻市場也有所助益。此外，如今已證實這些政策降低小孩未來犯罪、依賴福利政策的可能性。

最知名的一個早期介入計畫，當屬一九六二至一九六七年間推行的培瑞學前計畫（Perry Preschool Project），主要是為生活貧困的非裔美國兒童提供高品質學前教育。計畫成本大約是每年每位小孩一萬一千美元（二〇〇七年的幣值）。培瑞學前計畫是一項隨機對照實驗（randomized control trial），也就是透過隨機分配的方式篩選，僅有一小群兒童參與這項計畫。這種做法讓研究員得以比較參與計畫的小孩和未參與計畫但性格相近的小孩，兩者未來生活的差異。在另一項與經濟學家羅德里哥・品托（Rodrigo Pinto）及彼得・薩維利耶夫（Peter Savelyev）合作的研究，赫克曼發現有參與學前計畫的小孩，犯下暴力罪行的機率減少六五％，遭到逮捕的機率減少四〇％，失業率下降二〇％。[46] 其他的早期介入計畫也得到類似的結果。例如經濟學家伊莉安娜・格爾西斯（Eliana Garces）、鄧肯・湯瑪斯（Duncan Thomas）與珍妮特・柯瑞（Janet Currie）研究了「啟蒙計畫」（Head Start）的影響，這是針對弱勢學生的公立學前計畫，參與學生超過八十萬人。[47] 他們發現參與這項計畫的學生教育成就較高、犯罪率較低。[48]

上述這些計畫所形成的干預機制相當有趣，它們並不是提升小孩可用智商測驗衡量的學術（或認知）能力。得到提早介入計畫協助的小孩，智商測驗成績確實有改善，但進步幅度不明顯，而且會隨著時間消退。相反，提早介入計畫能有成效的主要機制，是提升經濟學家所稱的非認知能力。這些能力包括有助於人們在校園與職場成功互動的態度與行為，例如動機、耐性、堅持、自我控制，以及有能力評估當前行為對未來結果的影響。許多研究顯示，比起可用智商測驗衡量的認知能力，非認知能力對日後的成功更為重要。[49]

這種提早介入計畫，主要透過兩種方式提升兒童的非認知能力。一方面，弱勢孩童因為有機會接觸素質較高的師資、更為正向的角色典範，或是較小規模的班級而受益；另一方面，這類型計畫會影響父母的投資及教養方式。提早介入計畫對父母教養投資的影響，取決於計畫的細節。例如某些計畫是提供誘因鼓勵父母工作，因為有工作的父母能獲得更多財務資源，提供小孩所需，如此就能降低對福利政策的依賴。不過這種方式的可能缺點是，當父母工作時間愈多，與小孩互動的時間就愈少。

經濟學家法蘭西斯克．阿戈斯提奈利（Francesco Aostinelli）與朱塞佩．索倫提（Giuseppe Sorrenti）研究了美國勞動所得稅額扣抵（Earned Income Tax Credit）制度的影響，這項計畫依據父母的就業情況有條件給予所得補助。[50] 他們確實發現，對無法獲得優質托兒服務（因為市場缺乏或價格太貴）的低收入家庭來說，這制度會為小孩的發展帶來負面影響，因為小孩與父母互動的時間愈來愈少。相比之下，如果父母擁有足夠高的薪資，勞動所得稅額扣抵制度就能產生正面效應；這不僅是由於高收入創造的直接效應，也是因為這些家庭比較有能力購買服務來替代他們育兒的時間。這個發現意味著，雖然提早介入計畫能有效縮減教養落差，但必須謹慎規劃，同時還要考量對小孩的直接影響，以及父母行為造成的間接影響。

另一種可能有助於降低教養落差的政策，則涉及教育系統的組織單位。今日小孩的童年時期多半是待在學校，因此學校發生的一切對教養的社經差異影響重大。關於這點，我們會在第九章深入探討。

這些政策干預的成本會是多少？先前我們討論的許多政策成本，其實都比預期的要低。補助托兒中心可以減低其他福利政策的負擔，並且可以提高勞動參與率，進而創造稅收。針對弱勢家庭的干預計畫可以降低犯罪率，進而減少警力及興建監獄的經費。提高社會凝聚力的長期影響雖然很難被量化，成果卻相當顯著。簡言之，縮減教育落差的政策除了讓社會更接近機會均等的理想外，所創造的報酬率也比預期來得高。

第二部

兒童教養史

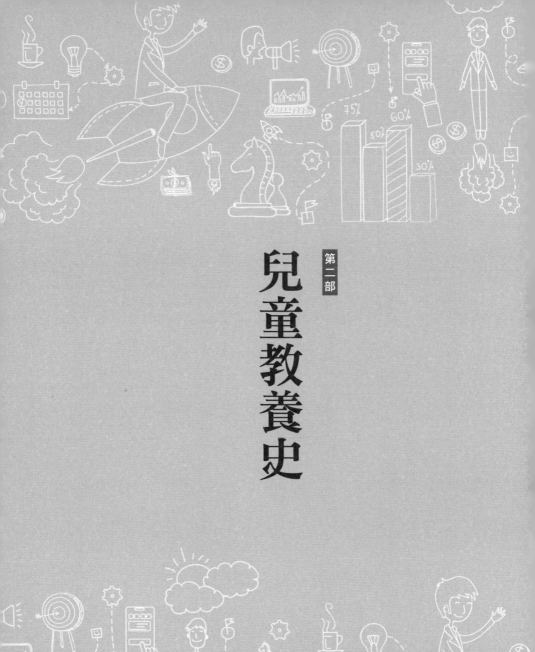

第五章

專斷教養式微

「不打不成器。」這俗諺道盡人類幾百年來視為理所當然的教養方式。體罰有許多不同形式，包括「打屁股」、「賞耳光」、「掌摑」、「用戒尺打」、「用皮帶抽」或「用木棒打」，這些都是從前家庭和學校常見的管教方法。相比之下，如今幾乎人人斥責體罰行為。小兒科醫生暨暢銷教養書作者威廉．西爾斯（William Sears）提出十項不打小孩的原因，並講述一個故事：有個媽媽常常打就讀幼稚園的女兒，某天她看到女兒在打弟弟，「問其原因，女兒說：『我只是在玩當媽媽的遊戲。』從此，這個媽媽再也不打小孩。」[1] 西爾斯宣稱，打屁股會造成親子關係的疏遠，是虐待兒童，根本無法糾正孩子的行為。

才不過短短幾代，人們對體罰的態度就出現一百八十度的轉變，原則上我們絕不體罰孩子，但記得自己小時候，偶爾被打還是被允許的。上一代的情況就糟糕多了，馬蒂亞斯的父母說過，一九五〇年代老師打學生是常態，法布里奇歐的父親甚至因為犯了小錯，就被老師體罰和羞辱，這在今日根本難以想像（而且是犯法的）。

至於更久以前的年代，家長不認為體罰有何不當，並且都採取當時專家建議的強硬作風。各社會階層的父母一致認為，展現權威是身為家長的重責大任。在我們祖父母那輩聽來，「說服孩子相信大人說的是對的」這想法根本怪誕不經，他們認為小孩就是小孩：年紀太小還不懂，長大後自然會感激父母的嚴格管教。

本章我們會探討管教方式，以及對童年看法的歷史演變。由於嚴厲教養和強調順從的觀念一直盛行到近代，因此會特別著重專斷教養背後的誘因。此外，我們將檢視宗教信仰在教養觀念上的歷史作用，以及時至今日信仰如何影響父母選擇教養風格。

親子關係史

宗教道德權威一向支持用棍子來管教孩童。例如《聖經》認為孩童本身無法做出判斷：「愚蒙迷住孩童的心，用管教的杖可以遠遠趕除。」[2] 而且體罰被認為有淨化作用：「鞭傷除淨人的罪惡；責打能入人的心腹。」[3] 伊斯蘭教傳統在某些情況下允許體罰。《聖訓》寫道：「叫孩子七歲時開始禮拜，十歲時（不做禮拜）就可以打他們。」[4] 非洲文化也呼應類似觀念，剛果班圖（Bangubangu）諺語說：「用杖管教兒子的父母沒有罪。」[5]

主張嚴格紀律管教的不只宗教權威：知識份子和哲學家多半也認同這種觀點，但希臘傳記作家暨哲學家普魯塔克（Plutarch）是少數例外。他在《教養之書》（*De liberis educandis*）裡寫道：「我們應該透過鼓勵和講道理來引導孩童培養高尚情操，絕不可責打或虐待他們，因為這種做法只能用來對待奴隸，而非自由之人；肌膚之痛和羞辱，會讓他們對自己的職責變得麻木、不在乎。」[6] 然而，普魯塔克的觀點異於時人。英國歷史學家根據自傳與日記抽樣，發現「在一七七〇年之前的兩百條教養建議中，只有普魯塔克、帕爾米耶里（Palmieri）和薩多萊托（Sadoleto）三人不建議父親打小孩。」[7]

社會歷史學家仍在爭論早期教養方式如此嚴厲的原因。一種解釋是從前的父母沒那麼在乎子女。菲利普・埃里耶斯（Philippe Ariès）在一九六〇年出版的《童年世紀》（*Centuries of Childhood*）裡主張，十六世紀前的父母對子女感情比較淡漠，這與孩童的高死亡率有關。[8] 為支持該論點，埃里耶斯聲稱中古世紀的人們不會留下夭折孩子的任何物品。「若孩子來不及長大或死於襁褓中，沒有人會想留下他的肖像……覺得如此短暫的生命不值得記念。」[9] 埃里耶斯引述哲學家蒙田（Montaigne）的話：「我有兩、三個孩子早夭，雖然有點遺憾，但沒有太多悲痛。」還說：「我沒有那種照顧新生兒的熱情，因為他們既沒有心智活動，也沒有討人喜歡的外形。」[10] 這種淡漠的態度，可能就是當時孩童普遍被虐待甚至拋棄的原因。

一九六〇與一九七〇年代的文獻深受埃里耶斯的影響。心理歷史學家洛伊德·德莫斯（Lloyd De Mause）甚至將親子關係歷史稱為一場「惡夢」，而人類直到最近才覺醒。[11] 他在名為《童年史》（*The History of Childhood*）的論文集引言中，將親子關係模式分成幾個明顯階段：殺嬰模式（四世紀前）、遺棄模式（四至十三世紀）、愛恨參半模式（十四至十七世紀）、干預模式（十八世紀），最後來到協助模式（二十世紀中葉以來）。[12]

近期的研究卻推翻上述觀點。社會歷史學家休·康寧漢（Hugh Cunningham）從日記、形象藝術和墓碑中尋找蛛絲馬跡，斷定古代父母愛孩子的程度不下於今日父母。[13] 雖然古典時期的制度容許父母遺棄或賣掉小孩，但父母還是非常鍾愛子女；即使當時死亡率高、幼兒經常夭折，父母對小孩早夭也會悲痛不已。康寧漢探討諸多中古世紀專家的研究，駁斥了中古社會沒有童年概念的說法。整體而言，歷史學家目前的共識和我們的看法不謀而合：以前的父母多半疼愛子女、為他們著想，但這不代表小孩受到寬容的待遇。歷史學家湯瑪斯·威德曼（Thomas Wiedemann）在著作《羅馬帝國時代的成人與兒童》（*Adults and Children in the Roman Empire*）寫道，即使兒童在羅馬社會扮演重要角色，也會接受老師的嚴厲管束。[14]

啟蒙時代的多數哲學家依舊認同嚴格管教。自由主義之父約翰．洛克（John Locke，一六三二至一七〇四年）本身是浸信會基督徒，他認為父母不該關心子女是否有愉快的童年，[15]而是該盡快讓小孩跳脫不成熟，發展出堅強的成人個性，因此嚴格管教最能達到這目標：「如果希望小孩敬畏你，就讓這份印象在孩提時代根深柢固……放任和溺愛對孩子有百害而無一利；他們缺乏判斷力，所以需要管束與紀律。」[16]同時，洛克也認為童年是很重要的性格形成期。「脆弱的幼兒時期少許與幾乎無意識的印象，卻有重要且深遠的影響……我遇到的人無論是好是壞、有用或無用，性格十之八九取決於他們的受教方式。」[17]他還建議父母隨孩子年齡增長而逐漸軟化立場。孩童應該慢慢被視為理性動物，因為「專橫和嚴格是惡劣的待人方式，應該要以理服人。」[18]

洛克認為童年的作用只在於建構成人性格，但同時代另一位偉大政治哲學家暨重要知識份子盧梭（Jean-Jacques Rousseau，一七一二至一七七八年），在其著名的《愛彌兒：論教育》（*Emile, or on Education*）持完全不同的立場。[19]盧梭認為童年本來就是人類存在的重要階段，教育者應盡量避免干預孩子的自由和快樂。反之，他們應該因材施教，讓孩子依照適合自己的速度和方式從經驗中學習。[20]在盧梭的理想世界裡，完全不需要外在的約束：「孩子根本就不該受處罰；他們犯錯自然會承受後果。」[21]以現代術語來說，盧梭倡議的是放任教養方式，認為孩子從自身經驗學習的效果最好，而非透過大人的指導和規範。

許多人認為盧梭在教養方面言行不一，因為他把自己的孩子丟到孤兒院。不過盧梭的觀點影響許多代的教育改革者，包括裴斯塔洛齊（Pestalozzi）、福祿貝爾（Froebel）、蒙特梭利（Montessori）和杜威（Dewey）。蒙特梭利（一八七〇至一九五二年）相信孩子從小自然就會學習和發展，[22]她的教學理論強調引導獨立：「人類從一出生就開始追求獨立，逐漸讓自己完美，並且克服一路上的障礙。」[23]老師的主要任務是在這個過程中，創造具有獨立學習機會的環境並引導學生。蒙特梭利反駁盧梭的看法，主張老師應該在小孩犯錯時做出回應並糾正，但做法要友善、有建設性，而非懲罰。

蒙特梭利與其他教育改革者的觀點在二十世紀發揮重大影響，如今有許多學校採行蒙特梭利教學法。不過轉變的速度相當緩慢；直到二戰結束前，歐洲國家的學校都還奉行嚴格管教和體罰。美國的情況也很類似，一八〇〇年代，霍瑞斯．曼恩（Horace Mann）發起美國教育改革運動，呼籲政府全面贊助的公立教育，以普魯士公立教育經驗為師，為新世界帶來全新的教育方式。然而，這項改革運動依舊納入某些專斷原則，強調紀律和順從的重要性。專斷教養方式一直廣泛被家庭採用；上一章我們提過，直到一九七〇年代末期，還有九成以上的美國成人贊成打小孩。

專斷教養方式的沒落

過去幾十年來，贊成體罰的比率大幅下降，受過教育的父母尤其如此。不只是美國，歐洲更為明顯，而且許多國家都將體罰視為非法行為。我們前面已討論過體罰在美國的情況，現在來觀察歐洲、澳洲和日本的趨勢。根據第三章提過奧地利、法國、德國、西班牙、瑞典的比較研究，今日父母打小孩的情況，比自己小時候被打要少得多。[24] 一九六二年以前出生的瑞典人，有二四％表示曾被父母打（已比同期的美國人少很多）。而出生於一九六八至一九七三年的人，被打的比率降至一六％。如今的民調顯示，只有六％瑞典人能接受打小孩這件事——即使是輕輕打也不行。至於奧地利和德國，以前體罰的比率比瑞典高（一九六二年前出生的人超過五〇％），但後來無論在實際執行或社會接受度方面，都急遽下降。一九九六至二〇〇八年間針對德國父母的長期研究顯示，他們愈來愈反對體罰。

我們注意到，專斷教養方式持續在法國、西班牙等天主教國家受歡迎，因此這些地方體罰較多也不令人意外（一九六〇至一九七〇年代出生的人口，有七成小時候曾被父母掌摑），時至今日體罰依舊普遍。[25] 同為天主教國家的義大利，一項最新調查顯示，有半數父母曾在特殊情況下甩小孩巴掌，四分之一在一個月內打小孩數次，還有超過三％每天對小孩動手。雖然體罰在義大利依舊普遍，但只有少數父母公開表示認同：超過一半的父母認為甩巴掌是惡劣的管教方式，僅有約四分之一表示支持。[26] 認同體罰者逐漸減少，和二〇〇九年的調查相比，二〇一二年所做的類似調查顯示，父母支持體罰的比率大幅降低。

體罰支持率降低與專斷教養方式的衰退息息相關。有趣的是，即使放任教養方式在一九七〇年代過了巔峰後，專斷教養方式仍繼續式微。換句話說，在教養變更為密集的同時，「孩子應盲目聽從父母」的傳統原則並未重獲廣泛認同。根據世界價值觀調查的資料，我們可以看出專斷教養方式持續沒落，至少在那些有長期數據的國家是如此。回想一下，我們在世界價值觀調查對專斷教養方式的定義，取決於父母看重「順從」的價值。澳洲和日本專斷型父母的比率，從一九八一至二〇一二年下降一半（澳洲從五九％降至三〇％，而日本從一〇％降至五％）。反之，同期威信型父母在澳洲從一一％增至四〇％，在日本則從二二％增至三七％。這種模式不只發生於太平洋地區。西班牙和瑞典分別是專斷型父母比率最高與最低的歐洲國家，儘管比率差距大，但長年來的消退情況相同。瑞典的專斷型父母比率，從一九九六年（最早有數據的年份）的一九％，降至二〇一一年的一一％，同期威信型父母比率則是倍增；西班牙的專斷教養方式占比從一九九〇年的四六％，降至最近調查顯示的三四％，而威信型父母的比率一樣是增加的趨勢，威信教養方式在經濟合作暨發展組織國家日益普及並受到歡迎。[27]

傳統社會與獨立的價值

專斷教養方式在歷史上屹立不搖，卻突然在二十世紀前期迅速衰退，這現象是否能以經濟因素來解釋呢？我們的理論強調經濟誘因的重要性。愛孩子的父母權衡各種教養做法的利弊，經濟環境的改變會影響不同教養方式的相對吸引力。就如我們所見，同一種教養方式盛行許多世紀不輟。經濟歷史學家指出，在那段時間內，大環境並沒有重大改變，遠比不上這兩個世紀超凡的轉變速度。至於專斷教養之所以在以前大行其道，我們相信主因是工業革命以前的環境，缺乏訓練孩子獨立的誘因。

在工業化之前，社會以務農為主，社會階級固化程度遠勝於今日。從羅馬帝國衰亡到英國工業革命之間，多數人的生活環境改變不大。古典經濟學家托馬斯・馬爾薩斯（Thomas Malthus）也強調，技術改進讓社會能餵飽更多人，但人口成長幅度終究還是超過資源的增加（我們會在第七章繼續討論這點）。因此在整個前工業化時期，生活水準一直維持在僅求存活的程度。都市化程度很低，雖然城裡物質生活水準略高於鄉下，但生病率和死亡率也較高。

工業化之前的世界有個共同點，就是父母和小孩在工作、教育及互相支持方面比今日更密切。家庭成員像生產單位一樣齊心為家服務，依性別和年齡分工合作。同樣，知識和技術的傳遞主要發生在家中：小孩多半跟著父母和兄姐有樣學樣。家庭也擔負了無法逃避的重大義務，像是照顧長者。當時若有人拋棄家庭去追求屬於自己的成功，將會遭受家人與廣大社會的譴責。

以上論述顯示，在前工業化社會裡獨立沒什麼好處。孩子要在不同於父母教導的世界裡成功，獨立才特別重要。若子女大半輩子和父母同住，克紹箕裘，則不鼓勵培養強烈的獨立感。父母可以教會小孩所需知道的一切，並且從旁監督、防止他們未盡到子女的責任。父母透過鼓勵子女遵守社會規範並密切監控，因此能減少孩子從事危險行為，例如婚前性行為、打架等。

在傳統世界裡，獨立感可能很危險，因為它會讓年輕人產生拋棄家庭和違反社會規範的念頭。義大利作家喬凡尼・維爾加（Giovanni Verga）在一八八一年出版的小說《楂樹旁的房子》（*The House by the Medlar Tree*）裡探討這樣的主題。[28] 小說講述一個住在西西里島貧窮的漁夫家庭。在故事一開始，五個孩子中的長子安東尼離家從軍，後來他們家的漁船遭暴雨摧毀，接著碰上一連串不幸的際遇。安東尼戰後返家，拒絕回歸家裡傳統的生活方式，並展開一個又一個充滿風險的事業，最後都以失敗告終。他先是離開家鄉追尋財富，挫敗後轉而酗酒，無所事事，甚至犯罪而鋃鐺入獄，結果使全家陷入財務困境，無法償還漁船被摧毀前的債務。安東尼出獄後試圖返鄉，重回以往的家庭生活，但為時已晚，家人不願再接受他。當初他想脫離傳統的生活方式，結果慘遭失敗，不但毀了自己的一生，也永遠被傳統社會排除在外。

作者在小說最後總結故事的寓意：「每次那些比其他人懦弱、魯莽或自大的人想離開團體，去探索未知或貪求更美好的境界，這世界就會像飢餓的大魚一樣，將他一口吃掉。」[29]維爾加認為，吸引年輕人偏離正途的獨立精神，只會導致自我毀滅。在這樣的世界裡，順從是比想像力或獨立更安全的價值觀。

獨立重新崛起於現代經濟

專斷教養方式的缺點是，限制孩童的選擇會妨礙他們發現世界的能力，並且束縛他們先天的才能和素質。盧梭提過，讓孩童做出獨立的選擇，體驗自己行為的好壞後果，他們將在過程中變得成熟與自信，並且更容易發現屬於自己的人生道路。然而，在社會地位與職業流動率低的傳統社會中，找到個人道路並不重要。舉例來說，在階級分明的社會裡，農夫的小孩將來會當農夫，貴族的小孩將來就是富有的包租公，根本沒有小孩獨立發掘的餘地。人生有其「自然的」發展過程，每個人都必須學會安分守己。一些偉大的天才曾奮力顛覆這種秩序：韓德爾的父親要他當律師，但他違抗父命成為音樂家。[30]韓德爾的傳記作家指出，他躲在閣樓彈古鋼琴，以免被父親看見或聽到。他還先報名法律課程讓父親安心，之後才中輟去追隨熱情。

我們認為專斷教養方式在技術進步有限的社會較受歡迎，人力資本培養於家庭，由父母將自己的專業傳授給子女。這在工業化前的社會頗有成效。那時西方世界多數人務農，子女和父母一起工作。雖然城裡居民的社會與職業流動性較高，但人們多半還是在家裡學習技術，而且職業世襲的家庭往往受公會保護。在這樣的背景下，專斷教養方式必然盛行。

在充滿變動、年輕人必須獨自做重要決定的社會裡，灌輸孩子獨立負責的態度比較受歡迎。工業化社會的勞動分工不斷釋出職缺，讓下一代更容易找到比父母職業更好且適合自己的工作。新產業充滿新機會，舉例來說，現今從事軟體業的人，很少有父母也是同一領域。即使是相同職業，技術快速變化不斷淘汰傳統知識，就算親子同行，向父母學習的效果也已大打折扣。[31] 以農業來說，農業機械化就使傳統做法和技術失去價值；從事會計業的父母，如今可能不具備年輕人入行所需的電腦技巧；法布里奇歐的父親是義大利國家電視的資深技術人員，但進入衛星與數位化時代後，他的專業知識已經過時；他母親是時尚設計師，卻不諳電腦這個現代設計師必備的工具。總之，技術進步改變了教養的遊戲規則，讓專斷教養方式變得不合時宜。

無獨有偶，社會歷史學家也記錄了工業化推翻傳統經濟秩序期間，大眾對於子女與教養態度的轉變。歷史學家琳達・波洛克（Linda Pollock）指出，轉變最早出現於十八世紀末期，而且多半發生於中上社會階級。[32] 而歷史學家卡爾・凱索（Carl Kaestle）和馬利斯・維諾斯基斯（Maris Vinovskis）表示，第一代改革人士是位知識精英份子，採納許多盧梭對於童年的看法。[33]改革者的影響最初僅限於社會中高階層，等經濟情況改善後才變得更普及。

不同教養方式的受歡迎度之所以改變，其中一個原因是二十世紀教育程度普遍提高。以前孩童在家受教育時，父母可以依靠體罰的力量。但隨著子女上大學，接觸到花花世界，父母再也無法監督，孩子想成功就必須靠自己。子女離家接受正規教育、愈來愈少人繼承家業，這種新模式取代原本關係緊密的父權制家庭，專斷教養因而逐漸式微。不過在二十世紀前半期，改變的速度依舊緩慢。一九三八年，社會歷史學家安托萬．普羅斯特（Antoine Prost）在法國的《信心》（*Confidences*）雜誌發表調查結果，顯示有近三分之一的讀者認同父母應該為子女選擇職涯，並從小就引導他們走向選好的道路。[34]父母知道什麼最適合小孩，而且應該幫他們做出重要決定，這種想法在二戰前仍非常普遍。

直到一九六〇年代，傳統的專斷教養才完全瓦解。我們在第二章提過，這段時期的人力資本投資報酬率低，使得放任教養方式嶄露頭角。此時子女克紹箕裘的優勢不再，我們稱這種情況為低**在職優勢**（incumbency premium），這也導致當時專斷教養方式衰退。自一九七〇年代以來的證據顯示，在職優勢降低更多。最近一個經濟學家團隊發現，數十年來美國的職業流動率持續增加。[35]與此同時，教育程度相等的各行業勞工，所得不均的情況也更加嚴重，反映了找到適才適所的工作愈來愈重要。[36]在現今的世界中，年輕人不再需要學習父母的專業，發掘自己的天生競爭優勢愈來愈重要。

總之，我們認為專斷教養方式的式微，與傳統、僵化的社會逐漸瓦解有關，以前獨立的程度有限，父母很容易展現權威來控制子女的選擇。當然我們並不認為，經濟成本效益考量是父母採取專斷教養的唯一原因。前工業化時代有一套涵蓋文化、宗教價值和實踐的體系，能使父母的權威合法化。但這文化上層結構並未撐過現代化的洗禮：在現代、高度流動的經濟中，獨立的價值極高，並非一個專斷教養盛行的文化所能承受。

順從與經濟發展

我們認為專斷教養無法盛行於現代經濟，圖五・一顯示，父母強調順從的比率隨著人均GDP增加而下降，表明這項專斷教養方式的典型表現和經濟發展成反比。[37]順從在撒哈拉沙漠以南的非洲偏鄉最受歡迎（衣索比亞明顯例外）；在中亞和拉丁美洲的受歡迎程度居中；在歐洲、北美和極富裕的東亞國家最不受歡迎。後者都擁有高度職業流動率的經濟和小規模的農業，而且年輕人接受高等教育的比率很高。相較之下，圖五・二顯示隨著GDP增加，父母愈

圖五·一：
各國父母強調順從比率與人均 GDP

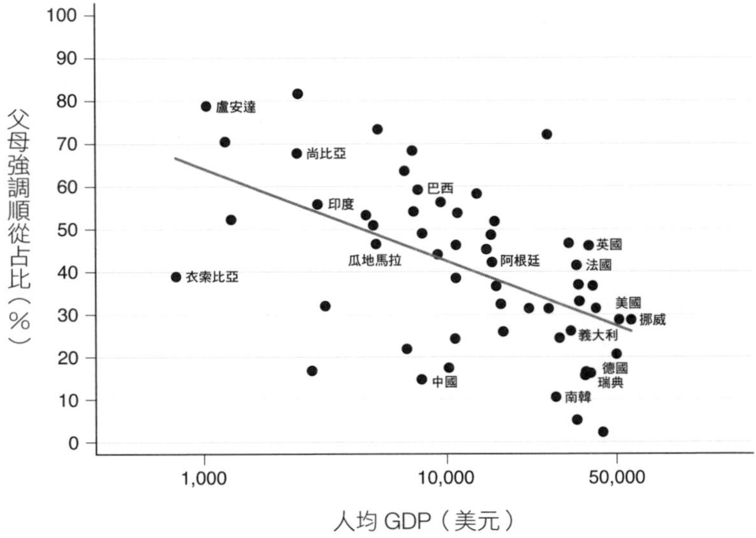

圖五·二：
各國父母強調獨立比率與人均 GDP

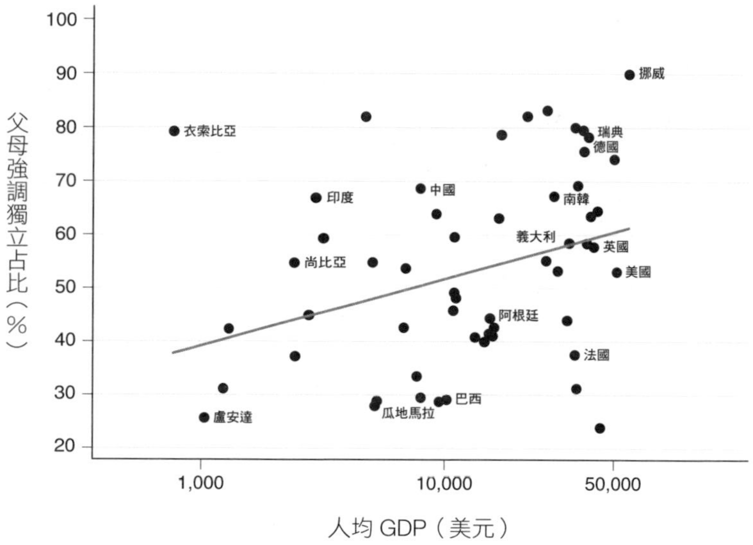

來愈重視獨立。[38]

簡言之，貧窮國家的父母比較專斷，而富裕國家則普遍用威信和放任教養方式。由於經濟發展的緣故，結果是職業流動率增加、家庭傳授知識及生產技術的傳統角色衰落，這觀察與我們的論點不謀而合。

巴西是很能說明我們觀點的特別案例。巴西是新興經濟體，人均GDP低於經濟合作暨發展組織國家，而且所得不均情況十分嚴重。根據我們的誘因理論，在經濟差距極大的情況下，巴西父母應該很少會採取放任教養，而對密集教養方式趨之若鶩。加上巴西發展程度低於經濟合作暨發展組織國家，密集教養理當集中於專斷型而非威信型。資料證明了這些推斷，最新的世界價值觀調查（二〇一四年）顯示，五五%的巴西父母是專斷型，三五%是威信型，不到一〇%是放任型；只有二四%父母認為想像力是育兒的重要價值。放任型父母的比率明顯較低，不僅低於歐洲，也低於美國；專斷型父母的比率則遠高於歐洲和美國。

宗教信仰與教養方式

巴西的另一個明顯特徵是「篤信宗教」。根據蓋洛普公司（Gallup）做的一項調查，八六・

五％的巴西受訪者表示，宗教在他們日常生活中非常重要，相較之下，美國是六五％，德國為四〇％，而北歐國家則不到二〇％。在此我們要討論宗教信仰對教養方式的影響。我們發現像巴西這樣篤信宗教的國家，父母往往更為專斷。為什麼會這樣呢？

本書的論點是：愛孩子的父母希望能為子女做好進入世界的準備。我們認為父母對子女應具備哪些能力的看法，取決於社會經濟變化的速度。不過，雖然這些轉變的實際速度很重要，但父母本身對變化速度的**感覺**也相當重要。每個人對未來的想法不同，有些人認為下一代所處的社會將和我們很不一樣；可能有很多行業會用機器取代人力，資訊科技革命將開闢出全新疆界，甚至連社會規範和道德價值觀都會改變。這類父母不認為家庭是主要的學習來源，因此更願意讓子女獨立探索日新月異的新世界。

持相反意見的父母則認為，世界會一直受不變的秩序規範，而教育者的職責就是「把永不改變的價值和真理傳給下一代」，這就是宗教與信仰發揮作用之處。例如最近有項調查指出，美國保守的新教徒「認為《聖經》完美無誤，能在萬事上提供人類可靠又有效的指引，其中也包括教養子女。」他們還相信「所有人類的關係……都要依照神定權威關係的特定模式。」[39] 既然世界是如此穩定不變，那就沒有必要（可能也不適合）鼓勵孩子追求獨立和想像力。[40]

許多基本教義派基督徒認為人類有原罪，唯有嚴格的宗教管束能淨化孩童的心靈。凱索和維諾斯基斯指出，「早期新教徒強調孩童本性邪惡……父母唯一能做的就是密切監督，及早約束他們。」[41] 根據社會學家約翰・巴特寇斯基（John Bartkowski）和克里斯多福・埃利森（Christopher Ellison）的說法，保守新教徒（福音派或基本教義派）不相信強調自信、創造力和求知欲是良好的教養方式。[42] 他們反而認為「要成功扮演好大人的角色，就是訓練子女熟稔權威和階級的神定原則。」[43] 專斷教養非常符合這種策略。心理學家厄文・海曼（Irwin Hyman）曾說：「真正的專斷型社會，強調對領導者無疑的忠誠度、對權威反射性的順從，以及認為持有異議是愚蠢的。小孩在家庭和學校被教導，不得質疑包括父母在內的權威，而且不順從一定會受罰。」[44]

宗教信仰在美國扮演的角色：經驗證據

宗教信仰和專斷教養方式有經驗上的關聯嗎？為了回答這問題，我們尋找美國的資料，使用收入動態追蹤調查（Panel Study of Income Dynamics）的兒童發展附錄（Child Development Supplement）資料，這是很受歡迎的親子長期追蹤資料組。在一九九七年首次進行的調查中，父母被問到有沒有打過小孩、以及宗教在他們的生活中是否非常重要。虔誠的父母對體罰持較正面的態度：七〇%有宗教信仰的父母表示曾打過小孩，而無宗教信仰的父母打過小孩的比率是五八%。同樣，也許會有人質疑，這種差別可能是因為其他社經特性所造成，像是所得或教育程度等，也會影響宗教信仰和體罰與否。我們像之前一樣利用邏輯迴歸分析，讓所得、教育程度、年齡、兒童的性別和種族等其他因素保持不變，以此決定宗教信仰和教養方式的關聯。在這組數據中，所得和教育程度對體罰小孩並沒有顯著的影響。非裔美籍父母打小孩的比率較高，而西班牙裔父母打小孩的傾向低於平均。宗教信仰有極大的影響，遠超過上述其他因素：它將體罰的相對機率（勝算比）提高為不體罰的一．七二倍。舉例來說，如果某個社經特性的無宗教信仰父母打小孩的機率是二〇%，那麼有相同社經特性的信仰虔誠父母打小孩的機率就是三〇%。這是很大的差距。

也許有人想知道，父母信哪個宗教對教養方式的影響是否有差。為了回答這個問題，我們回到世界價值觀調查去檢視美國的資料，將受訪者分成四大類別：無信仰、天主教、新教和其他宗教（包括大大小小的各種宗教）。如果受訪者不相信任何宗教，而且不認為宗教對人生「還算」或「非常」重要，則歸為無信仰類別者。[45]

這項分析出現不少有趣的模式。[46] 首先，無信仰父母管教孩子遠比有信仰父母更放任。同樣是信仰虔誠的父母，採行威信或放任方式和信仰的宗教無關。[47] 當我們只看專斷教養方式時，則發現重要的差異。在美國，採行專斷教養方式的新教徒父母遠多於信仰其他宗教的父母。

為了解各類別的差異，讓我們假設有三位信仰不同的母親，分別叫莉柏塔（無信仰）、瑪莉亞．普瑞菲卡席翁（天主教）和瑪格麗塔（新教）。假設三位母親都有相同的社經特性（年齡、教育背景等）；基於這些特性，無信仰的莉柏塔五〇％的機率採取放任教養，而專斷和威信教養的機率各為二五％。根據我們的估算，瑪莉亞．普瑞菲卡席翁採行放任、威信、專斷教養的機率分別是三五％、二五％、四〇％；瑪格麗塔則分別是三〇％、二五％、四五％（參考圖五．三）。有趣的是，在這個例子中，宗教對三位母親採取威信教養方式的機率毫無影響。但瑪莉亞．普瑞菲卡席翁和瑪格麗塔這兩位信仰虔誠的母親，採行專斷教養方式的可能性較高，使用放任教養方式的可能性較低；新教徒瑪格麗塔受到的影響比天主教徒瑪莉亞．普瑞菲卡席翁來得強烈。這些數值差異很大，尤其考量到我們分析比較的是社經特性相同，只有宗教信仰不同的父母。

各國的宗教信仰與教養方式

因為有世界價值觀調查的資料，我們能分析宗教信仰在更多國家扮演的角色。這樣的分析

圖五・三：

無信仰（莉柏塔，參考組）、天主教（瑪莉亞・普瑞菲卡席翁）、新教（瑪格麗塔）對美國子女採取三種教養方式的機率

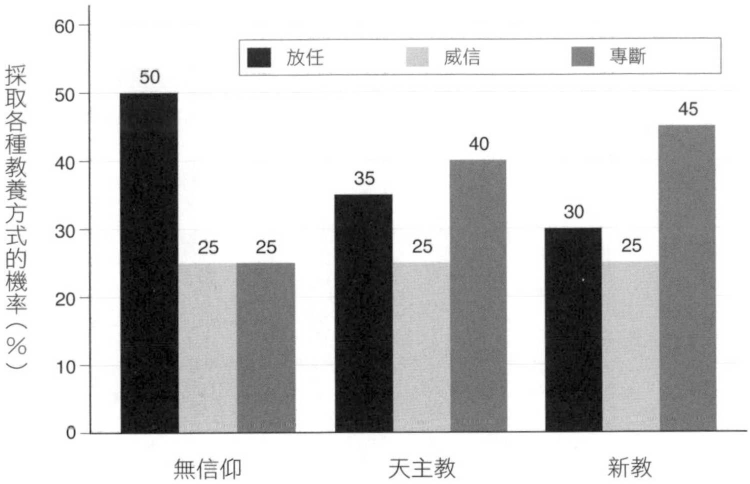

很有意思，原因有二。第一，除了第三章所討論各國貧富不均等特定因素外，我們還能了解宗教信仰對父母選擇教養方式的重要性。第二，每個國家不同宗教具有不同特性，美國福音派新教徒就比一般人來得保守；相較之下，歐洲的天主教徒往往比新教徒更保守。

讓我們先不管宗教類別，直接分析宗教信仰的影響。如前面所述，只要受訪者認為宗教「還算」或「非常」重要，就歸為有宗教信仰，其他則歸為無宗教信仰。在包含已開發國家和開發中國家的世界價值觀調查樣本中，總受訪人數是二十七萬四千五百零四人，其中七二%被歸為有宗教信仰，剩下二八%屬於無宗教信仰。宗教信仰明顯和教養方式的選擇有關。採行放任教養的父母中，有五九%有宗教信仰；採行威信教養的父母則七〇%有宗教信仰；而用專斷教養的父母高達八一%有宗教信仰。和總樣本的七二%相比，專斷型父母的比率過高，而放任型父母比率過低。因此，有宗教信仰者要比無宗教信仰者更專斷，而且較不放任，採行威信教養方式的比率則和總宗教人口比率差不多。

接著看我們在第三章所研究經濟合作暨發展組織創始國的樣本。把研究對象局限於這些國家，使我們可以把宗教人口再細分出各教派。完整樣本由於存有大量宗教派別，會讓事情太過複雜。樣本囊括五萬三千三百二十八名受訪者，其中五一%有宗教信仰。採行放任教養的父母中，三七%有宗教信仰；採行威信教養的父母則五七%有宗教信仰；而用專斷教養的父母六十二%有宗教信仰。和總樣本的五一%相比，專斷型父母的比率還是過高，而放任型父母比率過低。這跟完整樣本的主要差異在於：經濟合作暨發展組織等工業化國家有宗教信仰的比率較低，反映出伴隨經濟發展過程的世俗化。

有鑑於我們在前面討論過的原因，只觀察所有經濟合作暨發展組織國家受訪者的宗教信仰平均影響，可能會有問題。舉例來說，針對同樣都是瑞典人或同樣都是土耳其人，比較有宗教信仰和無宗教信仰（社經特性維持相同）採行各種教養方式的比率，可能會得到更多有用的資訊，效果優於拿有宗教信仰的土耳其人和無宗教信仰的瑞典人做比較。即使只在同一國做比較，我們還是發現宗教信仰影響了教養方式的選擇。來看同個國家內，除宗教以外其他條件完全相同的兩位父母，假設無信仰父母（如圖五．三的莉柏塔）採行放任、威信、專斷教養的機率分別是五〇%、二五%、二五%，而有宗教信仰的父母採行放任、威信、專斷教養的機率分別為四二%、二四%和三四%。[48] 主要結論一樣：有宗教信仰的父母比無宗教信仰的父母更多專斷、更少放任。

我們能利用世界價值觀調查的數據，剖析各宗教派別的影響。相較於只分析美國的數據，世界價值觀調查讓我們把宗教類別擴大為佛教、天主教、伊斯蘭教、新教和「其他宗教」（美國樣本中，穆斯林和佛教徒太少，無法自成一類）。為方便描述結果，我們假設有五位信奉不同宗教的母親，其他社經條件都相同，並且幫她們取了法文名字：瑪麗安（無信仰）、珍妮（天主教）、瑪格麗特（新教）、法拉（伊斯蘭教）、凱翁（佛教）。先以參考值設定瑪麗安採取各種教養方式的機率：五〇％（放任型）、二五％（威信型）、二五％（專斷型）。

圖五．四整理出各宗教派別採行各種教養方式的預估機率。像法拉這樣的穆斯林母親，明顯比其他人更少放任、更多專斷，威信也較多。[49] 僅次其後的是像珍妮和瑪格麗特這樣的基督教徒，比率也很類似，比無信仰的瑪麗安更多專斷、更少放任，不過程度不及穆斯林母親。像凱翁這樣的佛教母親，是所有宗教類別中最不專斷的，比率和無信仰的母親差不多，不過更偏向採取威信教養。至於天主教徒和新教徒之間則無明顯差異，和美國的樣本很不一樣。這結果也許不令人意外：國際樣本包含許多歐洲國家，而現在這些國家的新教徒（多半為路德教派和英國國教派）並不像歐洲天主教和美國福音派那麼社會保守。

政治傾向、經濟保守主義，以及社會保守主義的其他面向

宗教只是保守主義的其中一個面向，有些人虔誠而不守舊，有些人則是保守但無信仰。世界價值觀調查也彙整受訪者的政治傾向，有意思的是，這些傾向也和教養方式有關。而且我們

圖五 · 四：
無信仰（瑪麗安，參考組）、天主教（珍妮）、新教（瑪格麗特）、伊斯蘭教（法拉）、佛教（凱翁）對經濟合作暨發展組織國家子女採取三種教養方式的機率

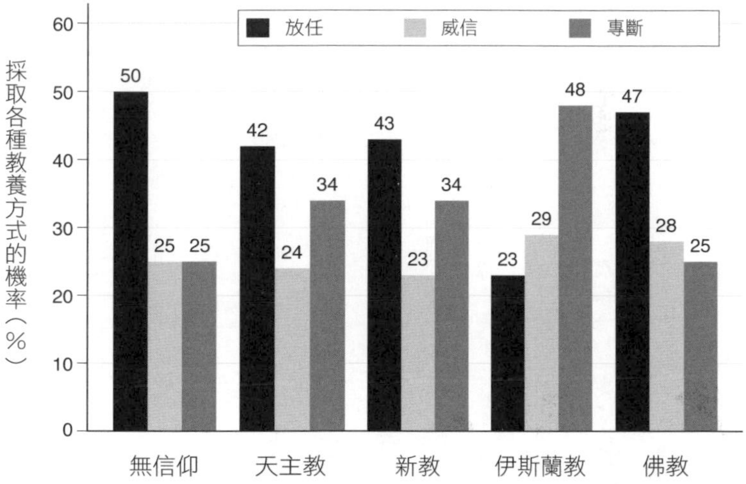

還能檢視在政治傾向相同的父母中，宗教信仰對教養方式是否有影響。[50]

我們根據每個國家的政治派別，將選民區分為左派、右派和中間派。[51] 再次把參考標準（此處指左派選民）假設採行放任、威信、專斷教養的機率分別是五〇%、二五%、二五%，以此和其他條件相同的右派及中間派做比較。中間派選民採行放任、威信、專斷教養的機率分別為四〇%、二八%、三二%。至於右派選民，機率則分別為三三%、二九%、三八%。從左傾往右傾，出現從放任型稍偏威信型的變化，而從放任型轉為專斷型的變化則更為明顯。此外，政治觀似乎不會改變宗教信仰對教養方式的影響。以中間派選民為例，宗教信仰和教養方式的關聯性和整體人口一樣（即是有宗教信仰的父母比較專斷、不放任）。若只觀察左派或右派選民，結果也是一樣。這顯示宗教信仰和政治傾向對教養方式的影響幾乎各自獨立。

我們還能透過人們對於不平等的態度，檢視保守主義更偏向經濟的層面。調查請受訪者表明對所得不均的態度，一分表示「所得應該要更平等」，十分表示「我們需要更大的所得差異做為誘因」。一至三分者歸為認同平等、四至七分者歸為中庸、八至十分者歸為認同不平等。我們並未發現認同平等和中庸兩族群在教養方式上有明顯不同，但認同不平等的人平均比總人口更多放任型，只是個中差異不大，這顯示經濟保守主義對教養方式的影響，小於宗教信仰和社會保守主義。

綜觀全局

本章我們檢視了專斷教養方式在歷史上盛行不輟，卻在近代式微的情況，發現經濟因素和文化態度，尤其是宗教信仰和保守主義，能說明專斷教養受歡迎度的改變，以及各社經族群為何偏好不同的教養方式。

首先，基本經濟因素影響了專斷教養方式的受歡迎度。在技術改變較慢、職業流動率較低的社會，子女在職業上多半追隨父母的腳步，家長可以把專業傳授給小孩並直接控制他們。此外，子女掙脫父母的控制絕對是弊大於利，在這樣的社會中，順從遠比獨立和想像力更受重視。低技術進步率和低職業流動率是工業革命前所有社會的共通特性。反之，現代經濟的職業與社會流動率高，子女能因為獨立而受惠。因此，在現代化的過程中，專斷教養的效果也愈來愈差。研究證明專斷教養方式的受歡迎度，隨著經濟的發展而持續下降。

其次，宗教信仰也有顯著影響。我們認為宗教之所以重要，是因為它影響了父母對小孩未來所處世界的看法。那些認為價值觀、志向、職業、技術將迅速改變的父母，非常重視子女的獨立，他們也許仍強調努力工作，但並不堅持順從和大人權威的原則。相較之下，保守的宗教信仰讓人認為世界的秩序一成不變，父母的責任就是把絕對真理傳給子女。我們的研究符合這看法：有宗教信仰的父母更多專斷、更少放任，並且體罰小孩的機率也比較高。[52]

整體結果顯示，社會世俗化和技術進步同時發生，導致專斷教養方式衰退。我們不妨繼續觀察這樣的結論能否持續到未來。雖然宗教一般而言都很保守，但也隨著社會一起改變。例如思想進步的教宗方濟各就推出可能影響世界觀的多項改革。久而久之，保守主義可能漸漸脫離宗教信仰——至少某些教派是如此。

皮尤研究中心（Pew Research Center）的調查顯示，雖然同性婚姻仍被天主教會的正式教義反對，但二〇一七年美國有四分之三的成年基督徒支持同性婚姻（二〇〇四年只有三六%）。[53]白人福音教徒支持同性婚姻的比率雖然偏低（三五%），但和二〇〇四年（一一%）相比已明顯增加。這些改變終究可能影響信徒對教養方式的選擇。我們的研究合乎這項看法：宗教信仰對教養方式的影響程度，在各保守教派之間不盡相同。

我們還考量了政治與經濟保守主義的影響。政治保守主義的影響和宗教類似：右翼父母偏向專斷型。有趣的是，若把右翼份子對經濟問題（也就是所得分配問題）的看法考慮進去，則影響程度會小得多。這顯示政治右傾和經濟問題是兩個不相干的概念。特別是右翼經濟傾向也可以源於自由主義，不見得是來自於保守的世界觀。

另一個我們沒有強調，但可能有影響的要素是社會規範，它也是大環境的一部分誘因，能影響父母採取不同的教養方式。對我們的祖父母來說，打小孩不僅是很自然的事，也被社會接受。若鄰居目睹家長對小孩揮棍，通常理應表示認同，甚至會支持家長責打不乖小孩的行為。但如今可能會得到不同的反應。瑪莉亞和法布里奇歐想起之前在斯德哥爾摩散步時，曾試圖控制大發脾氣的小女兒，他們使用的方法根本算不上體罰，只不過責罵的聲音大了點，就有路人上前勸他們別這樣做，「否則小孩長大後會恨你們一輩子。」顯然社會規範已經改變，這也會影響父母的行為。

社會規範可協助說明近幾十年來教養方式改變的速度。父母逐漸摒棄專斷教養之際，體罰也和社會汙名沾上邊。社會規範的變化會導致態度迅速改變，就連原本是專斷型的父母也順應潮流，變得更放任或威信。

社會規範也可以解釋為何專斷教養方式在某些國家（例如西班牙）和某些地區（例如美國南部）能屹立不搖。當父母和其他許多贊成體罰的人互動，放棄專斷教養的壓力就會降低。反之，在某些環境中（像是美國大學校園）打小孩的想法受到嚴厲批判，就沒有父母敢冒著被人發現的風險來體罰小孩。

第六章

性別角色轉變

「男女教養大不同」是家長很喜歡討論的話題。的確，現在西方國家的父母常常質疑性別定型，許多人努力以不分性別的方式來教養子女。舉例來說，有些家長不給女兒玩洋娃娃，也不給兒子買玩具車，而會特別尋找無關傳統性別角色的玩具。但實際上，男孩和女孩在幼年的發展的確非常不一樣，會為父母帶來極大的挑戰。[1]

法布里奇歐（一個女兒）和馬蒂亞斯（三個兒子）這兩位父親分別經歷了相反的男女差異。三個兒子對彼此頻繁的侵略和（中等）暴力行為，讓瑪麗莎和馬蒂亞斯深感苦惱，這問題已不僅是手足之爭：在學校或安親班，男孩同樣比女孩更常發生肢體衝突，[2]他們的三個兒子也不例外，老大奧斯卡爾在洛杉磯托兒所上兩歲班時，全班僅有兩個男生，只有他喜歡「推」其他小孩、對人丟沙子或調皮搗蛋。托兒所老師對此十分關切，而瑪麗莎和馬蒂亞斯也曾多次被請到學校開會，尷尬的討論如何改變兒子的行為。隔年奧斯卡爾開始去芝加哥的德國學校，歷史再度重演。第一次開家長會的時候，就有其他家長提到，班上有個小孩特別愛惹麻煩，常跟人打架，讓一些小孩臉上掛彩。瑪麗莎和馬蒂亞斯很擔心兒子又要被譴責了。但沒想到校長指的是另一個男孩，這讓他們感到自豪：奧斯卡爾只是第二頑皮的孩子。至於另外兩個兒子，故事也都差不多。

反觀諾拉從不推人，而且偶爾還是受害者。法布里奇歐和瑪莉亞還記得諾拉在斯德哥爾摩時，曾被朋友拿著自製的劍追著跑。幾年後，她在幼兒園被人用力從椅子上推下去，頭因此撞到牆。闖禍的一樣是個野男孩。從瑞典搬到瑞士後，諾拉的情況並沒有改善：她和一群女孩變成當地青少年流氓的欺負對象，這些男孩顯然受到家裡反移民情緒的影響。到頭來，這些被男生欺負的往事並未對諾拉造成長久影響，讓她心裡受傷的反而是和其他女孩吵架，雖然沒有肢體衝突，卻造成心理上的痛苦。

這些事件與廣大的趨勢吻合。男生在學校比女生更常「惹麻煩」，不光是暴力或打架，留級和輟學的比率比較高，類似注意力不集中的情況也較多。的確有愈來愈多人擔憂，今日偏重專注、忽略體能活動的教育環境，比較適合女孩而非男孩。[3]

男孩和女孩的差異之所以又受到關注，正是因為現在的教育機構大多根據「男女應受到公平待遇」的假設運作。這和幾十年前非常不同，那時普遍認為男孩和女孩應該分開受教，男校與女校十分常見。

教育系統改變的同時，父母對男孩和女孩的教養方式也出現了轉變，這正是我們感興趣之處。多數工業化國家的父母認為，就算他們以不同方法對待兒子和女兒，也只是因應孩子們不同的行為和需求，他們對子女的期望並沒有差別：無論兒子或女兒，現在的父母都希望小孩能接受良好教育，不需要依賴另一半就能過好生活。但在幾十年前並非如此，當時父母對子女的期許會按照性別調整，分別為兒子和女兒鋪陳不同的人生。如今許多開發中國家不論對孩童或成人，依然有相當大的性別差異。

成年後的性別角色差異，意味著家長為女兒和兒子做決定時面對不同的誘因。在本章，我們會描述世界各地父母教養男孩和女孩的差異，以及這些差異與男女在各發展階段扮演的經濟角色有何關聯。我們將根據本書主題，證明經濟誘因的轉變對教養方式有強大的影響，而且這些誘因能夠說明，教養的性別差異為何在近幾十年出現轉變。由於以前性別差異極大，因此我們會從歷史觀點出發，說明經濟變化如何形塑性別角色，並且介紹前工業化時代至今，父母對於男孩與女孩教養方式的改變。

性別角色的經濟淵源

在早期，女人和男人各自有截然不同的角色。性別角色某種程度上反映出大多數社會是父權制：男人掌權，女人沒什麼發表意見的餘地。如今在某些開發中國家，依舊能見到男女權力嚴重不平等的情況。丹麥經濟學家埃斯特・博塞拉普（Ester Boserup）在其精采著作《經濟發展中的女性角色》（*Woman's Role in Economic Development*）中提到，在許多社會裡，粗重的農務由女人負責，男人則盡情享樂。[4] 女性在許多方面都處於劣勢，包括在男女關係中面臨暴力，以及缺乏法律和政治權利等。

然而，性別差異不只展現在權力和歧視上：性別角色分工也有其經濟根源。舉例來說，哺乳限制了新生兒母親的行動性。在女人有許多子女的社會裡，男人自然承擔需要四處移動（例如打獵）的工作，其他能跟著照顧幼兒一起做的工作就落在女人身上。同樣，某些需要強大體力的工作，多半由男人包辦。

關於某一技術影響性別角色，歷史上最廣為人知的例子就是耕田。在發明拖曳機之前，用犁耕田需要極大的力氣，而男性擁有天生優勢。一個社會是否用犁，要視土壤特性和天氣而定。博塞拉普的書提到，在不需要使用犁的社會裡，女人是主要的農業勞力；而在使用犁的社會中，則由男人下田工作。犁這項工具廣泛用於歐洲北部和北美，因此在這些地區，盛行女人持家、男人務農的「傳統」勞力分工。[5]

男女勞力分工反映在父母教養兒子和女兒的方法上。在工業化以前，學校教育只保留給少數精英族群，多數孩童很早就開始工作。孩童所做的工作也能反映一般社會勞力的性別分工。歷史學家洛夫特・古托森（Lof, Guttormsson）在一篇十九世紀歐洲親子關係概述中，描述冰島男孩七歲就要開始看顧羊群，而「照顧弟弟妹妹則是典型的女孩工作」。[6]

技術革新與性別角色的演變

既然勞力的性別分工有其經濟淵源，那麼經濟環境隨著時間推移而改變，難免反映在性別角色上。的確，過去一百年來的技術革新讓兩性關係產生劇變，大幅減少男人和女人歷史的差異分工。技術進步的一個特徵是機器取代部分人工，降低了對體能的要求。勞動市場愈來愈重視認知和社會技能，因而侵蝕了男人的競爭優勢。

不過從更長遠的歷史來看，技術革新有時加劇了性別不平等。一般認為現今男女角色出現重大區分，和工業化之前的歷史標準有關，事實上，若比較二十世紀中葉及前工業化時期的美國，性別分工在許多方面並沒有那麼顯著。

在前工業化經濟中，多數家庭務農，男人和女人往往分擔不同的工作：女人照顧自家人要吃的小家畜和種菜，男人則負責照顧大型動物與生產市場作物。即使如此，男女雙方都在工作，每個人的工作場所都離家庭不遠。由於雙親就近工作，孩童有許多時間和父母相處。幼兒通常主要由女人照顧，等到小孩五、六歲後，可以開始跟著家長一起工作，就由父母共同分擔照顧的責任。

直到工業革命以後，性別角色的分歧才到達頂點。技術與制度共同擴大了社會中男人與女人角色的分野。經濟歷史學家喬伊絲·柏內特（Joyce Burnette）指出，在工業革命之前，操作紡車這類工作被視為女性專屬，因為女性比較靈巧。[7] 工廠和機械化的出現改變了整個局面。在工業化早期階段，技術革新的確降低某些工作對靈巧度的要求，像是操作紡棉機等工作也逐漸改由男人執行。

此外，以男性為主的工會愈來愈反對女人來競爭工作機會。柏內特記錄了一八〇〇年代早期的勞工糾紛，格拉斯哥市的女性紡棉工和雇主，遭到男性紡棉工暴力襲擊。整個十九世紀，女性在許多勞力行業都面臨與日俱增的歧視性障礙（discriminatory barriers）。[8]

新工業技術也促進工廠和大型辦公室採取新的工作分配方式，對大多數的人來說，家庭和工作地點首次分開。男人離家去工廠上班，隨著鐵路和郊區的興起，家庭和工作地點的空間距離更加擴大。有些女人（通常較年輕）也在工廠上班，但考慮到女性還是要照顧幼兒，因此有小孩的已婚女性愈來愈被孤立在家裡。

家庭與工作地點分開的新情勢，影響人們對女人和男人的社會角色期許。在經濟狀況允許的階級中，已婚婦女不再參與正式勞動市場。新的性別角色也漸漸影響了教養男孩和女孩的方式。古托森寫道：「男人面對不斷增加的生意和工作機會，女人則被困在家裡照顧小孩、管理家務。女人應該盡其一生滿足丈夫與孩子的需要，發揮女性氣質，當個稱職的妻子、母親、女兒或姐妹……同時，女孩的教育目標是讓她們成為好妻子和好母親。」[9]

成人性別角色的區分，迅速反映到女孩和男孩的教育上。當正規教育的閱讀、寫作和算數成為勞動市場重視的技能後，男女教育就出現重大差異，因為只有男孩才被期望進入正規勞動市場。根據古托森的說法，這「間接展現於學校與家庭教育顯著的性別歧視上，女孩接受的寫作和算數教導都比男孩少」。對女孩而言，教育「應該局限於未來當家庭主婦的範圍內。她們只要掌握最基本的知識即可，以免無心去做更有用的事務」。

二十世紀女性投入勞動市場

在一戰與二戰之間數十年，美國勞動市場和家庭的性別分工最為顯著，就算有女性就業，也多半是單身，她們不是還沒結婚的年輕女性，就是喪偶或離婚的年長女性。一般慣例是女人結婚就會停止工作，在許多行業這甚至不是個人選擇，而是規定。舉例來說，美國多數州規定女老師必須單身，一旦結婚就丟了工作。社會普遍認為，已婚婦女的適當角色是照顧家庭和子女。禁婚令在二十世紀早期被各行業廣為採用，直到一九五〇年代才消失。[10]

二戰期間，女性在勞動市場扮演的角色開始擴展。男人紛紛從軍前往歐洲或亞洲戰場，數百萬名女性，包括許多已婚者，則加入勞動人口以維持戰時生產。戰爭結束後，女性外出工作逐漸被社會接受，女性勞動參與率也開始上升。

圖六．一顯示美國從一八九〇年至今的兩性勞動參與率。[11] 期間多半有八〇％以上的成年男人在工作（其餘還在就學或提早退休）。而女性勞動參與率從一八九〇年的二〇％極緩慢的增為一九四〇年的二八％。二戰之後（無法看出戰爭期間的就業狀況，因為直到一九六〇年以前，記錄的數據都以十年為單位），每十年的女性參與率平穩增加，並在一九九〇年達到七〇％，不亞於男性的參與率。

圖六・一：
美國兩性勞動參與率（十六至六十四歲人口百分比）

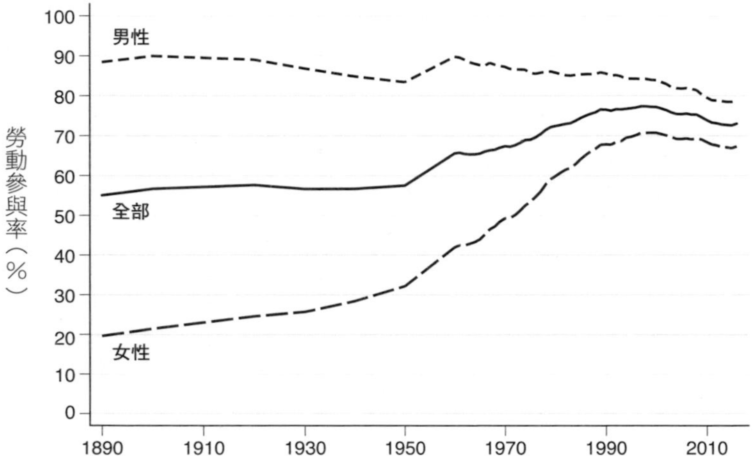

二十世紀女性勞動參與率的增加，跟十九世紀早期的轉變一樣歸功於技術革新。之前提過這項改變的一個面向是：勞動市場對專門技術的需求，使得體力愈來愈不重要。經濟學家克勞蒂亞．戈爾丁（Claudia Goldin）的研究顯示，在一九二〇和一九三〇年代，體力差異仍是女性在勞動市場缺少機會的重要原因。[12]之後的新工作多半來自服務業和新興職業，對體力的要求不高，倚重認知和社會技能。經濟學家蜜雪兒．蘭德爾（Michelle Rendall）認為這項結構性的改變有利於女性的比較優勢（comparative advantage），可以解釋女性的勞動供給為什麼會提高。[13]

經濟學家傑若米．格林伍德（Jeremy Greenwood）、阿南特．塞斯哈德里（Ananth Seshadri）和莫梅特．尤如庫格魯（Mehmet Yorukoglu）指出，技術進步也影響到家庭勞動和家庭生活的安排。[14]在一九〇〇年，除非家裡請得起幫傭，否則媽媽不太可能全職工作。準備食物、洗衣服、打掃房屋、照顧小孩花費太多時間，使許多媽媽根本無暇外出工作。由於家務的技術進步，大幅降低做家事所需要的時間，讓更多女性能投身正式勞動市場，發展自己的事業。冰箱、洗碗機、洗衣機、吸塵器等省力家電的普及，正是這項轉變的主要推手。另一個相關因素則是市面上開始提供原本由家庭負責的產品或服務，例如外帶餐點和托兒中心等。這些創新讓女性有更多的生活選擇。

女性勞動市場機會的增加，也反映到男女薪資差距上。男女薪資不同的原因很多，除了公然的性別歧視外，還有教育、經驗、體力差異等因素。圖六．二顯示了從一八九〇年至今，美國男女薪資差異的演變。[15] 一八九〇年女性的平均薪資還不到男性的一半，這差距在之後的一百年逐漸縮小。到了一九五〇和一九六〇年代，女性薪資的上漲趨勢暫時反轉；男女薪資差距之所以暫時擴大，是因為當時接受大學教育的男女比率懸殊（請見後面的圖六．五），以及年紀較大、經驗相對不足的已婚婦女進入勞動市場。如今，女性薪資平均比男性少二〇%。

技術因素之外：學習與文化傳遞

技術變革並不是女性在勞動市場角色改變的唯一因素，對職業婦女的歧視和偏見也扮演了重要角色。居禮夫人的故事顯示，即使是偉大的女性科學家也會受到歧視。居禮夫人於一九〇二年榮獲諾貝爾物理獎，是第一位女性得獎者，更在一九一一年獲得諾貝爾化學獎，是史上首位在不同學科被授與諾貝爾桂冠的人。居禮夫人第一次得獎後，只有同為獲獎者的先生在巴黎大學找到教職。在先生死於一場意外後，居禮夫人才受聘為巴黎第一位女性教授。後來她獲得第二座諾貝爾獎不過幾個月，法國科學院（French Academy of Science）拒絕了她的入會申請，原因是女人不能成為法蘭西學會（Institute of France）的會員。[16]

圖六・二：

美國男女薪資差距

（十五歲以上全職女性勞工相對於男性勞工的年收入中位數比率）

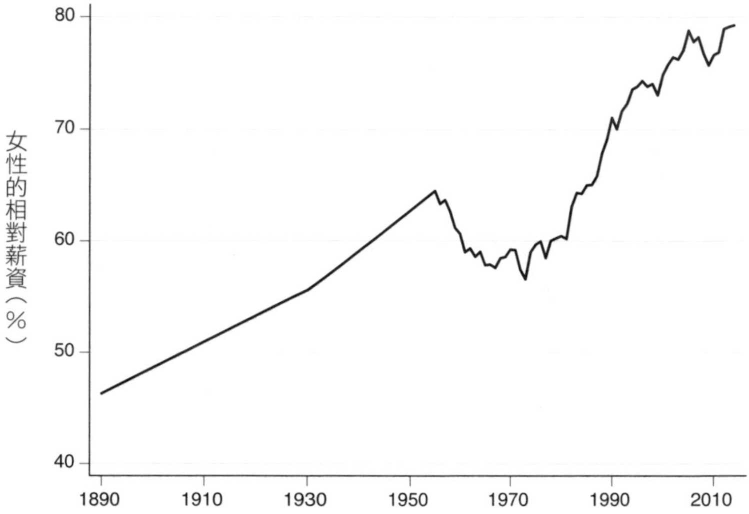

最近許多研究人員檢視文化改變的力量如何消弭歧視，解釋女性勞動市場參與率提升的原因。經濟學家拉奎爾・費南德茲（Raquel Fernandez）、亞力山卓・佛格利（Alessandra Fogli）、克勞蒂亞・奧莉薇特（Claudia Olivette）專門研究丈夫對自己妻子加入勞動市場的偏見。[17] 他們提出證據，證明二十世紀初的婚姻市場，對就業前景佳的女性不利。一八九〇年出生的女性中，受過大學教育、維持單身的比率是三一％，而教育程度較低的女性未婚比率只有八％。

如今情勢已經反轉：如我們之前所說，現今大學畢業女性結婚的比率，遠高於教育程度較低的女性，費南德茲、佛格利、奧利薇特認為這項轉變主要是因為男性態度的進化。而且這些態度發展於男性的原生家庭，例如他小時候若看見母親外出工作，長大後就很可能和職業女性結婚。這顯示出本書一再強調的重點：父母對子女的影響可延伸到對性別角色的態度。

對職業女性態度出現轉變的不只男人：女性本身的看法也有明顯進展。二十世紀初期，當時在主流的男女角色分工下，女性可能擔心就業將會影響到她的家庭和子女。費南德茲在另一項研究中表示，女性逐漸發現不同的生活方式不但可行，可能還更合她們的意。[18] 嚮往工作的信念代代相傳，最後形成了新的社會規範。學習機制可以說明，對性別態度的改變與女性勞工的增加如何互相強化。費南德茲的研究證實，家庭內部價值觀和態度的傳遞既是社會改變的原因，也是結果。

時間使用與教育的改變

儘管男女角色整體趨同，但仍有差異存在。正如前面所見，女性勞動參與率依舊比男性稍低，而且男女平均薪資還是有差距。相較於勞動市場，男女在家庭裡的差距更大。圖六・三和圖六・四顯示了男人和女人在市場工作（以正職或自雇牟利）和非市場工作（持家、煮飯等，但不包括育兒）的時間分配。[19]

男人人部分的時間持續花在市場工作上，但稍有下降，不過分配在家務上的時間增加得更少。女人逐漸進入勞動市場，市場工作的時間增加、非市場工作的時間減少。不過即使在今天，女人平均花在家務上的時間還是比男人多。

根據我們的教養經濟理論，對女孩和男孩的教養方式選擇，反映了社會上普遍認同的性別角色，因為父母希望子女能為長大後所面臨的經濟情勢做好準備。近幾十年來女性勞動參與大幅增加，我們預料這段期間對女孩的教養選擇，是從培養家庭主婦轉變為培養成功的職業婦女。這類選擇的轉變從教育模式可見一斑。從勞動市場參與趨勢可以看出，一九四〇年以前出生的女孩，父母根本沒理由指望她接受良好教育，將來謀得高薪的工作；但從一九六〇年代開始，這類教育對男孩和女孩變得一樣重要，因此為女孩提供高等教育的誘因愈來愈高。雖然之

圖六・三：
美國男性的時間分配

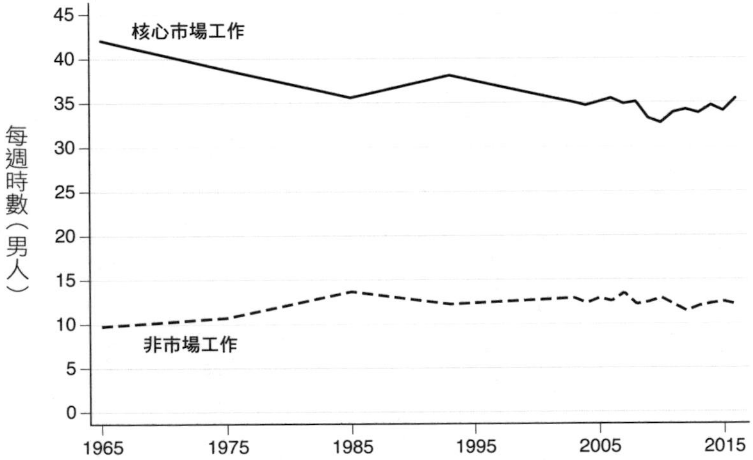

圖六・四：
美國女性的時間分配

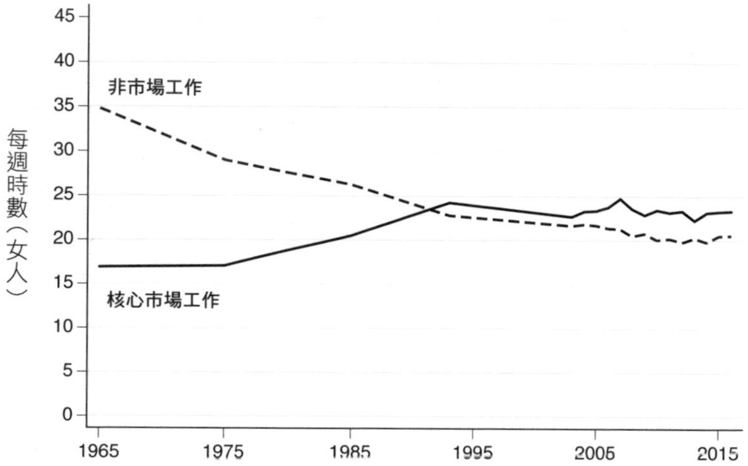

前男孩接受的教育多於女孩，但數據顯示，隨著女性的勞動參與增加、相對薪資提高，她們的教育程度也逐漸趕上（且最終超越）男性。

圖六．五顯示美國年輕女性和男性大學畢業（至少四年）的比率。[20] 一九四〇年以前，大學教育相當稀有，僅限於少數精英群體，男女都不到一成；二戰結束後，男性教育程度急速上升，女性並未跟上腳步（因為美國軍人權利法案支付二戰退伍軍人就讀大學的學費和生活費，所以導致男女差距擴大）：一九五〇到一九六〇年代，男女教育程度有很大的鴻溝——大學畢業的男性幾乎是女性的兩倍；一九六〇年代中期以後，女性教育程度迅速提升，也有更多女性投入職場；一九九〇年代初期，女性教育程度趕上男性，如今大學畢業者女多於男。[21]

從歷史上來看，女人和男人被教導不同的技能。法布里奇歐在一九七〇年代末期上中學時，男女坐在一起上同一堂課，這是義大利教育系統的新發明，不過有堂課例外。在學習「技術應用」課程時，男女就要分開上課。法布里奇歐還記得自己曾嘗試製造蒸汽引擎的原型，而女同學則學習縫紉、烹飪和招待客人。在這套支離破碎的義大利高中系統裡，有些技職學校的名稱仍以「女子」（feminine）為號召，這類學校的宗旨是傳授合宜的餐桌禮儀和家庭經濟學，培養出負責任的現代家庭主婦。還有學校訓練女孩成為速記員和打字員，而男孩多半進入女學生少得可憐的工業技術學校。

圖六・五：

美國二十五至二十九歲完成四年大學教育的男女比率

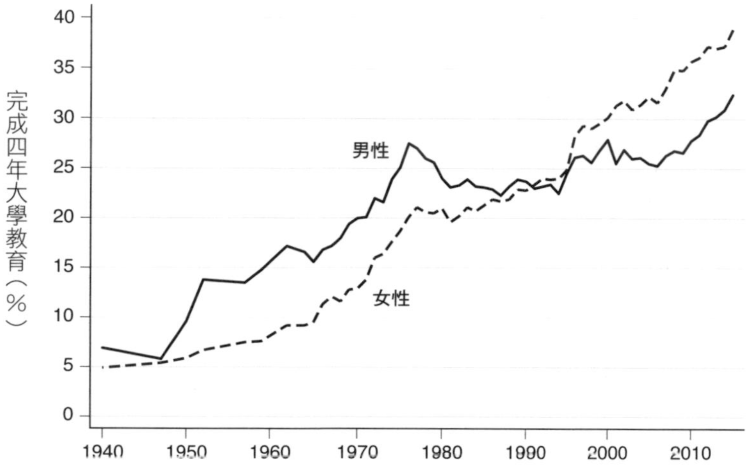

性別失衡不只存在於過去的記憶，在瑞士聯邦理工學院，諾拉班上的男女比例是三比一，顯示科技領域依然存在性別鴻溝。當法布里奇歐的太太瑪莉亞卸下蘇黎世大學經濟系的教授職務後，系上就沒有女性正職教授了。我們目前服務的西北大學和耶魯大學情況稍微好一點，但學術界在性別平衡上還得加把勁。

父母對女孩男孩教養有別嗎？來自美國的證據

我們的理論主張，利他的父母根據自己對子女未來的期許進行教養，培養孩子具備未來所需的價值觀、技巧和態度。就如之前所見，在工業化（或者更厲害的後工業化）國家裡，男女的經濟角色近幾十年來明顯趨同，顯示父母男女有別的教養方式可能跟著消失了。[22]

前幾章討論過的教養數據證明了這點，這次我們用的是「收入動態追蹤調查的兒童發展附錄」（以下簡稱 PSID-CDS）資料（第五章用過），因為這套數據不僅包含教養方式，還有對於性別態度一系列的問題。它能像世界價值觀調查一樣，供我們測量放任、威信和專斷教養方式。[23]我們能透過這份資料，區分父母對女孩和男孩採行的教養方式。教養方式相關的問題背景是一九九七年。整體來說，對男女教養方式的分布和我們的假設一致：女孩的父母較多威信型、較少放任型或專斷型，不過差異幅度並不大（在一至兩個百分點內），兩者三種教養方式的分布幾乎差不多。這正是我們所預期的：若父母對兒子和女兒的計畫與期許類似，認為孩子需培養的價值觀和技巧差不多，就會對他們一視同仁。

儘管性別角色逐漸趨同，現今各界對性別的看法仍然非常分歧，有人憧憬幾近完美的男女平等，有人則繼續支持較傳統的性別角色分工。根據我們的理論，這種態度的分歧應該會反映在教養方式上：父母若希望女兒偏重家庭生活和母親身分、兒子負起養家活口的責任，很可能透過教養方式的選擇來達到目的。

PSID-CDS 資料包含許多對於性別態度的問題，因此我們能檢視資料是否支持我們的預測。請思考以下陳述：「有些工作是男人專屬，有些工作是女人專屬，男女不該做另一方的工作。」同意這種說法的父母，似乎較認同傳統角色典範，因此可以預期這類父母會按性別施教，盡量培養女兒和兒子扮演好各自的角色。在教養方式上，第五章我們提到專斷教養方式與不認同孩子獨立性的態度有關，若父母認為男女應依循社會規劃的狹窄道路發展，不該追隨自己的志向，就會貶低獨立的價值，因而更可能採取專斷教養。

資料支持這項預測。如今美國認為性別角色應該嚴格區分的人相對減少，八成以上的受訪者不同意或強烈不同意以上陳述；而在少數認同的人裡，專斷型父母的比率遠大於多數，放任型父母則遠少於多數。即使控制家庭所得、教育、年齡和種族等其他因素，那些同意男女工作有所區分的父母，專斷教養的機率幾乎是放任教養的兩倍。[24]

此外，贊同傳統性別角色的受訪者不僅較為專斷，有女兒者更可能採取專斷教養。具體來說，同意男女工作有所區分的家長中，有兒子者採取專斷教養的可能性多了五個百分點（控制其他因素後），有女兒者採取專斷教養的可能性則多了八個百分點。與專斷教養三九%的基準機率相比，這些是很大的增加幅度。

父母的性別態度和經濟變數息息相關。特別是認同傳統性別角色的人，在家庭所得和教育程度上都不如支持性別平等的人。低所得可能是支持傳統性別角色的直接後果：贊成嚴格區分男女工作的受訪者家庭，女人外出工作的比率較低，因此家庭資金來源有限。

針對傳統性別角色和家庭所得及教育程度的關聯，有另一種解釋是，父母在有辦法托兒時，才能兩人都全職工作。若托兒的方法只有安親班或雇用保母，要有更多經濟資源的家庭才負擔得起。

有趣的是，有個變數竟不是決定性別態度的重要因素，那就是性別本身：認同傳統性別角色的男女比率差不多，這顯示傳統角色典範不見得是父權社會的殘留物——男性比較支持犧牲女性而使自己獲益。相反，我們得到的結果和經濟理論誘因一致，傳統角色典範或許反映了規劃家庭與工作時的取捨，在這方面女人和男人受到一樣的影響。

PSID-CDS調查還直接詢問教養男孩和女孩的問題，即受訪者是否同意以下陳述：「父母應該一視同仁，鼓勵兒子和女兒追求獨立。」只有少部分的受訪者（六%）不認同這種說法。這些認為女孩不用像男孩一樣獨立的受訪者，對於性別角色往往抱持傳統的態度。例如他們認為妻子應該全心協助先生的事業，這種想法的比率是其他人的兩倍；而且這族群有超過半數贊成「男主外，女主內，對全家人都好」。

至於對女兒獨立性的看法和教養方式是否相關，取決於受訪者的孩子是男孩或女孩，這結果並不令人意外。對男孩的父母來說，認同這陳述並不會改變他們採取專斷教養的可能性。但對女孩的父母來說，認為女兒不該獨立，則會讓他們變專斷的可能性大增二十五個百分點，幾乎是平均值的兩倍。這些相關性符合我們的假說，證明父母對子女未來的期許和志向，是教養方式的主要決定因素。

全球男女教養大不同

到目前為止，我們已經看過美國的情況，雖然多數家庭對兒子與女兒一視同仁，但那些認同傳統角色典範、主張男女工作有所區別的父母，還是對男女採取不同的教養方式。現在，我們想了解這種情況是否存在於全世界。誘因理論指出，在傳統角色典範普及、男女各司其職的社會裡，對男孩和女孩的教養方式非常不同。我們可以透過觀察其他性別角色差距極大的國家，檢視這項假說是否成立。

為了確認傳統性別態度與教養方式差異的關係，我們利用前幾章用過的世界價值觀調查資料，因為裡面也問及性別態度的問題。我們使用涵蓋工業化和開發中國家的全部樣本。思考以下陳述：「男人應該比女人有更多工作權利。」我們認為這句話足以顯示性別偏見態度。在所有樣本中，大約四〇％的受訪者認同這陳述。在這有性別偏見的族群中，四八％是專斷型父母、三九％是威信型父母、一三％是放任型父母；而在無性別偏見的族群中，專斷、威信、放任型父母分別占了四〇％、三七％、二三％。因此和整體平均相比，有性別偏見的受訪者較多專斷型，較少放任型。宗教信仰也和性別偏見密切相關：有宗教信仰的父母，四五％有性別偏見；無宗教信仰的父母，只有二七％有性別偏見。

表六．一顯示，宗教信仰和性別偏見態度是教養方式的獨立預測因子。在有宗教信仰的父母中，僅一三％有性別偏見者是放任型，而性別中立者為一八％。相反，高達五一％有性別偏見者是專斷型，而性別中立者只有四六％。若觀察無宗教信仰的類別，則模式更為顯著：高達

三二%性別中立父母屬於放任型，有性別偏見者只有一八%。反之，只有二八%性別中立父母是專斷型，有性別偏見者則多達三四%。在無宗教信仰的父母中，我們發現有性別偏見的父母較多是威信型。

從世界價值觀調查的其他陳述來推論性別偏見，也能看出相同的模式：「如果女人收入比先生多，會是個問題嗎？」「職業母親的幼兒很可憐。」「大學教育對男孩比對女孩重要。」「男人比女人適合當企業主管。」所有結果都顯示，有宗教信仰和有性別偏見的受訪者較多專斷型，而無宗教信仰和性別中立的受訪者則較多放任型。這規律和我們在美國 PSID-CDS 資料中的發現大致相同。

性別態度也隨經濟發展程度而改變，人均 GDP 高的國家，較少認同男性要比女性擁有更多工作權利。在同一國家內，教育是性別態度最強的預測因子。大學學歷以上的受訪者較少同意這陳述，而高中學歷以下的受訪者則較多認同。性別態度也和政治傾向有關；比起自稱左翼傾向的受訪者，右翼傾向的受訪者偏向認同男性要比女性擁有更多工作權，而且這調查結果已控制了受訪者的社會階級、教育、年齡和性別等其他因素。

在富裕國家中，近年來女性地位的進展，往往以女性勞動參與是否增加為指標。例如美國和英國，女性解放運動將兩性工作平權列為最重要的目標。若綜觀高、中、低所得國家，會發

表六・一：
教養方式、宗教信仰和性別態度
（世界價值觀調查）

	有宗教信仰		無宗教信仰	
	性別中立	性別偏見	性別中立	性別偏見
放任型	18%	13%	32%	18%
威信型	36%	36%	40%	48%
專斷型	46%	51%	28%	34%
	100%	100%	100%	100%

現女性賦權（female empowerment）和女性勞動供給之間的關係並不明確。某些國家的女性之所以工作繁重，反而是因為她們沒什麼權利。

圖六・六顯示，女性勞動參與率依各國人均GDP而有所不同。[25]西方工業化國家位於右上角：這些國家的人均GDP都很高（二〇一六年超過三萬美元），勞動參與率接近四〇％或更高。少數婦女不工作的富有國家之一是沙烏地阿拉伯，因為該國財富來自於出產石油，主要是資源導向型經濟，因此和其他富有國家相比，其教育和人力資本對經濟發展沒那麼重要，統治者強制人民遵循傳統角色典範的代價也沒那麼高。然而，我們也看到沙烏地阿拉伯出現了改變，包括女性勞動參與逐年增加，以及廢除了行之有年的女人開車禁令。

在人均GDP四千美元以下的較貧窮國家中，我們觀察到女性勞動供給狀況差異極大，有些國家幾乎沒有女性外出工作，有些國家的女性勞動參與率高於西方國家，不過這裡的高勞動參與率，其實是性別權力不平等的徵兆。這項觀察結果與本章稍早談到的用犁耕田有關。博塞拉普認為，在很少使用犁的國家中，可能發展出「由女性完成大多數日常工作」的父權文化。[26]確實有許多女性勞動參與率高的國家，在其他女性賦權指標上得分都很低，像是政治或經濟權利、女性遭受暴力程度等。

若將這些發現用以解釋教養做法，則表示父母教養男孩和女孩的方式不僅取決於國家發展

圖六・六：

二〇一六年各國女性勞動參與和人均 GDP

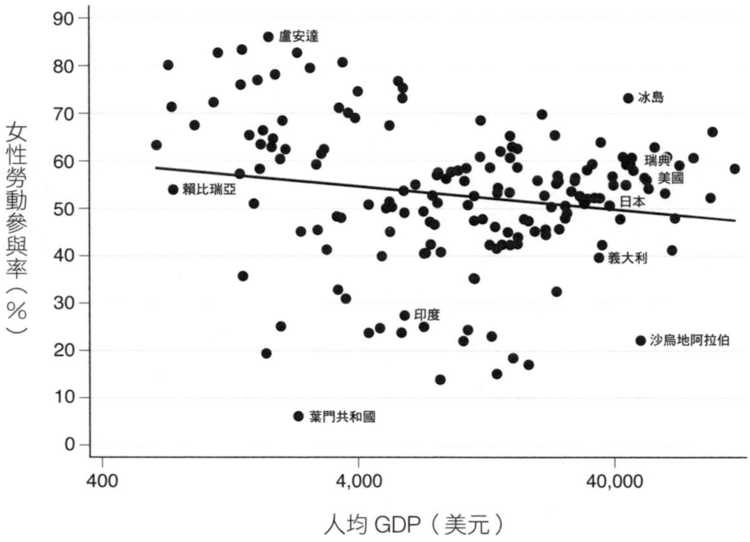

的程度，還得視特殊技術、制度和文化習俗是否到位，以及它們所意指的性別角色。其中特別有關聯的制度是婚姻，現今許多國家（主要在非洲和中東）一夫多妻制依然很普遍，男人可以有多位配偶，女人卻不行，這是一種性別歧視，而一夫多妻制很常見的國家，在各種性別平等的指標上得分通常很低。

一夫多妻制有個副作用，就是提高了生女兒的經濟價值。在准許一夫多妻制的地方，新娘非常搶手，因為較有錢的男人娶得起多位妻子，所以新郎會付錢給新娘的父親，請他答應嫁女兒。[27]因此從父母的角度來看，生女兒具有經濟價值，這對女兒本身也有好處，因為家長有額外的經濟誘因把女兒照顧好。但這也有不利的一面：若父母視女兒為投資，就會想要多生幾個，因而拉高生育率，可用來創業等其他投資的資金也相對變少。經濟學家蜜雪兒・泰提爾特證明，這種效應導致一夫多妻制普遍的國家人口快速增長、儲蓄大幅減少，以致經濟發展效果不佳。[28]例如在查德、甘比亞、幾內亞、獅子山共和國，二〇%以上的已婚男子至少有兩個妻子。這些都是全球極為貧窮的國家，二〇一六年人均 GDP 最低是甘比亞的四百七十三美元，最高是查德的六百六十四美元。[29]

經濟誘因理論主張，女孩與男孩個別的經濟「吸引力」，應該會反映在父母投資子女的方式上。為了確認這預測，我們以女孩有經濟價值的國家（例如一夫多妻率高的國家）對比將女孩視為財務負擔而非投資（純粹就財務方面而言）的國家；尤其某些地方嫁女兒不但沒有聘金，還要給夫家大量嫁妝。嫁妝再加上父權社會（兒子留在家裡繼承父母的農場或事業，女兒則嫁入丈夫的家庭），生女兒實在沒什麼經濟效益。

男孩和女孩的經濟價值不同，可從父母選擇的教養方式看出。最戲劇性的情況是，近幾十年來重男輕女的國家非常盛行「性別選擇性墮胎」。像在印度和中國等國，父母大多選擇生男孩，導致近年來男孩出生率比女孩出生率高一〇%以上。諾貝爾經濟學獎得主阿馬蒂亞．沈恩（Amartya Sen）將這種現象稱為「消失的女性」，也就是女性人數遠低於本應大致相等的男女自然比例。[30] 最近研究的估算結果是，全球女性短少了一億人——這事實表明：誘因對於父母的教養決定有重大影響。[31] 值得注意的是，在一夫多妻率高的非洲國家，男女出生率更為平衡，甚至傾向多生女兒——因為嫁女兒可以賺錢。

女孩和男孩的不平等待遇並未止於出生。在印度，「消失的女性」現象不光是因為女嬰出生率低，還因為女孩夭折率高於男孩。這乍看之下令人意外，因為在相同待遇下，多數社會女孩生病的機率比男孩略低，有較高的存活率。證據顯示，男嬰和女嬰在印度的出生待遇不平等，因而導致這種差異。其中一個原因是營養不良。許多印度孩童發育不良，這是缺乏營養的明顯徵兆。發育不良的情況較少出現在長子身上，因為他們在父權社會中負責奉養父母，所以對家長來說，長子的經濟價值最高。另一個原因是哺乳，母奶對嬰兒有益，尤其是當地若水質不佳，則更應該喝母奶。經濟學家塞瑪．傑亞尚德倫（Seema Jayachandran）和亞娜．庫席恩寇（Ilyana Kuziemko）發現，印度母親哺乳女嬰的時間比男嬰短，這是男女健康與發展出現差距的原因。[32]他們推測這差距是因為重男輕女。由於哺乳會妨礙生育，只生過女兒的母親會比已生兒子的母親更想再度懷孕（有機會生兒子）。

這些例子說明父母教養男女的做法，和當地對性別角色及男女經濟價值的看法密切相關。父母選擇教養方式時，會受到一夫多妻制、聘金、嫁妝和父權社會等因素影響。教養方式和這些地方制度密不可分，再度證明經濟誘因的力量決定了父母的教養方式。

性革命前後的性教育

男女教養有別的另一個面向，和對性的態度有關。許多父母企圖教孩子正確的性行為，有些父母則灌輸婚後才應該有性行為的觀念，而女孩多半比男孩承受更多守貞的壓力。某些地方對男女在性行為方面的期許依舊大不相同。

父母在這方面的行為，一樣能從對誘因（或多或少有自覺）的反應來了解。除了本身對道德的看法之外，家長也知道年輕人可能得面對婚前性行為的後果。首先，有得到性傳染病的風險，對健康和生育造成長久的損害；第二，有懷孕的風險；第三，就算避開了前兩項風險，孩子的行為可能受到社會公評，因而招致社會後果的風險。孩子可能被羞辱和排斥，將來結婚的可能性降低，甚至變得不可能。

在某種程度上，以上風險同樣適用在男孩和女孩身上，但女孩多半會受到更大的傷害。歐洲和美國過去數十年來，未婚生子對年輕媽媽一直有嚴重後果，許多人遭到社會排擠，甚至不被家人接受。這種情況並未發生在年輕爸爸的身上，有時甚至連孩子的父親是誰都不知道。

單親媽媽要面對的嚴重後果，除了承擔社會後果外，還有經濟衝擊。在工業化之前，人們普遍貧窮、營養不良，也更多暴露在傳染病毒中，而是否得病的因素，則與營養直接相關：營養充足的孩童及成人比較不易生病。年輕女性成為單親媽媽經常陷入貧窮的處境，沒有丈夫賺錢養家，她們和孩子成為經濟弱勢族群，有很高染病甚至死亡的風險。有鑑於這些嚴重後果，無怪乎父母會嚴格要求子女婚前不得有性行為——尤其是女兒。

經濟學家傑西・費爾南德斯—維拉韋德（Jesus Fernández-Villaverde）、傑若米・格林伍德和奈吉・岡納（Nezih Guner）在最近一項研究中分析以上主題。[33] 他們指出，經濟學能說明為何父母、教會與國家等體制，一直厲行將性汙名化的規範和法律。一方面，關心女兒幸福的父母想避免女兒未婚生子、受到經濟和心理上的傷害；另一方面，教會和政府則擔心照顧未婚媽媽的相關成本。對這些體制來說，嚴厲的性觀念也是一種控制其慈善活動花費的手段。該研究（與本書提出的誘因理論一致）主張，灌輸性觀念的成本和效益會隨著經濟環境而改變，使早齡性行為的後果逐漸緩和。例如所得全面提高和福利國家（welfare state）的建立，如今的單親媽媽不像以前那麼辛苦。更重要的是，所得不再那麼攸關存亡，未婚生子已不是生死交關的問題。

其中有個關鍵因素是避孕技術的發展：保險套大幅降低得到性傳染病的機率，避孕藥也讓懷孕的風險降到最低。在這樣的環境下，父母沒什麼理由去擔心孩子的性冒險，這也是我們實際觀察到的情況。雖然一些父母應該仍希望孩子在性方面有所節制，但實際上西方國家的青少年在婚前多半已有性行為，而這並未產生什麼重大問題，尤其和吸毒、課業表現等問題相比，性行為根本不算什麼。社會概況調查（General Social Survey）的資料顯示，一九六三年有超過八〇%的人不贊成婚前性行為，一九七二年不贊成的比率已降為三四%，到了二〇一二年更降至二一%。歐洲人更開放，瑞典二〇一三年出生的嬰兒中，有五四·四%是未婚媽媽所生，幾乎大家都接受婚前性行為。

這些調查顯示，在工業化國家中，婚前性行為的頻率和社會接受度都出現劇烈的改變。在一九六〇和一九七〇年代的「性革命」期間，轉變尤其快速。[34] 這段期間，由於避孕技術和立法的改變，年輕未婚女性無須父母同意就能取得避孕藥。這足以解釋當時行為的轉變，以及父母對子女性行為態度的改觀。[35]

教養男女的政治後果

到目前為止，我們已論述經濟和社會的改變，會影響父母教養男女的誘因。在本章，我們要強調父母的誘因不光影響他們在家庭中的決定，還影響他們的政治立場和行動，進而導致廣泛的社會變遷。

在政府制度對兒童和育兒的影響方面，父母的政治立場非常重要。這並不限於民主國家：就連非民選政府也或多或少會滿足人民的需求。例如十九及二十世紀公立學校的興起，某種程度可理解為，政府回應了家長希望子女學習成功技術的教育需求。

本章我們提到有兒子和有女兒的父母，往往面臨不同的誘因。這是否表示男孩的父母和女孩的父母，希望政府提供不一樣的幫助呢？有強力證據顯示答案是肯定的。經濟學家依邦亞・華盛頓（Ebonya Washington）指出，在美國國會中，有女兒的議員對社會議題持自由派看法的機率很大，特別是和女性直接相關的法令，例如生育權等。[36]值得玩味的是，有女兒的議員中，民主黨員遠多於共和黨員，這意味著從女兒的視角看世界，能讓政治人物對各種廣泛議題的看法更加開放。

在推動近代女性權利產生重大改變的政治力量中，「對女兒的關心」發揮了關鍵作用。以美國和英國為例，這兩國在工業化之前，無論在政治或立法上都是父權觀念極重的社會，女人沒有投票或參選等政治權利，在其他方面也沒什麼權利，尤其是已婚婦女。事實上，英美法系規定，已婚婦女離開丈夫就不具備法律身分。她們不得擁有或繼承財產，沒有丈夫的許可不得工作，不得離婚，如果與丈夫離婚也無法獲得子女監護權，而「婚內強暴」（marital rape）這種事並不被法律承認。

到了十九、二十世紀，已婚婦女只能依存丈夫才有法律身分，以及缺少法律保障的情況逐漸轉變。值得注意的是，已婚婦女的法律權利（例如婚姻財產法、離婚法和兒童監護法的修改）獲得改善，遠比女性有投票權來得早。這引出了一個有趣的問題：之前只有男人能投票和參選，為女人爭取權利對他們有什麼好處？

當然，原因之一是女權運動在十九世紀高漲，女人變得更擅長透過遊說來爭取權利。不過，馬蒂亞斯在與蜜雪兒・泰提爾特合作的研究中指出，另一個關鍵是引起政治人物關心女兒未來的經濟力量。[37] 男性政客也許反對限制自己在性別上的特權，但他們也希望自己的女兒能受到保護，以免遇到有暴力傾向或不負責任的丈夫。這些考量在十九世紀更加顯著，因為當時男人酗酒問題加劇，經常為他們的家庭帶來嚴重後果。

從男性的角度來看，他們身為選民和政客，在「本身的特權」和「為女兒爭取權利及保護」之間做出取捨。馬蒂亞斯和蜜雪兒認為，十九世紀人力資本日益重要，終於打破現狀讓女性權利擴張。等到接受良好教育成了成功的必備條件後，男人不但要擔心自己女兒的幸福，還要擔心孫子和孫女的教育。由於當時的性別角色分工，主要是母親負責照顧子女、確保他們接受良好教育。男性考量到子女教育的重要，為了讓母親們能善盡責任，也就願意為她們爭取所需的權利和保護。

因此，女性權利的擴張，可理解為人力資本和教育對經濟更重要，以致焦點從男性特權轉到子女需求上面。從當時對女性權利擴張的公開辯論，可以看出大眾對孩童需求愈來愈關心。改變來得相當快速。一八六八年，《泰晤士報》（*London Times*）的一篇社論仍倡議維持父權社會，並堅稱「所提的改變會完全破壞丈夫與妻子的現存關係。目前的關係是一方權威、一方從屬……如果女人有了自己的財產，能單獨運用自己的收入，就不受丈夫的管束……屆時該如何防止她隨心所欲、為所欲為呢？」[38] 才過了一年，《泰晤士報》就改變論調公開支持女權，論述核心是小孩的需求：「不可否認，理論上（丈夫）有責任供養她和小孩，事實上男人也責無旁貸……父親對小孩疏於照顧等同違法虐待，必須受法律制裁……因此我們得承認，雖然普通法規定丈夫擁有妻子的個人財產，不表示他可以不照顧妻子和孩子的生活。」39

總之，父母選擇教養男女的方式與經濟誘因有關。同樣，選民和政客透過子女的眼睛來看世界，也會為滿足下一代的需求而改變做法。

展望

隨工業化而展開的性別角色改變，過程還有好長一段路要走。雖然在工業化國家，男女正規勞動市場參與率差不多相等，但在某些經濟部門仍極度不平等，男女薪資也有極大的差距。我們不知道這段過程會如何發展；男女大不同，在教養方面，懷孕和哺乳的基本生理也將繼續影響父母的選擇。

可以確定的是，父母對男孩和女孩的教養方式，與他們面臨的誘因息息相關。如今在開發中國家，性別不平等和歧視女孩仍顯而易見。若這些國家的經濟能成功轉型，讓人力資本成為生產的關鍵因素，並且做到家庭與工作領域分開，那麼在未來幾十年內，我們應該能見到男孩與女孩受到平等對待的重大進展。

第七章

生育率與教養成本

父母在考慮要採取哪一種教養方式前，得先面臨更基本的問題，也就是要不要生小孩，以及要生幾個。現今工業化國家的父母的答案，與從前的父母及世界其他地區的父母很不一樣。

從大家庭走入小家庭：出於選擇，而非偶然

現代理想的家庭觀念是小而美。美國多數成年人認為家庭理想的子女人數是兩人；想要四個或更多小孩的人不到一五％，而這在幾十年前的嬰兒潮都還是常態。

圖七・一顯示了七十年來美國人對理想家庭看法的改變。[1] 直到一九六〇年代中期，大家庭還很受歡迎：最多人期望的家庭規模是四個小孩，其次是三個小孩，認為兩個孩子恰恰好的

人不到三〇%。一九六〇年代中期到一九八〇年代，愈來愈多人偏愛小家庭，時至今日，兩個小孩的家庭已成為標準規模。

若追溯更早的年代，那時的家庭規模更大。十九世紀大多數家庭至少有五個小孩，三、四個小孩只是最低限度。

該如何解釋子女人數愈來愈少的趨勢呢？當然，節育措施的出現帶來一部分影響。從一九六〇年代開始，避孕藥的發明讓夫妻更容易控制他們想要的子女人數。但研究生育選擇的專家把節育技術視為次要問題，因為人類很早就知道影響生育數量的各種方式；列舉幾個重要的例子：結婚年齡（女性晚婚會縮短生育期）、哺乳（餵母奶會延後月經恢復，但這並不是可靠的避孕方法），以及性交中斷等基本避孕法。早在保險套和避孕藥等現代避孕法普及之前，許多生育行為就已發生重大改變。[2]

發展經濟學家蘭特·普里切特（Lant Pritchett）證實了我們的看法：生育主要出於選擇。普里切特發現，各國的總生育率與理想生育率都非常相近。實際生育率和理想生育率的相關係數非常高，顯示決定各國生育率差異的主因是「人們想生幾個小孩」。[3]

在排除生育率純屬機率的可能性後，從經濟觀點來看，如果人們選擇少生孩子，那麼想要大家庭或小家庭的誘因一定出現了變化。用這假說來檢視子女人數的選擇，表示若不是多生的

圖七・一：
美國的理想家庭規模
（「你認為一個家庭的理想子女人數是多少？」）

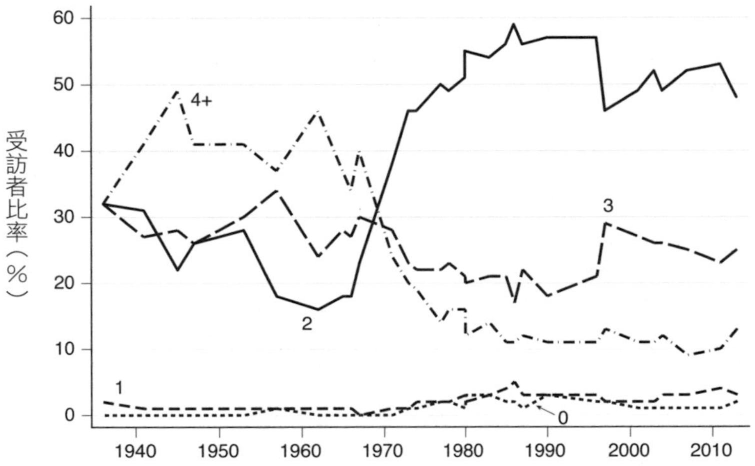

效益減少，就是多子的成本增加。在成本方面，我們之前發現的密集教養趨勢也許是一個重要因素：若父母想多投資小孩，花時間在每個子女身上，只要多生一個孩子，就得多花費金錢與時間成本。

在本章，我們會用誘因理論了解長久以來各國父母的生育選擇，並且認為教養子女成本的變化，正是解釋數據的關鍵因素。教養的密集程度是決定育兒成本的一部分，但它並非唯一，也不是最重要的部分。教養成本還有另外三項影響更大的要素：童工的經濟報酬、投資人力資本的成本、女性（也就是母親）的時間價值。我們會說明這些成本的改變，如何影響人們決定要生幾個小孩。

各國生育選擇史

我們先思考生育選擇的基本事實。無論是以前或現在，世界各地家庭的子女人數，多半比今日富有國家的一、兩個還多。一國人民做出的生育選擇可歸結為所謂的「生育率」。總生育率是年齡別生育率（也就是某年齡母親生育的子女數除以該年齡女性的人數）的總和。如果年齡別生育率長久維持不變，則總生育率顯示婦女在整個生育期所生的孩子總數。因此，總生育率可視為每位女性的平均子女數。在沒有移民的情況下，能維持人口不變的總生育率是二・一左右（又稱為人口替代率）。現今幾乎所有工業化國家的總生育率都低於人口替代率，而許多開發中國家的出生率則高於人口替代率。

圖七・二顯示，美國和英國（英格蘭和威爾斯）從一八〇〇年至今的生育率變化。[4]在十九世紀初期，家庭規模很大，英格蘭和威爾斯平均每位婦女生五個小孩，美國則大約七個小孩。美國生育率在整個十九世紀開始逐漸下滑，大約一八八〇年以後，英格蘭和威爾斯生育率急速下滑。到了二十世紀初期，生育率已經降為不到一半；一般家庭只有兩、三個小孩，和今日的情況差不多。

到了二十世紀，一開始生育率持續下滑；在大蕭條剛結束的一九三〇年代中期，英國與美國的總生育率都已降到平均每位婦女生兩個小孩；二次世界大戰之後，工業化國家出現嬰兒潮，生育率下滑的趨勢暫時被打斷。嬰兒潮現象在美國尤其顯著，一九五〇年代末期，平均每位婦女的子女數將近四人。不久後下降趨勢再度出現，一九三〇年代的低生育率於一九七〇年代重現，此後就沒什麼改變。

除了嬰兒潮時期外，過去兩百年的主流模式是經濟增長但生育率下降：所得愈高，出生的嬰兒愈少。所得和生育的負相關也發生在今日的各個國家。圖七・三顯示了二〇一五年各國人

圖七·二：
美國、英格蘭和威爾斯的總生育率

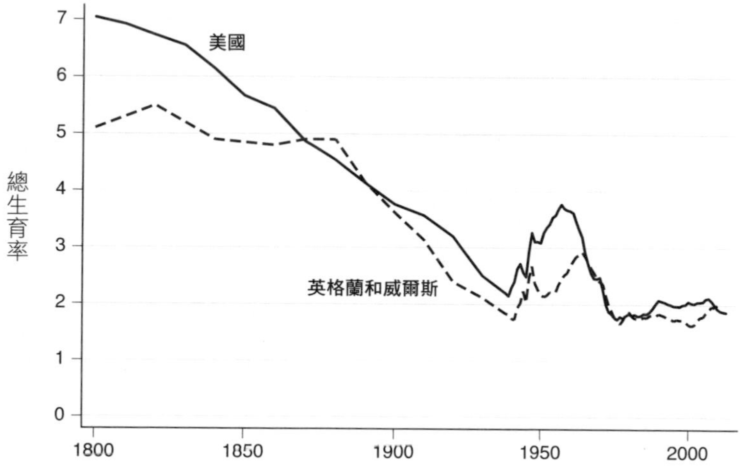

圖七・三：
二○一五年各國總生育率與人均 GDP

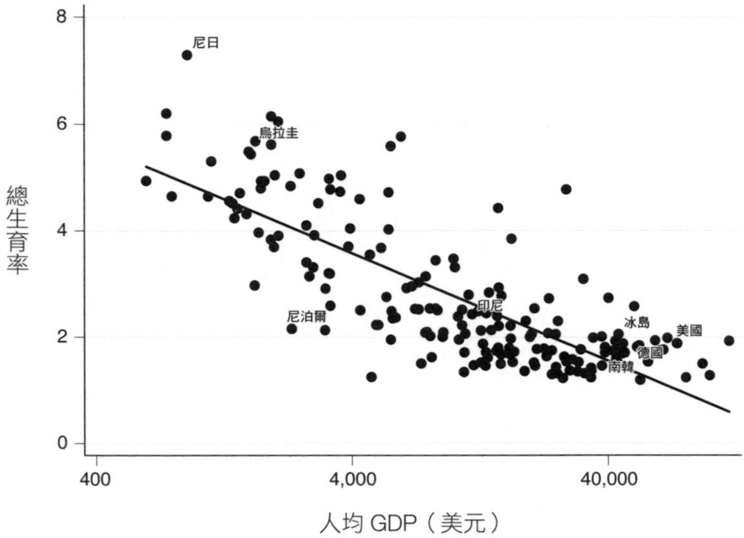

均GDP（經濟發展指標）和總生育率的關係。[5]分布圖表明，一般來說，人均GDP愈高，子女人數愈少。在全球前幾名富裕的國家裡，總生育率是每位婦女生一至兩個孩子；在天秤的另一端，人均GDP不到一千五百美元的國家，平均婦女生育率卻超過四個孩子。今日最貧窮的國家，婦女一生會有五至七個小孩，這與兩百年前美國及英國的狀況極為類似。

這份數據最引人矚目的模式是：人們愈富裕，生的小孩愈少。不過，這模式雖然出現於國家內部與各國之間，但目前是工業化與經濟成長的年代，早年的情況則非常不同。事實上，美國、英國和其他國家在經濟發展期間出現的生育率下降，與人類史上生活水準和生育率大多同步發展的情況相反。大約在十九世紀以前，生活水準和生育率還是正相關：國泰民安之時，人們生較多小孩。在這段期間，由於良好的經濟情況讓食物充足，也使死亡率下降。這兩項因素意味著良好的經濟條件會使人口快速成長。

由於所得高低和人口成長的正相關，經濟學家暨人口統計學家馬爾薩斯（死於一八三四年，剛好是生育率準備開始下滑時）對人類命運做了大膽預測，他在經典著作《人口論》（*An Essay on the Principle of Population*）指出，食物供給增加會使人口成長加速，最後人口將多到糧食供不應求，因而使人類陷入饑荒和貧窮。這項危機將造成人口減少，直到食物供給再度趕上為止，才會展開新的循環。根據馬爾薩斯的說法，在這種循環中，食物充足的時間較短，人類會長期處於貧窮，生活水準根本無法持續得到改善。[6]

如今我們知道，這世界終究還是躲過了馬爾薩斯循環，但他的理論大致準確描述了工業革命前的所得與人口關係。即使在以前，全球各地的生產力和技術改進差距很大。在我們的時代，技術先進的國家有較高的生活水準。相較之下，如果馬爾薩斯循環機制成立，則生產力提升（例如引進輪作系統來提高農作物收穫量）主要會拉高人口成長率。久而久之，人口成長將超越食物產量的增加，因為馬爾薩斯時代的主要生產活動是農業，隨著農地人口愈來愈擁擠，農業勞動報酬遞減。這時，生活水準（以每人可得食物來衡量）將回到之前的水準，只剩下生產力提高的唯一永久結果：更高的人口密度。

工業革命前的生產力差異，主要反映在人口密度而非個人所得，這和馬爾薩斯的預測相符；全球多數國家的生活水準都同樣接近生存水準，但多產的地方人口較多。例如中國數百年來一直是農業技術最先進的國家，該國勞力密集水稻種植的產量高於歐洲農業。然而，中國農民的生活狀況並未優於歐洲農民。反之，中國歷經了大幅人口增長與極高的人口密度，因此成為全球人口最多的國家，至今依舊如此。同樣，西歐在工業化前的幾個世紀，歷經了生產力高度成長，的確多少改善了生活水準，但主要影響還是增加人口密度，使西歐人口大幅提升。

進入工業化時代的頭十年，馬爾薩斯的理論尚未發展完成，一般還認為經濟成長與人口成長是正相關。英格蘭各大城市工廠愈蓋愈多，人口快速增加，就像查爾斯．狄更斯（Charles Dckens）作品中常見的擁擠與貧窮慘況。幾十年後，所得與人口成長的關係反轉，世界歷史中的馬爾薩斯時代就此告終。

我們觀察到十九世紀英國和美國的生育行為逆轉，又稱為「人口轉型」。除了生育率下降外，人口轉型的另一個特色是死亡率下降：少子化以後，預期壽命增加，嬰兒與兒童夭折率降低。人口轉型是經濟發展的共通特性：凡是成功躲過工業革命前停滯期的國家，都在工業革命期間歷經生育率和死亡率大幅下滑。一般來說，後來才開始成長的國家，人口轉型速度更快。美國和英國的生育率經過好幾十年才減半，但被稱為「亞洲四小龍」的香港、新加坡、南韓和台灣等國，只花了不到二十年。

小孩的「品質」與生育經濟學

長久以來，經濟學家一直不認為生育選擇屬於他們的專業領域，並且把生育率交給其他學科解釋，像是社會學和人口學等。不過，我們現在認為生育也是人們做的另一種選擇，可以用同一套經濟工具加以分析。

從經濟學的角度來看，父母決定要生幾個孩子，可以用他們面臨的誘因來解釋。至於誘因有哪些，則視父母生小孩的目的與養小孩的成本而定。首先談目的，人們為什麼要生小孩？有個簡單的答案，就是演化讓人類想要小孩：畢竟沒有小孩就無法遺傳基因，因此物競天擇偏好那些想要有小孩的人。但這種普遍的欲望不足以說明我們提到生育選擇的基本事實，否則父母應該會想生愈多愈好，只不過被經濟能力限制住了；只能求溫飽的貧窮家庭養不起太多小孩，反之，百萬富翁應該能輕鬆養育眾多子女。因此，如果人們在乎的只是「要生幾個孩子」，我們應該能預期有錢人會生更多小孩，就像他們比一般人買更多食物、更多車子那樣。但實際上，我們看到過去兩百多年的情況正好相反：人們愈富有，愈選擇少生。

所得與生育負相關之謎，由諾貝爾獎得主蓋瑞．貝克率先解開，他比任何人都致力於用經濟思維來了解父母所做的選擇。[7] 貝克的基本見解是，雖然父母普遍喜歡小孩，但也希望兼顧子女的「品質」。品質有許多涵義，但一般是指父母希望他們的小孩成功與富裕，意即他們無私關心子女的幸福。這當然也是我們用以分析教養方式的相同假說。

父母關心小孩品質，表示他們在與小孩有關的事情上，面臨兩個相關又不同的決定：要生幾個，以及要投資多少在每個小孩身上。生育選擇不僅要考慮所得（或者父母手上有多少資源）和養小孩的成本，還要比較投資「數量」（也就是很多小孩）和品質哪個比較有吸引力。從這種觀點來看，所得增加時生育率之所以下降，可能是因為育兒成本增加，或是因為小孩數量與小孩品質的相對吸引力發生變化。

我們認為伴隨經濟成長而來的生育率下降，是經濟誘因讓父母從投資孩子數量變為投資孩子品質。孩子品質最重要的形式是教育。我們說的投資孩子品質，是指選擇送他們去上學而不是工作賺錢，或許還會付錢讓小孩上良好的私立學校，而非一般的公立學校。上學不是最終目的；父母投資孩子的教育，是希望這能為孩子創造財富，使投資有所回報。

在那些研究經濟發展與生育選擇的經濟學家眼裡，造成人口轉型的經濟趨勢是人力資本投資報酬率增加，也就是教育投資報酬率提高。其中，經濟學家歐迪・蓋樂（Oded Galor）和大衛・威爾（David Weil）主張，高教育投資報酬率促使父母增加對孩子品質的投資，而且為了負擔得起這類投資，就得比上幾代少生孩子。[8]

在工業化之前的經濟，多數父母沒有經濟上的理由讓孩子接受教育，學習讀寫、數學等知識。大多數人是文盲，但對生活沒有太大影響，因為大部分工作不需要識字能力。只有非常專門的職業要求會讀寫，像是早年大學的教職員等。這種專業並未對一般大眾開放，所以也沒道理期許子女接受這樣的教育。因此，我們認為「缺乏經濟報酬」是父母不投資孩子品質的原因。

教育投資報酬率低的另外一面，則是童工更有吸引力。沒上學的孩子很小就可以開始工作來協助養家。因此低教育投資報酬率也能說明，為何童工在工業革命之前如此普遍。事實上，比起教育選擇，童工對育兒成本的影響可能更大：童工多半可以養活自己，讓父母覺得育兒很「便宜」。因此，當小孩可以工作時，多生孩子是很合理的選擇。

童工

談到童工，難免有人會質疑我們，把關心子女幸福的利他父母理論應用得太過牽強，畢竟現今最令工業化國家憂心的社會弊端中，童工問題高居第一。大學校園裡常見學生抗議「血汗工廠」壓榨勞工，雇用童工的製鞋廠與製衣廠也持續受到杯葛。關心子女的利他父母會認為童工是個好選擇嗎？

顯然並非所有童工都是父母的選擇，有些是因為被誘拐，更常見的是孤兒。但不管是過去或現在，多數童工終究是父母的選擇結果。現今許多父母很難想像讓小孩去工作的情況，但即使是富裕國家，童工普及的時代離今日也沒有那麼遙遠。事實上，雖然現在已很少看到全職童工，但是兼職童工在許多產業依舊存在，尤其是農業，許多孩子從小就得幫忙「家族企業」。

這也是馬蒂亞斯的親身經歷，雖然父親是公務人員，但他家有個做為副業的小型農場，在有需要的時候，小孩必須一起幫忙，負責餵食動物、夏日除草等工作。馬蒂亞斯對於當童工沒什麼興趣，總想藉故逃避，但他從沒想過（其他人可能也沒想過）這樣工作會有什麼問題。

的確，即使後來童工違法，家庭農場往往是例外，而且還有特別為製造業或工廠制定的法律。德國的青少年要滿十八歲才能考駕照，但農場裡的孩子十五歲就能合法操作大型拖曳車，甚至連路考都不需要。

從前，童工非例外而是準則。十九世紀教育普及前，除了富家子弟外的孩子多半在工作。童工不但普遍，而且完全沒被汙名化。若真要說，反而有觀點認為童工對小孩有利，無所事事被視為有害，會讓孩子未來對成人生活措手不及，一輩子只能偷拐搶騙。在教授讀寫和數學的現代學校成立前，曾有所謂的「工作學校」，讓閒散的孩童做點有生產性的事。這種學校和現今的「血汗工廠」不同，其主要設計目的並不是要壓榨孩童，而是防止遊手好閒的孩子惹上麻煩。

雖然現在童工被視為不道德，而且是壓榨與虐待的根源，許多人仍認為有工作經驗對小孩是好事，尤其是年紀稍大的孩子，可利用暑假打工先行體驗「實際人生」。而農場讓孩子幫忙家族事業依舊很普遍（且合法）。

當然，在工業革命前的時代與現今的開發中國家，那些童工的處境和偶爾在現代化農場幫忙幾個小時的孩子截然不同。但是讓小孩去工作的決定，要從整體家庭狀況來考慮。童工常見於貧窮家庭，畢竟家裡若連下一頓都沒著落，上學根本是不現實的選項，讓小孩幫忙賺錢是很自然的決定。

兒童勞動機會對生育率的影響，可從工業化初期一個有趣又驚人的例子看出來。[9]在工業化之前，多數童工都和父母一起工作，就連在工廠普設以後，雇用全家人來工作也是很常見的事。[10]但同時也有新的工作型態出現，主要是利用孩童較小的身形，採礦業就是最顯著的例子。工業革命立基於煤礦，因此採煤礦成為工業化時期主要的新興產業。

煤礦坑裡危機四伏，但由於礦工的工作空間狹小，孩童尤其能發揮作用。礦區的兒童薪水很高，家裡若有好幾個小孩都去礦坑工作，則能為父母賺進豐厚的收入。可想而知，十九世紀早期的礦區生育率出奇的高。不光英格蘭如此，整個歐洲都一樣：礦區的生育率最高，然後是郊區，都市的生育率最低，而且也最早開始下滑。[11]這些觀察證實童工潛在報酬的誘因，對父母的生育決策確實有重大影響。

教育、童工與生育率下降

讓我們以工業革命的發源地英格蘭的案例，思考童工、教育和生育選擇之間的關係。工業化早期對技術工人的需求降低，因為特殊工藝可由無技術工人所操作的機器取代。此外，工業化一開始也提高對童工的需求，礦區如此，工廠也如此。早期的主要工業是紡織生產，這產業也像礦業一樣需要兒童：他們小巧的手很適合紡織。

但隨著時間推移，工業化對於人力資本有更高的需求。大型產業企業的出現使行政部門興起，因此需要善於讀寫和數學的行政人員。財富的增加也壯大了政府規模，福利制度應運而生，創造出公部門對行政人員的額外需求。

從父母的角度來看，教育投資報酬率的提升，突然讓「送小孩上學」成了更有吸引力的選項。這解釋了十九世紀中期公立義務教育尚未出現，就學率卻急速增加的現象。跟現在一樣，上學成為讓孩子經濟條件更好的保證，因此利他的父母紛紛讓子女停止工作，改去學校上課。

圖七．四顯示，孩童上學比率在一八五〇年都還很低。[12] 然而，接下來數十年上學比率急速增加，一八八〇年已有近半的孩童上學；到了一九一〇年比率更高達七〇%，這正是生育率迅速下滑的期間，愈來愈多父母決定送子女去上學。[13]

就學比率增加的另一面是童工減少。在全面就學潮興起之前，兒童多半從事各種勞力工作，最常見就是在家庭農場、廠房或家裡幫忙父母。根據圖七．五，一八五〇年十至十四歲的孩童當中，有四分之一以上從事正職工作。接下來的幾十年間，學校教育愈來愈受歡迎，童工因此開始減少；到了二十世紀，英國已經很少有正職童工。[14]

由於就學人數增加與童工減少，小孩在父母眼中開始變得愈來愈花錢，因為他們不只要付學費，更重要的是，孩子不再工作分擔家計。這些因素強化了少生的誘因。因此，高人力資本需求的經濟變化，創造出重視教育的現代中產階級家庭，這也能解釋工業化時期幾個重要的社會趨勢。

英格蘭人口轉型期有個特色，就是童工、教育和生育率之間緊密關聯，而在今日各國也能觀察到這情況。圖七・六和圖七・七顯示了現代各國就學率、童工率、生育率的關係。從圖七・六可以看到，凡是兒童預期受教育年數少於四年的國家，婦女平均生育率都高於四個小孩。[15]反觀兒童預期受教育年數為十年或以上的國家，則沒有任何國家的生育率達到這種水準。同樣，圖七・七顯示在童工普遍的國家中（以七至十四歲的孩童工作人數比率衡量），生育率也相當高。[16]

在工業化世界裡，除了農業外，童工已經消失很久。如今大眾開始關心開發中國家「血汗工廠」壓榨童工的問題。不過，工作和教育之間的基本取捨依舊存在，而且未來會持續影響生育選擇。以德國為例，各省的學校系統多半是升學與就業分開，選擇基礎職業學校和實用專科學校的學生，正式學校教育通常在九年級或十年級結束，也就是十五、六歲的年紀，之後多半

圖七·四：

英格蘭總生育率與就學率

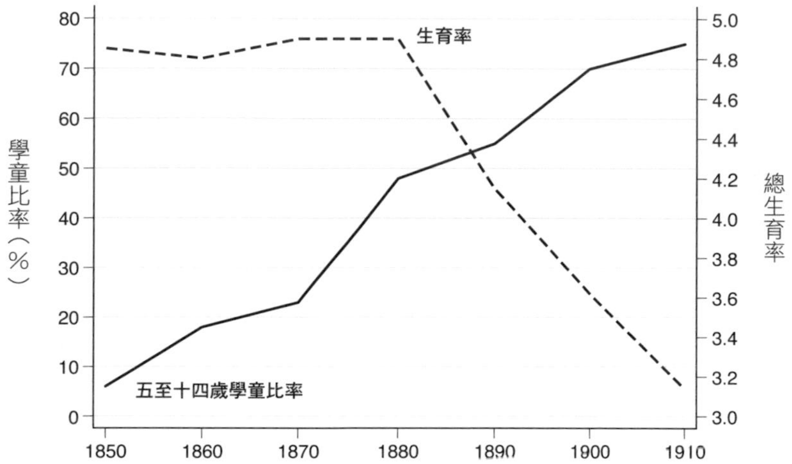

圖七・五：
英格蘭總生育率與童工率
（十至十四歲孩童的工作比率）

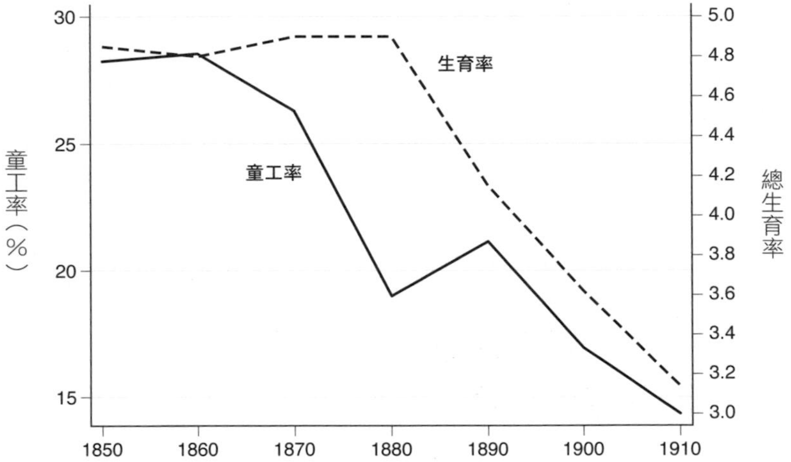

圖七・六：
二〇一〇年各國就學與總生育率

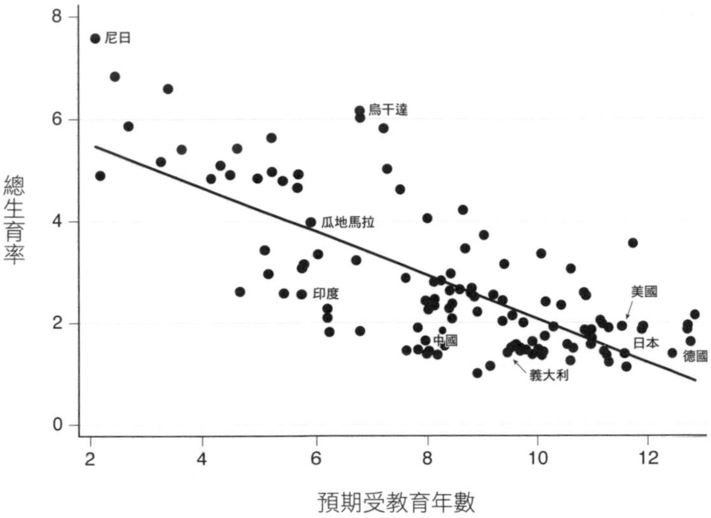

會開始實習計畫，賺取薪水。若繼續住在家裡（多半如此），往往要拿出部分薪水來分擔家庭支出。在幾十年前，勞工階級的小孩就算課業表現優異，父母還是希望他們選擇實習計畫，早點開始賺錢養家。馬蒂亞斯的母親成長於德國北邊的小農村，她讀到專科學校畢業（也就是十年級），這在當時已是難能可貴。

如今教育進一步受重視，有更多父母希望孩子至少能高中畢業。然而，即使教育程度變高，類似的取捨依舊存在。美國的大學學費不斷漲價，與平均所得成長不成比例，由於父母付不起學費，家境貧窮的小孩在教育選擇上愈來愈受限。反過來說，那些想給子女最好教育的家庭，由於敏銳意識到教育成本高漲，可能因此打消多生小孩的念頭。

死亡率的影響

另一項會影響生育率的因素，是人口轉型的第二個面向，也就是死亡率。在十九世紀末以前，全世界的嬰兒與兒童夭折率都很高。以英格蘭為例，十九世紀初約有三分之一的嬰兒活不過一歲。貧窮父母的孩子死亡率特別高，因為他們很難讓全家溫飽，而且居住環境通常不衛生；沒有乾淨的水可用，這點尤其致命。就算是富有家庭，也無法避免失去孩子的不幸：預防

圖七・七：
二〇一〇年各國總生育率與童工率
（十至十四歲工作的孩童比率）

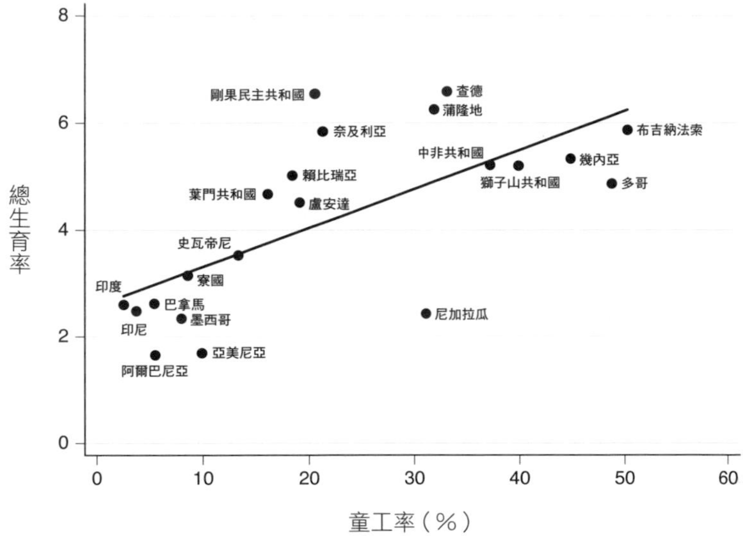

各種致死疾病的疫苗尚未出現，而且在抗生素出現之前，就連一般的感染都可能奪去幼童的性命。從前工業化時期的傳記可以看出，死亡的陰影總是圍繞著兒童。例如巴赫和兩個太太總共生了二十個小孩，但只有一半活到成年。他的子女和孫子女也一樣不幸，到了十九世紀末期，這位偉大的作曲家已完全沒有後代。

圖七．八顯示，嬰兒死亡率直到十九世紀末都居高不下。[17] 舉例來說，在一九〇〇年，英國超過一五％的嬰兒活不過週歲。不過隨著衛生的改善、營養的提升、疫苗的發明與抗生素的出現，存活率逐漸攀升。

以前的父母知道嬰兒可能夭折，這是他們做決定時很重要的考量因素。比較看不出來的是，這樣的預期是否會改變父母想多生或少生的誘因。一方面，我們可以說高孩童死亡率與喪子之痛提高了生孩子的成本，可能因此降低再生的欲望。但另一方面，如果父母覺得至少要養活幾個孩子，那麼在高死亡率的情況下，生得愈多，活下來的也愈多。從這角度來看，高孩童死亡率應該會增加擁有大家庭的誘因。但這種效果可能很有限，因為在前工業化時期，嬰兒死亡案例多半集中在很小的時候（也就是在週歲前夭折）。一旦活過週歲，平安長大的機率就很高。這意味著夫妻若想確保小孩長大的機率夠高，則只要孩子在週歲前死亡，就再生一個，這種面對嬰兒夭折的反應，就是所謂的「**出生替代**」（replacement fertility）。不少研究證明了出生替

圖七・八：
美國和歐洲國家嬰兒死亡率
（每千名嬰兒週歲前死亡比率）

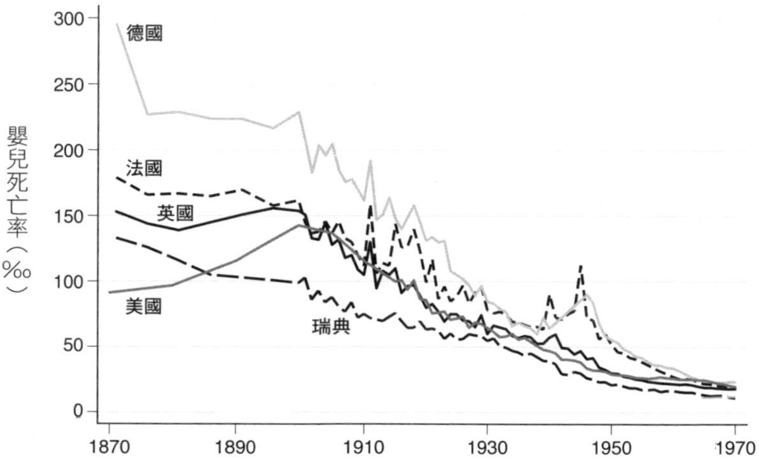

代的存在，不過其效果通常不到一比一，平均來看，多生並無法完全彌補死去的嬰兒人數。[18]

整體而言，證據顯示在人口轉型期間，死亡率下降可能是造成生育率下降的因素。[19]同時，死亡率只是生育率改變的一小部分原因。若出生替代的情況確實存在，死亡率的下降應該會讓生育率下降，但不到一比一，意指存活的兒童人數會增加。然而，在整個人口轉型期間，生育率下降幅度超越死亡率，因此每戶平均活到成年的子女人數大幅減少。這顯示生育率的下降一定還有其他原因。[20]

死亡率影響不高還可從另一方面看出來，那就是生育率下降的時間：在主要工業化國家裡，早在二十世紀嬰兒死亡率大幅下降以前，生育率就已經開始迅速下滑；相較之下，就學率和童工比率的改變，對生育率更有影響（見圖七．四和圖七．五）。

教養轉型的政治後果

「工業革命」是指生產方法的改變，造成經濟與社會的轉型，最早發生於十八世紀的英國，然後全球各國紛紛效法。但就如我們在本章所見，工業革命的影響不只是以工廠取代了農場和小型廠房，還導致家庭生活完全轉變：從小孩都得工作的貧窮大家庭，變為父母和只有幾個小孩的現代理想家庭型態，而且小孩去上學以追求成功的未來。促成轉變的最重要動力並非工廠系統的出現，而是人力資本的重要性與日俱增。從前人們的收入來自於勞力，大約在一八五〇年以後，具備教育和知識的人力資本成為主要經濟因素。因此，之後幾代的父母小孩愈生愈少，並且投入愈來愈多的金錢和資源，為子女提供最好的教育。

伴隨工業化而來的另一個轉型是政治：同一發展階段不但創造出現代家庭，也創造出現代政府。我們的意思是，現在所有工業化國家完備的大型政府（通常採民主制度、課重稅、致力於教育和勞動市場規範、提供全面社會保險）在工業化以前並不存在，但在二十世紀初期幾乎已建立完成。我們之所以討論這些改變，是因為某些力量不但改變父母多生或少生的誘因，也改變他們扮演選民或政治行動者的誘因。這關係尤其重大，因為現代政府的幾個重要面向與現代家庭密切相關。

上一章我們討論過教育日漸重要，並影響了十九世紀女權的擴張。女權改革背後的核心動機是：保護女性不受無良丈夫的虐待，讓她們能好好照顧並確保子女接受良好教育。另一個例子是國家提供老年保險（像是社會安全保險、公共養老金、老人健康照顧等），這項福利非常重要，因為家庭成員變少與流動性變高，老人不再能依賴子女同住奉養。

在公立教育上，家庭與政治改變有更直接的關係。美國和英國政府直到十九世紀末才開始涉入國民教育領域。以前的正規教育主要是由教會提供的主日學校，多半只教基本讀寫（當然還有《聖經》）。當人力資本需求增加，教育成為重要生產要素後，希望子女受教育的父母開始透過選票來爭取公立教育；另一股推動力量則是雇主：現代企業雇主想滿足對技術勞力的需求，因此大力支持提高政府對公立教育的影響力。[21]

在這些力量的推動下，不過幾十年的時間，十九世紀末的英格蘭在教育上的做法，從原本的放任不管轉為全面實行義務公立教育。同一時期的美國也展開教育改革。由於美國教育主要由州政府負責（非聯邦政府），義務公立教育的普及速度比英格蘭緩慢，但即使是落後的州，也都在一戰前展開全面的教育改革。顯然工業化程度最高的國家也是拓展教育的先驅。

另一個具啟發性的例子是童工法令，我們在早期的研究中曾以經濟角度來檢視這些規範。[22]一八三〇年，英國通過第一部童工法，內容多半是童工的人道考量，其中特別針對像採礦這類產業的兒童受虐問題。更周全的童工法令（規定所有製造業的最低工作年齡）要等到幾十年後才出現，與公立教育開始推行的時間差不多。

促使童工受到進一步約束的政治力是勞工運動，亦即工會和他們所屬的政黨。工會致力於照顧勞工利益，其中包括設法限制會影響勞工薪資的潛在競爭來源，這解釋了為什麼時至今日，工會經常對自由貿易存疑，有時還支持移民限制。禁止童工的道理也一樣：不讓孩童工作，工會的成人勞工就會少一點競爭，可望增加勞工需求且拉高工資。

不過禁止童工和其他勞動法規有個重大差別，能說明為何等到大眾教育開始普及後，工會才提出禁止童工的問題。以限制移民為例，這裡的取捨很明確：外籍勞工會搶走工會勞工的工作機會。但童工這種潛在的競爭對手，往往來自於工會勞工的家庭，他們需要子女的收入來幫忙養家，因此不大可能支持禁令。

這項觀察讓我們了解，為何工業化早期童工普遍的時候，工會並不特別關注限制童工的問題。到了十九世紀末，由於人力資本需求興起，促使許多勞工階級父母送子女去上學；這些選民們不再倚賴自己的小孩外出工作，同時也希望其他父母不要讓小孩到工廠與自己競爭。所以要等到教育普及時，勞工運動才把禁止童工當做重要目標。

勞工運動的影響還能從「選擇性禁止童工」看出來，禁令只限制兒童與成人搶工作的產業，也就是製造業。童工在家庭農業依舊合法，讓子女分擔簡單的工作，能讓整體營運更有效率。所以，雖然禁止童工有其人道考量（尤其是一開始），但後來之所以廣泛禁止，主要是因為工會想限制競爭。

如今，在童工依舊普遍的開發中國家，類似的政治和經濟力量正發揮作用。許多西方活躍份子出於人道考量，企圖透過抵制產品、頒布國際勞動標準、公開譴責「血汗工廠」等做法消弭童工問題。如果他們因此把兒童逼成黑工，降低成年與未成年勞工的直接競爭，很可能會有反效果。如果成年勞工不再擔心工作會被未成年勞工搶走，那麼開發中國家推動全面禁止童工的政治支持就會減少。這些活動違背了初衷，可能讓完全禁止童工的那天更晚到來。[23]

剖析嬰兒潮

工業化國家生育率長期走低的趨勢，持續了整整一個多世紀，期間唯一的重大例外是二戰後的嬰兒潮。生育率在一九五〇至一九六〇年代驟升，這現象不僅出現在美國，飽受戰爭蹂躪的歐洲國家與日本也是如此。圖七・九顯示嬰兒潮在同盟國與本土（多半）沒戰事的國家尤其高漲：除了美國外，還包括加拿大、澳洲與紐西蘭。[24]

到目前為止，我們對於父母生育子女人數的經濟分析，聚焦於品質與數量間的取捨，也就是父母因為童工式微與追求優質教育，使得育兒成本提高，因而選擇少生。嬰兒潮挑戰這種觀點；生育率驟升，但教育水準持續增加，而童工也沒有捲土重來。然而，嬰兒潮很容易用經濟力量來解釋。

解釋嬰兒潮現象要考量的第一個因素是，改變生育行為背後的動力已經不一樣。幾十年

圖七・九：
二戰期間與之後，美國與同盟國的總生育率

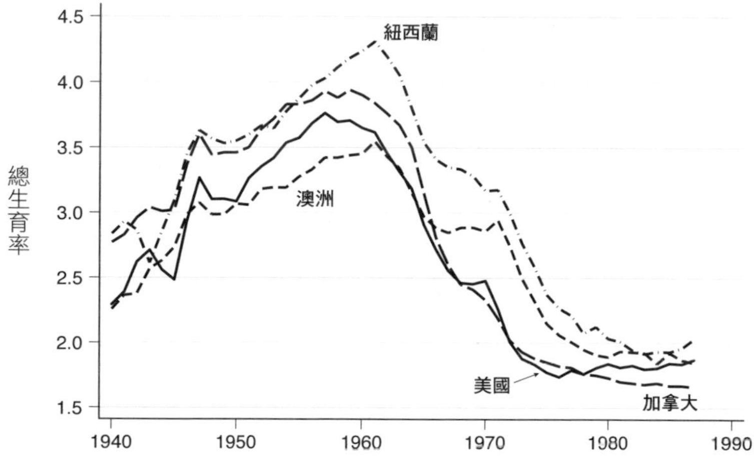

前，增加投資孩子品質拉低了生育率，但這在戰後時期已不是重要因素。此時童工在工業化國家幾乎完全消失，而先進國家已實行義務公立教育，因此教育不再是改變育兒成本的重要環節。教育水準持續提升，但是發展主要集中於高等教育（大學和研究所）。當時高等教育的學費比今日低廉，多數學生就讀於資金充裕的大專院校，所以教育成本對於父母的生育決定只有間接影響。

反之，有些影響育兒成本的因素在嬰兒潮時期有大幅改變。在公立教育和糧食價格低廉的時代，育兒最大的成本就是時間。養育小孩的時間成本分為兩大部分：第一是照顧小孩實際花費的時間；第二則是這段時間的經濟價值。目前對嬰兒潮的解釋以這兩項要素為主。

首先，想想育兒實際需要的時間。這類時間成本的一些面向會隨時間稍有改變，一些面向則完全不變；例如懷孕時間還是一樣九個多月。但也有其他時間成本和經營家庭的各種事務相關，而科技進步節省了做家事的時間。

我們之前曾討論過，省力家電的普及影響甚鉅。有多個子女的父母都能作證，小孩的衣服似乎永遠洗不完，即使現在洗衣服依舊得花許多時間，不過和以前比起來，洗衣機和烘衣機的發明已大幅減輕了負擔；另一個很花時間的家事是煮飯，煮飯時間同樣因為科技發展（例如冰箱、洗碗機、電爐、微波爐等）而縮短。在一九五〇年代末期嬰兒潮達到高峰時，多數家庭已擁有上述家電產品，而這些在一九四〇年代仍相當罕見。[25]另外還有許多配套創新，像是愈來愈多超市提供方便的食物等，父母不需要每一餐都從頭做起。經濟學家傑若米．格林伍德、阿南特．賽斯哈德里和紀堯姆．范登布魯克（Guillaume Vandenbroucke）就認為，這些家用科技的改變，對一九五〇年代的生育率上升發揮了重大作用。[26]

另一個同樣重要的因素是**時間機會成本**。在嬰兒潮期間，育兒主要還是婦女的工作。母親扶養小孩的時間機會成本是次優時間利用的價值。舉例來說，如果母親為了再生一胎得放棄報酬優渥的事業，時間機會成本就很高，那麼她再生一胎的誘因就會比較低。時間成本的作用在於：顯示婦女的生育選擇會被其他的時間使用方式影響——尤其是在正式勞動市場工作的機會。

在二戰發生的幾十年前，已婚婦女外出工作還不常見。第六章也提過許多職業都有所謂的禁婚令，一旦女性結婚就不得繼續工作。例如美國許多州都曾規定老師必須是單身（只針對女性；男人沒有結婚禁令）。如今在多數工業化國家，大部分已婚婦女（甚至在有了小孩之後）都還繼續工作，因此，要多生小孩（並花更多時間在他們身上），還是花更多時間在工作和事業上，兩者的權衡成為生育選擇的主要考量。

上一章提到女性勞動參與率有長期攀升的趨勢，這代表時間機會成本跟著提高，理應導致生育率逐漸下滑。然而，馬蒂亞斯和以色列經濟學家莫舍．哈珊（Moshe Hazan）與伊沙．毛茲

（Yishay Maoz）合作研究嬰兒潮，發現時間機會成本可以解釋一九五〇至一九六〇年間生育率先上升後下降的情況。[27] 他們之所以進行這項研究，是因為發現原本生育年齡的已婚婦女勞動參與率持續升高，但這趨勢卻在生育率上升時停止，時間正好符合。

圖七・一〇比較了美國二十至三十二歲（主要生育年齡）婦女和三十三至六十歲婦女的勞動參與率。[28] 從一九四〇年代末期到一九六〇年左右，年輕女性的勞動供給要比嬰兒潮前後低很多；而在同一段時間內，戰前多半退出勞動市場的年長已婚婦女，勞動供給卻大幅增加。

根據馬蒂亞斯和合作研究人員的說法，在扭轉女性勞力供給決策的重大事件——二戰——中，可以找到這兩個相反走勢間的關聯。戰爭對女性的主要影響就是勞動市場：由於男性前往歐洲和亞洲打仗，數百萬名美國女性響應勞動市場的緊急號召，開始在辦公室和工廠工作。其中一大部分女性維持對勞力供給的影響：她們享受工作經驗，戰後仍繼續工作。[29]

那麼戰時女性就業者的增加，與一九五〇年代生育率的變化有何關聯呢？這裡有個重點：嬰兒潮生小孩的女性，多數在二戰期間是小孩或青少年，年紀尚小無法工作。戰爭爆發後，她們不像年長婦女湧入工廠工作，依舊待在學校。不過，戰時女性勞工的增加仍對她們有影響，這些女性在一九四〇年代末期至一九五〇年代間成長，對女權有不一樣的看法。

戰前勞動市場的模式，一直是女性年輕時工作幾年——從高中畢業到結婚為止，然後就離

圖七・一〇：
美國年輕與年長女性的勞力供給

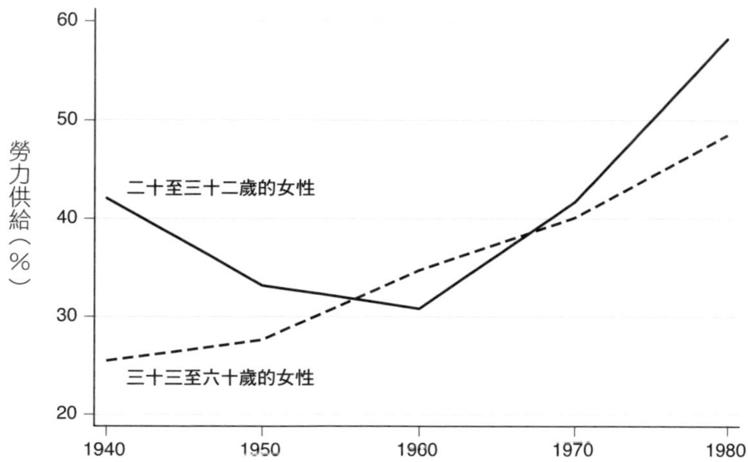

職全心生兒育女。但對戰後才成年的這代女性來說，問題在於「數百萬戰爭世代的女性仍留在勞動市場」。然而，那時女人可以做的工作有限，隨著戰時緊急生產告終，男性回到工作崗位上，戰爭世代的女性被迫離職。勞動市場仍有重大的性別壁壘，許多女性受到限制，只能從事零售、文書等工作。馬蒂亞斯和合作者指出，許多女人可以做的工作，已經被那些戰時投入勞動市場、戰後決定繼續工作的女性占滿。來自年長女性的高度競爭使勞動市場競爭性提高、薪資被壓低，普遍讓年輕女性的工作環境更糟糕。換句話說，年輕女性在勞動市場的時間價值降低，這意味著其他選項（例如早婚成家等）變得更具吸引力。

我們可以從數據中看到這現象：平均女性結婚年齡在嬰兒潮一開始先是驟降，到嬰兒潮尾聲又迅速上升。由於多數女性婚後立刻生小孩，所以早婚造成第一胎平均年齡暫時出現極大的降幅（見圖七．一一）。[30] 嬰兒潮的出現，主要是因為女性提早生小孩，而三十歲以上婦女的生育率則沒什麼變化。

總之，戰後嬰兒潮最合理的解釋是：育兒成本因為家庭科技進步，以及二戰對女性勞動市場造成的影響。只要比較各國嬰兒潮，就能看出戰爭發揮的重要作用。家庭科技進步最終對所有富裕國家都有類似的影響，但只有參戰的國家因為戰時動員而使生育率額外增加。前面的圖七．九顯示，參戰的同盟國嬰兒潮程度都很高，並且都出現在同一時間。圖七．一二則比較美國和中立國家的嬰兒潮生育率。[31] 中立國家的嬰兒潮程度明顯低於美國，因為中立國並沒有戰時動員這因素。

低生育率的挑戰

長久以來，關於人口成長的政治考量大多聚焦在人口成長太快；中國最近才廢除的一胎化政策是最極端家庭計畫的例子，當時的目的是透過縮小家庭規模來創造累積人力資本和提高所得的正面效應。但最近趨勢已經改變。

在工業化程度最高的國家，生育率現在已低於人口替代水準（還記得嗎？這是能產生穩定總人口的水準）。圖七．一三展示了一九八〇年至今各工業化國家的總生育率。[32] 若生育率是平均每名婦女生兩個小孩，也就是一位家長有一個孩子，則代表總人口長期維持穩定。該圖顯示目前有些工業國家（法國、美國、北歐國家等）維持或稍低於出生替代率。不過也有一些國家生育率較低，平均每名婦女生一．五個小孩或更少，這類國家包括日本、德國、義大利、西班牙。這種低生育率若持續下去，總人口將會減少。此外，低生育率也引發人口老化，年輕勞工將少於退休人數，對養老金和健保等社會保險制度造成極大壓力。以德國為例，預估到了二〇

圖七・一一：

美國婦女第一胎平均年齡

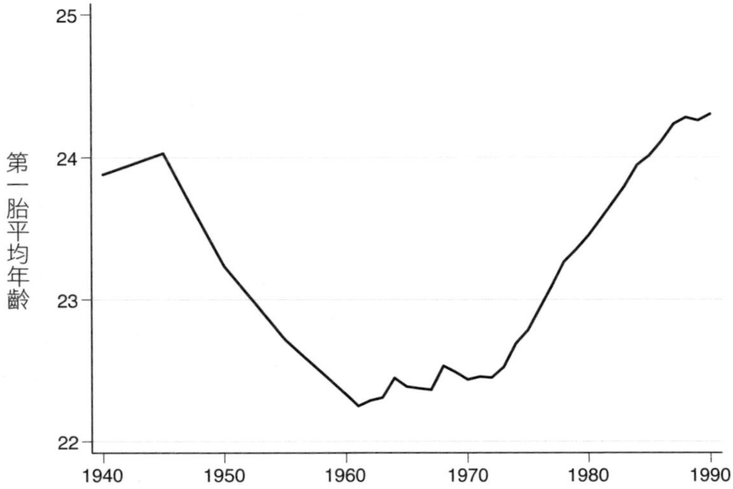

圖七・一二：
美國與二戰中立國家總生育率比較

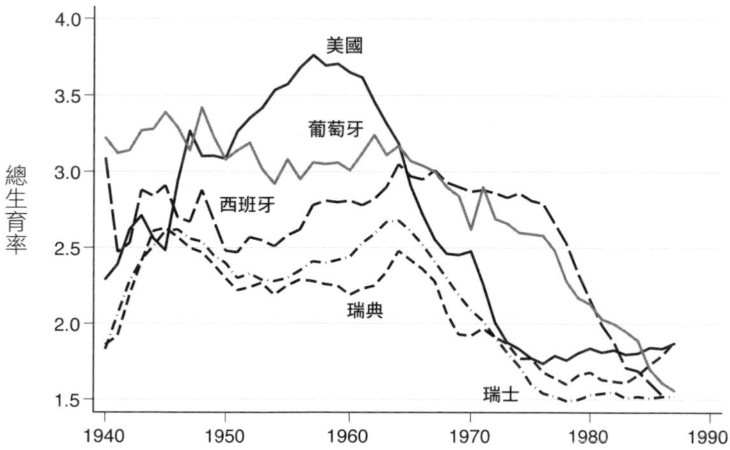

二六年，人口將從目前的八千萬人降至六千七百萬人。現在東德的人口已急速減少；依照目前的生育率，這種情況將成為常態。

要如何解釋工業化國家普遍極低的生育率呢？我們說過，在先進經濟體中，育兒的時間成本是生育的關鍵驅動力。人口轉型後期出現的生育率下降，可能是因為女性勞動參與增加，這種情況可在二戰以來的富裕國家觀察到。不過，高女性勞動參與率並無法解釋，為何有些國家的生育率降幅遠多於其他國家。事實上，關於現今工業化國家生育率尤其值得玩味的是，生育率最高的幾個國家，女性工作率也最高。圖七・一四顯示，如今工業化國家的總生育率和女性勞動參與率已呈現正相關：愈多女性外出工作的國家，嬰兒出生率也愈高。[33] 凡是生育率高於一・八的國家，女性勞動參與率都高於五〇%；生育率低的國家，勞動參與率也相對低。

經濟學家詹姆斯・費瑞爾（James Feyrer）、布魯斯・薩卻多特（Bruce Sacerdote）和愛瑞爾・史登（Ariel Stern）認為，要了解這個模式，必須明白現代女性並不認為事業和家庭是互斥的選項：她們多半想要兩者兼顧，這和嬰兒潮時期很不一樣。[34] 至於兩者兼顧的難易度，每個國家各不相同。在生育率和女性工作率都很高的國家，女性生小孩相當容易，也不會對事業造成重大干擾，例如法國和北歐國家，都有普及且價格合理的托嬰制度。生育率低的國家往往缺乏托嬰設施，特別是最需要母親照顧的幼兒托育。生育率低國家常見的另一項因素，則是社會普遍

圖七・一三：

工業化國家的總生育率

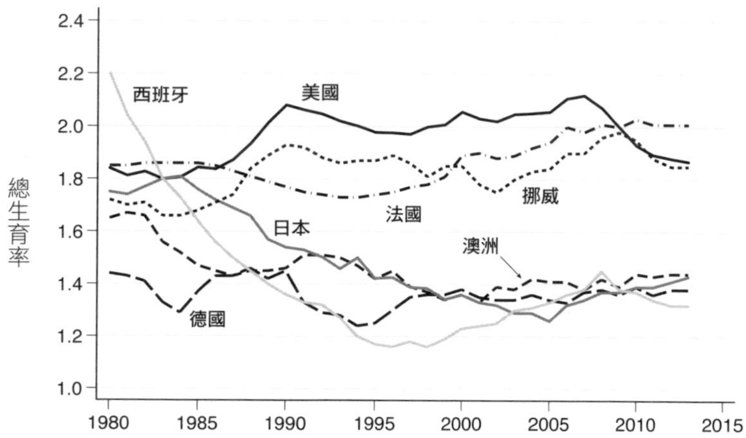

圖七・一四：
二〇一五年經濟合作暨發展組織國家的女性勞動參與率與總生育率

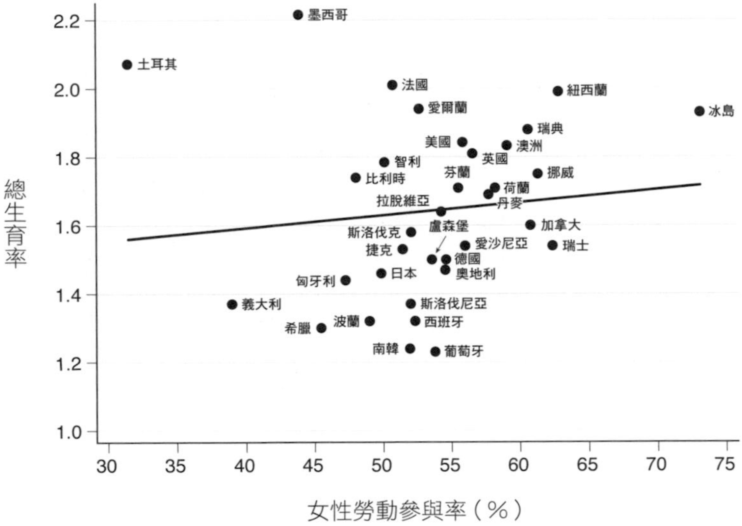

認為年輕媽媽就該在家陪小孩。

馬蒂亞斯將小時候在德國的經驗和長大後在美國的生活做比較，驚訝的發現女性能否兼顧生育和事業，很大程度是受政府政策和社會規範影響。在一九七〇年代的德國，要兼顧家庭和事業很不容易。公立托兒所從四歲才開始；四歲以下的幼兒幾乎都由母親在家照顧。即使小孩到了就學年齡，母親要外出工作仍是一大挑戰，因為學校多半只上半天課，孩子在午餐前就放學回家。但就算學校上全天課，也不是可靠的托兒服務：如果課程因為老師生病而取消，學生就得回家。在這種情況下，女性不太可能兼顧育兒和繁重的工作。許多職業婦女是因為孩子的父親不在、失業甚至坐牢，才不得已而為之。也難怪家有幼子的職業母親總是被汙名化。

幾十年後，馬蒂亞斯在美國當了父親，經歷則完全不同。太太瑪麗莎是副導演，經常同時負責多部電視節目或電影：在生每個兒子時，她總是工作到臨盆前，就連在產房裡都會打電話處理工作；生產後才請幾個禮拜的產假，就又回到工作崗位上。對瑪麗莎來說，嫁給工作時間彈性的學界老公十分理想，而且托兒中心、全職和兼職保母都很容易找到。而瑪麗莎和馬蒂亞斯的許多美國朋友，也都有類似的育兒經驗；生產只是短暫打斷工作、很快就能在保母或托兒中心的協助下恢復全職上班。這種做法固然有其挑戰與壓力，不過母親就不需要在生養小孩和發展事業間做出困難的抉擇。此外也不會被汙名化：每個家庭各自以不同的方式來處理事業和照顧小孩的問題，但和一九七〇年代的德國不一樣的是，如今美國人並未普遍認為哪種做法一定比較好。

馬蒂亞斯最近和費邊．金德曼合作，檢視工業國家哪項政策最有助於提高生育率。[35]他們的發現與本書論點相符：若政府政策和地方社會規範的發展，能讓父親與母親更容易兼顧家庭和事業，那麼極低的生育率就能獲得改善。反之，光是補貼生育不會有什麼效果。值得注意的是，有些生育率極低的國家都提供很高的生育補助。例如德國政府補助有小孩的夫妻，做法包括減稅和直接轉帳，津貼要比美國還優渥，但德國生育率卻持續低迷。與其直接給錢，不如訂定專門協助職業婦女的政策（像是讓幼兒托嬰中心更普及等）會更有幫助。家事分工也是挑戰的一部分：許多低生育率國家的男人很少做家事。如果男人願意分擔照顧小孩的責任（例如瑞典等國推出「爸爸月」，讓爸爸能請育兒假），女人會更容易決定多生小孩。

當低生育率不是選項：中國的例子

現今工業化國家努力提高生育率，而許多開發中國家的家庭計畫則目的相反，打算減少人口成長。最激烈、表面看起來成功的例子就是中國的一胎化政策。

直到一九六〇年代，共產黨還鼓勵大家庭，堅信高人口成長能讓中國更強大。因此，中國人口在二十世紀後半期幾乎成長一倍。一九七〇年代共產黨思想改變，頒布家庭計畫政策來節制生育，其中也包括「晚婚晚育，少生優生」運動，鼓勵晚點結婚。最後在一九七九年祭出嚴厲的一胎化政策。都市地區一家只能生一個小孩，鄉村地區可以生兩個，少數民族則不受限。該政策一直實施到二〇一六年。

一胎化政策的經濟與社會後果很複雜，中國經濟強勁發展了三十年，期間人口大多處於工作年齡，需要撫養的小孩和老人相對較少。但這時期即將告終。如今，中國（總生育率為一．六）面臨人口快速老化，退休的人愈來愈多，在養老金和醫療照護方面都是很大的挑戰。[36]

一胎化政策對家庭也有重大影響。一開始，它與中國人重男輕女的觀念產生衝突。儒家思想認為：「不孝有三，無後為大。」但現實情況是，在新規定之下，許多家庭很難有兒子，結果導致許多家庭選擇性墮胎。中國平均每一百個女孩就有一百一十八個男孩。女性過少讓婚姻市場嚴重失衡。[37]

此外，子女人數的減少也破壞了奉養長輩的傳統。[38] 在中國，兒子負責奉養年邁父母，女兒則要去照顧公婆。在一胎化政策下，許多父母發現自己老年無所依靠，這問題在鄉下尤其迫切；至於城市家庭則慢慢適應了這個新現實。如今，住在北京和上海的父母多半對生男生女沒有偏好，也無意多生孩子。生育意願低的現象也出現在未限制子女人數的台灣、香港和新加坡，這些地方的總生育率都是全球最低（一．二左右）。這些觀察證實了經濟力量的重要影響：這些地區全都像北京、上海一樣，房價和生養孩子的高成本比文化傳統影響更大。

一胎化政策的另一個後果，則是所謂的「小皇帝」效應。因為一胎化，每個小孩都受到父母和祖父母的全心呵護，這一定程度在意料之中，是生育經濟理論可以預想到的行為。根據蓋瑞・貝克的品質—數量理論，立法限制生育會促使家庭把時間、金錢和精力集中在獨生子女身上。最近一項調查顯示，超過半數的父母把「獨生子女在學校獲得好成績」視為全家最快樂的時刻。同樣，若子女考試不及格，則會祭出處罰。這項研究指出，比起非獨生子女的父母，獨生子女的父母花更多時間在小孩的學業上。[39]

我們之前把中國父母的密集教養方式，歸因於高度不平等和教育對經濟成功的重要性。但顯然特定制度（也就是一胎化政策）也會影響教養方式的選擇。「小皇帝」效應也是中國密集教養盛行的原因之一。

經濟學家塔哈・卻克曼（Taha Choukhmane）、尼可拉斯・科戴西耶（Nicolas Coeurdacier）和金刻羽（Keyu Jin）最近合作研究，企圖量化一胎化政策對投資子女的影響。該研究比較獨生子女的父母和雙胞胎的父母，發現獨生子女吸引父母的注意力遠大於雙胞胎。結果，雙胞胎得到的人力資本較少。例如雙胞胎上大學的機率比獨生子女少四〇%，上普通高中的機率也較低。這些重大效應顯示，雖然一胎化政策造成社會和心理成本，卻可能促使中國經濟近年快速成長。[40]這項結果還證實了誘因影響教養的主張：即使雙胞胎的父母愛孩子的程度和獨生子女的父母不相上下，但非獨生子女家庭在人力資本投資上比較受限，因而造成截然不同的結果。

結論

「要不要生小孩」與「要生幾個」是人一生要面臨最重要的決定，換言之，利害關係重大，這樣的決定由誘因所驅使，以這種經濟方法來解釋人類行為，特別是生育決定，效果非常強大。

透過這套經濟方法的分析，我們看出人力資本報酬提高，讓父母增加對子女教育的投資、降低對童工的依賴，因而導致生育率下滑。該方法還能解釋現在婦女決定工作與生育選擇間密切的關係。

養兒育女的決定事關重大，不只在個人層面，還包括國家層面。某些貧窮的開發中國家，降低人口成長依舊是核心政策目標；相對一些較先進的經濟體，則面臨人口老化和生育率過低的問題。生育選擇的經濟方法能用來制定政策選項，協助處理未來在這兩方面遇到的挑戰。

第八章

階級與價值觀

本書前幾章提到的父母應該多半會同意，他們對子女的理想期許是良好的學業成績和成功的事業。對這些家長來說，教養方式的選擇旨在如何達到上述目標，以及如何兼顧快樂、輕鬆的家庭生活。重視教育和事業成功屬於中產階級的價值觀，而在今日以人力資本推動的經濟中，中產階級價值觀已成為文化主流。

從更廣泛的角度來看，為人父母者不只是教養方式不同，對於孩子該學什麼也有不一樣的想法。過去幾百年來，社會階級分化嚴重，生活條件不同的父母對子女的期望很不一樣。中產階級重視教育、勤奮和節省的價值觀，在其他較高與較低的階級看來則不以為然。勞工階級正如其名，希望能養出努力工作的孩子，但他們和現代父母不同，認為教育的用處不大。至於在頂端階級的歐洲貴族（就像珍．奧斯汀的小說或電視影集《唐頓莊園》〔*Downton Abbey*〕所描述）

眼裡，教導孩子努力工作的觀念簡直難以想像。沒錯，他們鼓勵小孩追求相反的目標，也就是要懂得享受休閒和「美好的事物」，並且鄙視勞動。

我們認為階級基本價值觀的差異會影響教養選擇，因此可以像觀察現代各國或各社經團體不同的教養方式去分析差異。[1] 我們假設所有社會階級的父母都一樣關心小孩，並努力想讓子女具備成功的條件。我們相信各社會階層的經濟誘因有所差異，因此決定父母有多努力灌輸子女價值觀，以及他們選擇強調哪些價值觀。

我們用這分析來比較工業革命時期各社會階級父母強調的基本價值觀。這裡是以工業化的搖籃英格蘭做為分析案例，不過許多觀念也適用於同時期的歐洲社會。

階級社會的教養方式

歷史學家將工業革命前的英格蘭社會分為三大階級。[2] 最頂端是英國貴族，就像我們在電影、小說和電視裡看到的那樣。上流社會除了有貴族地位和特權外，經濟上的主要收入來源是土地（家族房產的租金與其他收入）。事實上，這段時期的上層階級剛好都是地主，常被稱為「地主紳士」。

社會最底層是勞工階級，這在當時占大多數人口。勞工階級的經濟特性是收入來自於勞動而非土地，而且這類勞動多半不需要技術。勞工階級一般沒上過學，頂多讀過一點書，而且也沒受過什麼專業教育或訓練。勞工階級分布於各產業，從農業到工業化城市的工廠都有，共通之處是靠非技術性的勞力賺錢。

第三個族群位於貴族和勞工階級之間，主要是工匠、技工和商人，可稱之為「前工業化中產階級」。這族群分布於各產業，但多半喜歡住在城市而非鄉下。在某種程度上，他們具備讀寫和算數這類「現代」技巧。這些技巧很重要，像商人就必須讀合約、懂財務、會寫信；即使是最不需要讀寫的工匠，一般也需要接受多年教育，但主要是技職教育。對於技術專精的都市階級來說，成功之路包含了漫長的學徒期（在英格蘭通常是七年），以此精通與職業相關的隱性知識，接著還要當一段時間的職工。許多職業的年輕工匠都受同業公會規範，最後當上師傅就是安逸生活與專業聲望的保證，但當上師傅通常都要等到三、四十歲了。

除了經濟階級的區分外，社會流動還有許多正式與非正式的障礙，導致家庭很難（甚至不可能）爬上社會階梯，下一代也很難翻身。要成為有頭銜的貴族最為困難，僅限於世襲、婚姻和君王冊封。勞工和中產階級間的障礙沒有那麼堅不可摧，但仍讓人們難以逾越。這些障礙有時是正式的，例如同業公會建立的寡占地位，以此把關誰能進入該行業。即使是比較開放的職業，想當學徒通常需要父母先付錢給師傅，經濟拮据的勞工階級孩子往往因此被排除在外。[3]

回到教養方式上，前工業化社會的父母面臨與現代父母一樣的抉擇，就是該鼓勵子女發展怎樣的價值觀與態度。人類行為的經濟分析方法假設，不同社會背景和不同時期的人們，在動機方面基本上相似。因此，我們認為所有父母都會讓子女具備他們覺得有用的價值觀。至於各行各業的父母選擇什麼價值觀，取決於他們認為子女將來成功應具備哪些態度與技巧。在前工業化社會，各社會階級父母因為經濟生活迥然不同，對孩子成功的價值觀看法也不同，因此，鮮明的經濟階級分野導致父母的誘因有極大差異。

勞工階級

對勞工階級的父母來說，由於當下的經濟與社會條件，讓他們強調高度敬業精神、不鼓勵休閒享樂。「勞工階級」就如字面所述，工作是該階級成員生存的先決條件。當然，現今多數人還是倚賴工作維生，許多父母持續鼓勵子女培養敬業精神，但父母灌輸敬業精神的強度，端看風險高低而定；前工業化社會的勞工階級父母面臨的風險，無疑比今日來得高。

想想看，如果父母沒有灌輸敬業精神，以致小孩長大變得好吃懶做會怎樣？現在這樣的孩子不會有成功的事業、可能得過一輩子低薪的生活，不過仍有很多不需要花太多時間與精力的工作機會，就算孩子最後成了無業遊民，在今日的福利制度下，想生存往往不成問題。

反之，前工業化時期的勞工階級若不想工作就只能等死。貧窮者的所得多半很低，只能勉強存活，根本沒有偷懶的餘地。就像如今某些開發中國家一樣，家庭需要每位成員去賺錢（包括大人和小孩）才能維持生計，無法忍受有人白吃白住。更糟糕的是，一個沒有收入又好逸惡勞的人（以白話來說就是「懶惰蟲」）一旦離家，往往會吃不飽，並容易因營養不良而染上當時無藥可醫的傳染病，最終性命不保。

此外，沒有收入就更別想要結婚生子。說句不客氣的話，勞工階級父母若不設法讓子女具備敬業精神，就得擔心孩子和整個家族的長期生計。

歷史證據強烈支持以下觀點：高度敬業精神是勞工階級的核心文化價值觀。勞工階級努力工作，看不慣也不鼓勵享受休閒活動。而且由於風險過高，也能用經濟誘因說明，為何父母要強行灌輸子女自己認為「適當」的人生。就如同第五章所說，父母普遍會使用體罰來確保孩子「守規矩」。

雖然今昔的勞工階級父母都強調敬業精神，但對教育的價值觀卻很不一樣。今日無論背景如何，父母大多希望子女好好讀書。相較之下，以前勞工階級的父母並不敦促子女追求學業成就，即使在公立學校普及之後，許多勞工階級父母仍積極勸阻孩子繼續升學。這種行為同樣能以當時經濟環境提供的誘因來解釋。

與今日不同的是，正規教育（當時主要指讀寫和基本算數）對多數勞工來說並非必要，勞工階級能找到的工作也不會要求這點。在都市裡，商人、工匠和技工需要具備某些正式技術，但在大多數人居住的鄉村，只有神職人員需要會閱讀。上一章提過，十九世紀以前，學校多半是教會辦的主日學校，教閱讀主要是為了讀懂《聖經》，因此，學校教育要麼與宗教有關，要麼與上流社會休閒娛樂和社交禮儀有關，對大多數人並不實用，學會閱讀也不太可能加入神職人員的行列，因為那些職位主要提供給社會地位較高家庭的子女。因此，讓子女接受正規教育，完全不保證他們能有成功的未來。

相反，父母反而擔心受太多教育會傷害子女。一旦孩子對宗教產生興趣，可能會想要更多反省與沉思，結果無心從事勞力工作；懂讀寫的孩子可能會愛上閱讀小說和其他文學作品，這並不是有生產力的活動。一個前工業化時期的勞工階級父母，實在有充分理由將孩子讀太多書視為一大問題，就跟現代父母不希望小孩整天看電視、玩電動是一樣的道理。考量到當時的經濟誘因，勞工階級父母的價值體系與今日標準有差異也不令人意外。

推崇努力工作並非勞工階級父母唯一強調的價值觀，他們也重視道德層面，像是強烈禁止婚前性行為，其做法在今日看來尤其嚴厲。從現代人的觀點來看，早期的父母對性行為和道德的態度似乎過於守舊、落後。但我們之前已提過，就連這些似乎無關經濟的價值觀，也能從誘因的角度來理解。談到性道德，父母想到的應該是孩子婚前性行為的後果。不可否認的是，就算到了今天，仍有父母希望青少年子女能婚前守貞，不過孩子不守規範的後果實在天差地遠。

現在的青少年很容易取得各種避孕方法，可以大幅降低懷孕和得性病的風險，因此婚前性行為不大可能會有嚴重後果。相較之下，以前的風險大多了。違背這社會規範的人不僅容易懷孕或得性病，還會面臨更嚴重的後果。許多細菌性的性傳染病如今用抗生素很容易治癒，在過去卻會導致嚴重殘疾或死亡。

即使到了今日，許多父母仍認為未婚或未成年懷孕是一大問題，而且會影響未來教育或事業發展。但就算發生了「意外」，許多國家已讓墮胎合法化，而且未婚生子也不會造成生存威脅。相較之下，早期未婚母親和她們的孩子除了被社會排斥外，還得面臨艱苦的未來。在那個所得水準僅夠餬口、嬰兒死亡率高達三〇%至四〇%的時代，在沒有丈夫的支持下生小孩，確實是攸關生死的問題。考量到這些可能性，也難怪關愛子女的父母有極大誘因去盡力執行嚴格的道德守則。

教養與貴族價值觀

現在來看看社會階層的另一個極端，也就是貴族階級的成員。貴族所處的經濟環境和勞工正好相反。以經濟術語來說，貴族主要是地主，其頭銜通常以所擁有的封地和莊園為名，而家庭所得主要來自於封地的農業收入和租金。因此，辛苦的勞力工作和上層社會的經濟地位沒什麼關係，而且多數貴族家庭把管理土地的工作交給員工來處理。

既然努力工作對成年生活沒什麼重大好處，貴族父母也就沒有灌輸子女敬業精神的誘因。他們反其道而行，教導孩子欣賞優雅的休閒活動，像是教男孩打獵、教女孩音樂等。這種休閒技巧對之後的社交發展和婚配很有用。因此上層階級也不是平白無故被稱為**有閒階級**（leisure class）。不用工作是這社會族群的主要特性，也是強調他們和其他階級不同的一大訴求。托斯丹・范伯倫（Thorstein Veblen）在其知名著作《有閒階級論》（*The Theory of the Leisure Class*）中，提到用「炫耀性消費」和「炫耀性休閒」來強調階級區分：「不用勞動是富有的傳統證據，因而是社會地位的傳統象徵；而這種對財富的堅持，造就了對休閒更強烈的堅持。」[4]

因此休閒本身並非最終目的，與休閒活動相關的技能還是一種晉升工具。對女孩來說，人生的成功主要在於獲得良好的婚姻，所以她們看重培養音樂和跳舞等具社會價值的技能，以此幫助自己達到目的；至於男孩，晉升的機會得靠社交技巧而非工作。英格蘭貴族的頭銜是由長子繼承，這表示其他兒子得另外想辦法謀生，但他們多半不用實際去工作，而是可以靠關係謀得一官半職。

表八·一顯示了一七五二至一八九九年劍橋大學畢業生的職業選擇。[5]十八、十九世紀的劍橋大學與今日不同，是專門為貴族階級設立的進修學校。課堂上教授的實用技巧並不多，提供的大學教育旨在凝聚貴族團結、協助提升社會地位。從劍橋畢業生的職業選擇，可發現貴族家庭男孩的去處令人印象深刻（劍橋在十九世紀末前都是男子學校，一九四八年才開始接受女學生）。[6]長子成為地主，在一七五二至一八四九年的畢業生中占了一四%。至於非長子，多數在由上層階級控制的英格蘭教會中擔任職務，獲得安全且穩定的收入。有些人則選擇法律或醫學專業。值得注意的是，在一八四九年以前，沒有畢業生進入商業（任何營利事業）或銀行業工作。上流社會中的非長子沒理由不用特權謀生，他們可以靠社交關係獲得較不費力且報酬優渥的賺錢機會。

另一項有趣的觀察是，貴族家庭父母很少親自教養子女。嬰兒由奶媽照顧，幼兒交給女家庭教師；男孩到了十歲或十一歲，則收拾行李去住寄宿學校。[7]父母的標準做法是每天接見子女一個小時，並由保母先為小孩穿著打扮。貴族那麼有錢，會這麼做也無須大驚小怪。對上層

表八・一：
劍橋畢業生的職業選擇

	1752～1799	1800～1849	1850～1899
教會	60%	62%	38%
地主	14%	14%	7%
教書	9%	9%	12%
法律	6%	9%	14%
行政	3%	1%	6%
醫學	1%	2%	7%
銀行	0%	0%	2%
商業	0%	0%	5%
其他	7%	3%	9%

階級來說，雇人照顧小孩的費用根本不算什麼，而且小孩不見得都討喜、有趣，把麻煩的部分外包出去，專心享受孩子偶爾陪伴的喜悅，這麼做非常合理。

的確，即使是現在，我們仍看到富人依賴保母和寄宿學校來照顧小孩。但如今多了一個不方便託人照顧小孩的因素，那就是現代經濟是由人力資本所推動，父母會擔心雇用他人來協助教養小孩，可能不如自己親自教養有成效。這種考量並不存於前工業化時期的上層階級，因為當時他們的財富來自於土地，而管理土地所需的技巧能輕易由別人教導。

整體來說，無論是上層或下層階級，父母的動機都是一樣：讓子女為未來成功做好最佳準備。只不過在當時的社會和經濟環境中，他們對孩子的教養正好需要採取相反策略——勞工階級要努力和克己，貴族階級則要培養高雅的休閒品味。

前工業化時期的中產階級價值根源

前工業化社會第三大重要族群，是由工匠、技工和商人組成的中產階級。中產階級和勞工階級一樣依賴勞力，所以也強烈看重敬業精神。不過該階級的關鍵特性是教育的重要性與專業技巧的培訓。當然，這裡所指的「教育」和現在我們熟悉的形式不同，基本上對中產階級來說，正規教育並不存在，雖然有些人學會讀寫，但這並非職業必備；反而是職業所需的實用技能，才是中產階級成功的關鍵。而獲得這類技能的主要形式，是師承有經驗的前輩（也就是「師傅」）。在許多行業裡，這種學習來自於正規的學徒制，而這也是工匠和技工的標準做法。至於其他職業，像是各類商人，學習技能的管道則沒那麼有系統，但向資深商人學習仍是年輕人事業成功的要素。

即使當時人力資本的性質和今日的知識階級不一樣，成功所需的價值觀還是很類似。首先，獲取高級人力資本的道路非常漫長，需要長遠的眼光和耐心。現今最教育密集的職業，大約需要三十年來累積和訓練人力資本。例如美國的醫生一般得完成十二年的義務教育、四年的大學和四年的醫學院，然後取得住院醫師資格，接著獲得正式醫師資格，這過程又需要五至八年。一個想要及時行樂、盡快開始賺錢的人，不大可能會選擇這樣的發展道路，因此，父母若想要子女在醫學這類領域成功，就會從小強調耐心和長遠思維的重要性。[8,9]

現在讓我們來思考，前工業化時期要成為未來工匠師傅的訓練過程。小時候在家跟父母與兄弟姐妹一起，如果父親本身就是工匠，則可能得花時間協助父親工作，從中學習部分技能。正規教育的第一階段是當學徒。在英格蘭，學徒制往往長達七年，許多男孩會從十三歲左右開始。學徒生活並不容易，不但沒有薪水，家裡還要付學費給師傅。學徒常睡在廚房長凳上，工作時數很長。許多學徒撐不到訓練結束；在這樣惡劣的條件下，想完成訓練需要極大的毅力。

學徒期結束後，年輕工匠會開始為其他師傅工作，但離自己當師傅還很遠，需要額外的訓練和經驗。在許多行業，出師後還得擔任一段時間的職工，即是遊歷各城鎮為不同的師傅工作，學習各種技術。當上師傅不僅需要技術，還需可觀的積蓄；年輕師傅需要資金來購買所需的工具和設備，若是公會勢力龐大，可能還有其他必要的花費，例如宴請公會裡的師傅等。因此年輕工匠若想成功，就得存下微薄薪水，朝躋身師傅的終極目標努力。

只有少數學徒最後能當上師傅。若是成功達到目標，應該會在三十幾歲成為師傅（和今日當上醫生或科學家的年紀類似），屆時就能享有在當時還算優渥的生活。年輕師傅可以結婚成家，開始累積財富，甚至擔任公職或公會管理職。

顯然，當上師傅的一個重要特質是「耐心」。當時父母面臨的經濟誘因也顯示，中產階級是有耐心的階級：父母只有灌輸子女長遠展望，才能指望他們會成功。在這方面，工業化之前的中產階級與現代的中上階級很類似，都認為教育至關重要，而且若想從事法律、商業、醫學、學術等需要讀研究所的職業，則一定要把眼光放遠。

至於勞工和上層階級，則不需要具備這種耐心。對勞工階級來說，累積技能沒那麼重要，因為收入多半來自於體力活，也就是薪資和力氣、耐力成正比，愈年輕賺愈多。圖八・一顯示了十九世紀初期，英格蘭農業勞工在不同年紀的平均薪資。[10] 青少年時期隨著體力提升、基本經驗累積，薪資會逐年大幅增加。然而，勞工在二十歲出頭賺的錢已達頂點，之後基本上持平，等到六十歲後體力下降，薪資也跟著下降。

此圖顯示，體力勞動者在二十幾歲後就不指望薪資會再增加，也不認為獲得特殊技能或類似的前瞻型投資，會對自己的經濟生活有用。因此，長遠觀點對這階級來說不太重要。

對於上層階級來說，雖然有點耐心和遠見很不錯，但並不是成功人生的必要條件。由於貴族收入來自於土地，完全不用工作，累積生產技能對他們並沒有經濟重要性。反之，貴族的價值體系重視保存的價值，上層階級優渥的生活可以透過長子繼承地產而代代相傳，也許資產還會增加。的確，「繼承」的法律概念就是為鼓勵保存而設計，限制出售資產的能力，確保整個產業能原封不動傳給單一繼承人。雖然保存的概念包含一點耐心，但希望下一代以安穩的地位持續家庭傳統，仍不同於希望子女青出於藍的典型中產階級價值。

總之，根據經濟誘因的預測，勞工階級應該會強調敬業精神，上層階級則敦促子女學會享受休閒。但這兩個階級都沒有灌輸子女耐心、放眼未來的誘因，只有以工匠和商人為主的中產階級父母會這麼做，因為他們有誘因督促子女培養強烈的敬業精神和耐心，並了解延遲享樂的好處。

圖八·一：
十九世紀初期英格蘭農業勞工終身收入狀況

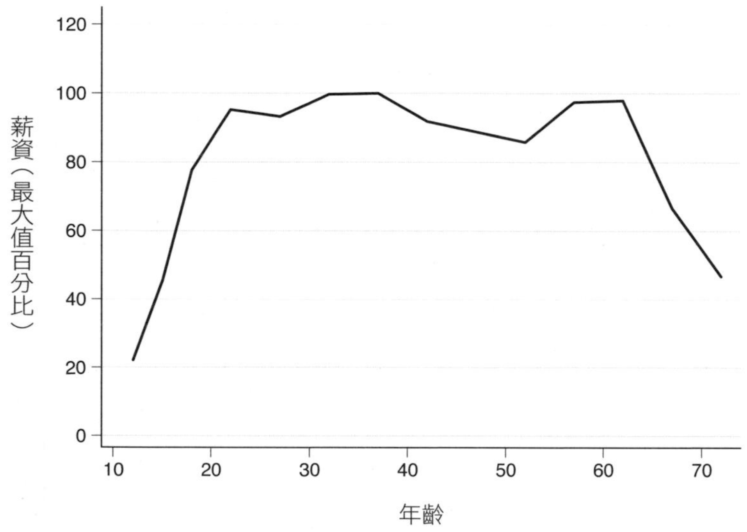

以上基本分類也符合現今對不同社會階級的描述，而且不僅是文學作品，還出現在科學著作中，像是馬克斯・韋伯（Max Weber）的名著《新教倫理與資本主義精神》（*The Protestant Ethic and the Spirit of Capitalism*）。[11] 韋伯在書中將宗教視為使各階級價值觀不同的驅動力。雖然之後的研究對「宗教是成因」這觀點的支持有限，我們還是將宗教歸為讓不同社會階級有不同價值觀和態度的機制。無論這機制是什麼，韋伯所描寫的中產技能階級價值觀，與我們經濟誘因分析的預測不謀而合。

教養價值觀對階級社會的影響

工業化開始之後，受經濟誘因驅動的教養價值觀，對於各個社會階級也有重大影響。工業化讓累積物資資本（而不再是土地）成為財富增長的來源。不過，累積資本需要做到延遲享樂，有耐心的個人或家庭才能做到。根據我們之前對各階級的剖析，只有沉著的中產階級能從新機會中獲得極大的利益，並且超越原本的精英。

這正是實際發生的情況。絕大多數的實業家都來自於中產階級。經濟歷史學家弗朗索瓦・克魯塞特（Francois Crouzet）檢視一七五〇至一八五〇年間主要產業企業創辦人的社會出身，發現企業創辦人多半不是來自上流或下層（勞工）階級，有八五％出身中產階級，也包括「零售商、自雇工匠和技工，以及各種農作耕種者」等中產階級底部人士。[12]至於由貴族名流組成的上流社會只占了二・三％。當然，上層階級本來在人口占比就不高，但即使依人口比率來看，中產階級創業的比率還是高於上層階級。[13]

詹姆斯・瓦特（James Watt）就是典型的工業創辦人代表，他改良並生產蒸汽機，促成工業革命。他的父親是「工匠兼商人——當過造船工人、木工、房屋營造工、船具商，最後成為商人」。[14]瓦特離開學校後，先是在父親的廠房工作，接著到倫敦學習製造樂器，生活極為貧困。在研究蒸汽機之前，他曾在格拉斯哥當樂器製造工。[15]

最適合宣稱「出身富裕是未來成功障礙」的知名人士是安德魯・卡內基（Andres Carnegie），他是十九世紀知名的美國鋼鐵實業家。卡內基出生於蘇格蘭的貧窮家庭，父親是紡織工人，全家為了逃離美國的蕭條經濟而移民到蘇格蘭。卡內基十三歲開始在棉花工廠工作，後來成為當時最富有的人。[16]他將自己的成功歸功於必須從小就開始工作：「身為貧窮父母的長子，我有幸必須從小就開始工作協助養家，我明白這是自己的責任，也很快成為負責養家活口的一份子。」[17]卡內基倡議父母不該留財富給子女，而是像他一樣把錢財捐給慈善機構。他認為繼承財富對子女一點好處也沒有，並在其著作《財富的福音》（*Gospel of Wealth*）裡寫道：「父母留給兒子龐大財富，往往會扼殺他的才華和活力，讓他的人生遠不如原本有用和有價值，這是無庸置疑的事實。」[18] 卡內基的看法非常符合上層階級鮮少參與工業革命的實際狀況。

貴族精英不鼓勵工作的教養方式，有非常深遠的經濟和社會影響。上流社會自外於工業部門，除了很少積極參與創業，就連財務投資這類保守的活動也很少參與。上流社會一向重視休閒，將工作賺錢視為喪失尊嚴，因此這些勳爵、伯爵、公爵偏向不插手早期產業企業也不令人意外。但他們其實能夠以資本家的身分來投資，以當時財富集中在上流社會的情況來看，貴族們大可這麼做，但他們保持觀望。早期實業家主要是自籌資金，後期才使用股權投資。比起上流社會，來自城市的中產階級商人參與度熱烈許多。

上層階級對工業投資興趣缺缺，不僅是因為注重休閒，還有不看重耐心和節省。隨著金融工具的發展，貴族可以用土地來借錢，而缺乏耐心成了與日俱增的財務負擔。透過抵押借貸獲得資金，用來修繕美麗莊園或供家族成員花用，這是非常方便、不用犧牲奢侈的生活方式。結果在整個十九世紀，上層階級並未把握機會從工業投資致富，老一輩的貴族反而負債累累，這正是我們認為缺乏耐心的階級會有的下場。

只要土地資產能產生足夠利潤，債務負擔就還能承受，但愈來愈高的負債讓上層階級暴露在經濟衝擊下。對多數家庭而言，債務不斷累積，再加上農作物價格下跌（土地收入來源），終究造成經濟衰退與龐大產業的消散。

雖然耐心和勤奮不是貴族教養價值觀的主要訴求，合適的婚姻選擇卻是最重要的價值之一。在英國電視影集《唐頓莊園》裡，格蘭特罕伯爵娶了美國女繼承人科拉，並且用她的錢幫助考利家族度過難關。雖然這是虛構的故事，卻是現實中逃避債務常用的做法。在一八七〇至一九二〇年間，幾百名「美元公主」蜂擁嫁入英國貴族家庭。[19] 其中一個真實例子是英國首相邱吉爾的母親珍奈特，她是紐約金融家之女。[20] 但來自美國的資金援助通常只是暫時的，英國貴族再也無法回到過去的榮景。我們認為經濟誘因造成的階級教養偏好，在貴族的衰敗中扮演了重要角色。

隨著貴族家庭逐漸喪失財富，白手起家的工業投資人在十九世紀愈來愈富有。進入二十世紀之際，白手起家的工業王朝成為英格蘭富裕精英的主流。

想得到關於英國經濟精英還算正確的印象，可以觀察地產紀錄，也就是富人死亡時遺留的資產。在十九世紀前半葉，真正富裕的人都來自上層階級。經濟歷史學家威廉．魯賓斯坦（William Rubinstein）研究那些過世時遺產超過一百萬英鎊的人，這在當時是很大一筆財富（相當於今日的一億美元）。[21] 在一八〇九至一八五八年間，以富有地主為主的上層階級仍占財富精英的九五%。整個十九世紀，一流的實業家開始累積財富，很快就超越多數貴族。在一九〇〇至一九三九年間，地主只占了最大產業中的七％。此時巨大財富主要集中在大型產業企業主之手，富有商人和金融家占了一小部分。

我們正走向新階級社會嗎？

工業化和現代經濟發展導致社會轉型，如今社會階級的概念在意義和重要性上都有很大的不同。在工業化之前，社會階級是個人的主要屬性，比職業或國籍都重要。社會階級的意義重大，一部分原因是既有障礙降低了階級流動性。階級社會教養方式的經濟分析則使第二個因素更顯著，那就是在階級流動障礙很高的社會裡，應能在不同階級裡觀察到分歧的態度和價值觀。換言之，階級不光是獨斷的標籤或社會地位的象徵，也關係到人們價值體系的重大差異。

即使是今日，不同社會階級的差異還是很明顯，但和前工業化社會相比已緩和許多。中產階級強調耐心、重視教育及社會地位提升的價值觀被多數人採納，其中也包括上層階級，至於單獨的有閒階級則消失殆盡。

目前我們尚不確定，社會階級差異消失的趨勢會不會持續到未來。教養的經濟分析發現，社會流動性是決定階級區別的關鍵要素。若社會流動性高，則不同背景的父母對子女會有類似的期許和抱負，因而選擇類似的教養方式。反之，如果下層社會孩子沒什麼希望爬到上層，父母就沒理由選一條不太可能成功的道路，讓孩子平白追求技能和抱負。

我們已在第四章簡略提過各社會階層迥異的家庭生活趨勢，像是低收入家庭愈來愈多父母離開婚姻，單親教養孩子；富裕與教育程度高的家庭則走向時間與精力密集的教養趨勢。若這些趨勢提高各社會階級的差異程度，回到像前工業化社會的情況，我們可能會進入社會階級區別分明的新階段。區別不光是在教養密集程度上，各階級採納的整個價值體系可能都不同。

各社會階級在價值觀和態度上出現新分歧，這是一個令人憂心的趨勢，也為強調機會平等、社會流動、全民參與政治的民主社會帶來新挑戰。但民主國家對這些挑戰並非無計可施。就如我們在本章所述，社會階級區分是經濟環境的反映與結果，但同時經濟力量並非社會組成的唯一決定因素：政治力量也扮演了重要角色。

在前工業化時期，政治決策多半由貴族精英把持，而政策（包括稅賦、擔任公職、受教育機會和政治代表等）選定主要以維持既有社會秩序為目標。同樣，現今關於教育體系、稅賦和轉移、社會保險與職業選擇之類的政治選擇，也決定了社會流動性和不同階層父母所面臨的誘因。若經濟力量加劇不平等、降低了流動性，民主社會可以透過「提升平等機會的政策選擇」來抵制這些趨勢。

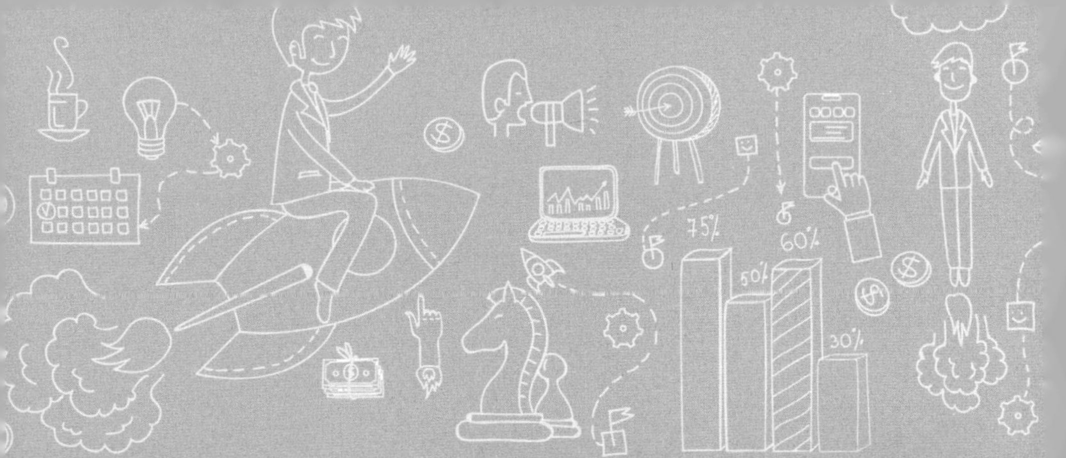

第三部

政策如何影響教養方式

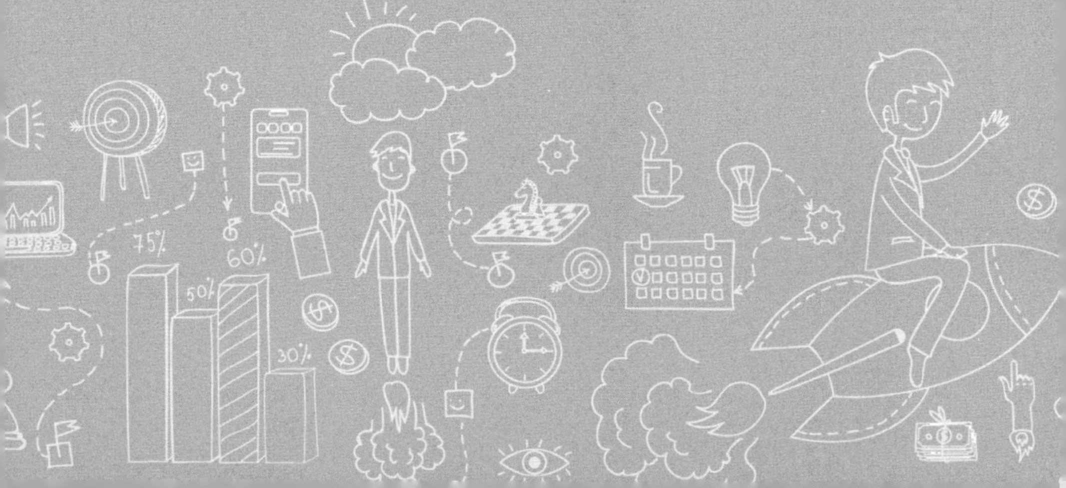

第九章

學校系統組織

本書一直強調，父母的決定不僅取決於不平等程度和技術狀態之類的經濟力量，也受到社會制度、公共政策影響。在教養上有個重要的環境因素，那就是學校系統。這章我們會描述各國在學校系統的組織有何不同，以及它如何影響教養決定。

學校會從許多方面影響孩子。首先，教育者透過教導的知識和傳遞的價值觀直接影響孩子。在公共教育的歷史中，主要的驅動力是政府想灌輸下一代共同價值觀和信念。公立學校不光是教導有用知識的媒介，還致力於達到提升凝聚力、加強國家穩定、支持軍事制度等目的。其次，孩童在學校與同儕一起社會化，這些互動也能協助他們形成偏好和價值觀。同儕效應有時能補強老師和父母的教導，有時則會有反效果。最後，學校系統的組織影響父母的行為。父母會調整他們的教養方式甚至生育決定，以符合學校系統提供的誘因。

學校和家庭可能或多或少互相協調。法布里奇歐還記得在瑞典時，自己試著教幼兒園的諾拉閱讀和書寫。義大利老師會同意父母這麼做，認為這是負責的表現；但法布里奇歐在瑞典卻得到不一樣的回應。諾拉（優秀的）幼兒園老師反對這麼做，這讓他很意外。瑞典老師認為年幼的孩子應該從遊玩中學習，正式的教育方法只會揠苗助長。這項文化衝突讓小諾拉對於在家庭和學校收到的相反訊息感到困擾。[1]

學校系統的組織還影響課外活動的誘因。我們小時候，或許除了足球外，很少有人參加課外活動。如今的孩童往往從小學開始就行程滿檔，但各國父母為孩子安排活動的動機不盡相同。在歐陸國家，父母多半認為課外活動只是讓孩子開心遊玩，同時有助於個人發展。相較之下，英國與美國的許多父母認為課外活動是孩子履歷上重要的一部分，日後能幫助他們進入頂尖大學。

學校系統的組織所提供的誘因，能用以解釋各國不同的做法。北歐國家各種學校的品質一致，優質的高等教育非常普及，孩童多半就讀附近的公立學校，而且中學畢業後要進入大學並不困難。因此，父母為小孩安排各種活動純粹是為了讓他們開心，最多就是想加強小孩的獨立性和成熟度。「課外活動是『好學校』敲門磚」這種概念並不存在。

德國也像北歐國家一樣，多數家庭依賴公立學校，不過在某些省份，學童在小學四年級或六年級後就要分組：文理科高中或職業訓練（實用專科學校或基礎職業學校）。在「有野心的」父母看來，讓孩子進入文理科高中是重要的目標，但課外活動和錄取與否毫不相關，一旦獲得文理科高中或其他升學學校的文憑，則人人條件相同，都能自由選擇想就讀的公立大學。

美國父母則面臨完全不同的情況。高等教育系統高度分化，精英大學選擇很少且名額有限，而且這些學校的錄取競爭愈來愈激烈。對二〇二一屆學生來說，包括哈佛、耶魯（還有麻省理工學院和史丹佛等以理工科為主的學校）在內的常春藤盟校，錄取率不到七％。光從錄取率還看不出競爭有多激烈，因為申請者都是最優秀的學生。想要進入這樣的精英大學，除了要有近乎滿分的高中成績且在SAT這類入學考試得高分外，還要具備亮麗的課外活動紀錄，才能在眾多申請者中脫穎而出。

光是這些方面就能夠看出，美國父母有高度誘因去嚴厲督促青少年子女。[2]事實上，這種競爭壓力下滲到教育早期階段。高中品質良莠不齊，頂尖高中的學生比較容易進入頂尖大學。父母從孩子小時候就採取「競爭式教養」，目的是讓他進入一流學校。在紐約和洛杉磯等大城市，許多父母從孩子一出生就開始擔心他們的表現，因為能進入一流的幼兒園（小孩和父母都要被納入評估的激烈競爭）就能進入一流小學，然後才能讀一流中學，最後進入一流的大學。

在其他國家，一試定江山的大學聯考使教養的誘因極高。中國、法國、南韓和土耳其等國，高中畢業前的聯合考試成績將決定學生能否進入精英大學。被這些大學錄取，就等於拿到在商界、政府或學界事業成功的門票。考量到這些利害得失，也難怪許多父母每天逼小孩努力讀書，甚至找家教來補習。這些一試定江山的考試足以解釋，為何像法國、南韓這些社會普遍平等的國家仍以密集教養為主流。

最後，像義大利之類的國家，一流學校是公立學校，高中也沒有正式的進入門檻，但是有性質分化與專精化：有些強調學術知識（Licei，一般高中），有些則偏重職業訓練（Istituti Tecnici，職校）。高中和職校的學生都能上大學，只是一般高中的學術養成比較完備。此外，由於高中轉學次數不限（而且免學費），留級和不及格很常見，許多學生最後畢不了業、被迫離開當初選擇的學校（往往轉到要求較低的學校）。因此，儘管沒有正式門檻，某種程度上學業的成功還得靠學生的努力和自律。整體來說，義大利的教育系統提供家庭和學子一定程度努力讀書的誘因，但不至於有爭取頂尖學校和高分的劇烈競爭。[3]

學校制度史

教育實踐和教學法也與時俱進。在過去，專斷做法不僅廣泛用於家庭，在學校也很常見。

體罰是家常便飯，家長多半也同意這樣做。有趣的是，學校比家庭還要早開始反對體罰。應該是這樣說，人們覺得只有父母能打小孩，不帶私人感情的老師在體罰時，可能淪為任意虐待。

各國學校體罰的歷史不同。波蘭早在一七八三年就禁止學校體罰，但禁令存在的時間很短，因為這國家在一七九五年就從歐洲地圖上消失。多數歐陸國家要等到二十世紀前半葉才陸續禁止學校體罰，而德國的全國禁止體罰法令直到一九八三年才通過。

在英語系國家，事實證明學校體罰流傳更久。英美法系中的「**代位父母**」（in loco parentis）提到，教育機構能承擔父母職責來教養小孩。直到一九八七年，英國國會才禁止學校體罰，比愛爾蘭還要晚五年。英國的體罰禁令一開始僅限於公立學校，所以部分私立學校繼續用棍子管教，到了一九九八年才全國禁止。在美國，一九七七年最高法院判定學校體罰並不違反憲法權利，直到現在，在十九個州依舊合法。二〇〇三年青少年健康協會（Society for Adolescent Medicine）發布的一項研究顯示，全美國學校每年約有兩、三百萬起體罰事件，而其中一至兩萬起，學生事後需要接受治療。[4]

學校體罰合法的國家還有澳洲、埃及、印度（某些省份）、馬來西亞、墨西哥、奈及利亞和新加坡。[5] 中國政府自一九八六年即正式禁止體罰，但實際上許多學校依舊繼續實行，尤其是鄉下地區。[6] 即使官方不認可體罰，中國孩童持續在家庭和學校接受打罵教育。日本和南韓的情況也很類似，儘管體罰已被明令禁止，但私下還是被容許。[7] 二〇一二年，東義大學針對四百八十一名南韓學生所做的問卷調查顯示，有九五%的受訪者表示曾在學校被體罰，包括被打屁股、掌摑，甚至被毆打。[8] 相較之下，現在多數歐洲國家老師做任何形式的體罰都茲事體大，可能會被起訴與革職。

學校體罰與否會影響父母的行為。愛孩子的父母可能盡量不鼓勵孩子質疑老師的權威，以免被處罰或羞辱。相反，如果學校禁止體罰，家長也比較不會在家打小孩。法布里奇歐記得以前有個同學的母親，堅持要老師在她兒子不乖時盡量賞巴掌。雖然當時打小孩並不違法，但學校沒有理會這母親的要求，還告誡她即使在家也不能用如此嚴厲的管教方式。法布里奇歐父親小時候的情況完全不同，他班上有個小朋友在學校講鄉下的方言，因而被老師施以可怕的體罰；他父親那個年代，孩子在學校被打絕不會回家告狀：抱怨被老師打，通常只會再被父母處罰一次。

體罰的歷史演變，只不過是專斷型學校管教式微的一個例子。教學方式隨著時間大幅改變，特別是二十世紀後半葉。直到一九五〇年代，工業化國家主要仍採取「垂直型」專斷教學模式。以往的小學課堂，孩子是不能說話的，並且仔細聽老師的教導，而判斷教學是否成功的衡量標準，是看學生能不能背誦老師說過的話。後來，一九六〇年出現教學方法革命，新觀念強調團隊合作、公開討論和兒童福利，這些重點後來進一步成為教學任務的核心。一九七二年英格蘭有項調查，詢問小學老師如何在學生畢業前評量他們的學習成果，[9]出現最多的三個答案是孩子要快樂、精神抖擻、發展均衡；他們應該喜歡學校活動，並且從成就中獲得滿足；此外，他們應該被鼓勵按照自己的方式發展。

這種自由（或放任）教育模式有兩個受歡迎的因素。一是佛洛伊德對於壓抑想法發揮影響力，內容是：「嚴厲規範或過度約束年輕學子，對他們的情緒發展一點幫助也沒有，反而可能引發不良反應。」[10]另一項我們認為更重要的因素是當時的經濟條件。失業和社會不平等的狀況都處於歷史低檔，這讓父母比較放心，相信孩子離開學校後容易找到好工作。

教育方法和教養方式會互補長短。在反專斷型學校環境長大的孩子，更有可能抗拒家裡的專斷做法；反之，當學業成功取決於學童能否獨立判斷和辯論，父母會覺得應該在家培養孩子獨立思考，以上的因果關係是雙向的。放任型父母會抗拒學校使用專斷做法，並且施壓學校做出改變。

教育方法的最新趨勢始於教養方式出現演變。英國經過一九六〇和一九七〇年代的放任趨勢，隨著柴契爾主義的到來，「放任」一詞出現負面涵義，大多和孩子成績不理想有關。管教寬容的學校受到愈來愈多指責，因為沒有讓下一代教育準備好面對新勞動市場的挑戰。教育政策的修正主義浪潮引起改革重點的轉移，轉向強調學科專門化和出色的學業成績。[11] 評量文化日漸普及，並出現愈來愈多測驗和跨校學業競賽。

以上趨勢普遍出現於先進的經濟體，但各國的教育體制仍存在重大差異。為了解特定體制如何影響父母的行為，我們要來看各國如何設計出截然不同的教育制度。我們相信理解機構的角色非常重要，因為教育制度至少原則上會隨社會需求一起變化。在本書中，我們將密集教養的盛行歸因於全球經濟朝高度不均發展。以下幾個例子顯示，特定制度的選擇如何強化或抵消這些趨勢。

中國：競爭與高風險測驗

若說有哪個國家的學校系統發展是以評量和高風險測驗為中心，那就是中國。競爭考試的傳統可追溯到隋朝（五八一至六一八年）的科舉制度。到了明朝（一三六八至一六四四年），科舉成為選拔官員的標準流程，[12] 考試具高度挑戰性、生死攸關，因為只要當了官，從此就能榮華富貴：在傳統儒家文化中，士農工商以士為首。科舉制度在清朝末年遭到廢除（一九〇五年），然而，共產黨政府於一九五二年又恢復競爭激烈的入學考試，而該制度於一九六六年再度被廢除，文化大革命誓言破除學業成績和職業的關聯，消弭不同背景學生間的隔閡。[13]一九七七年，也就是毛澤東過世的隔年，中國恢復全國大學入學考試。由於之前停試時間過長，特別准許十三至三十歲的人都能參加聯考。[14]

如今，中國整個教育系統都以考試為中心。學童的課堂時間多半花在模擬考上。孩子從小就競爭好成績，從托兒所開始逼迫孩子學習英文和乘法表。有錢的父母送孩子上托兒所名校，要他們贏在起跑點。香港的教育系統和中國不同，但競爭原則也很類似。法布里奇歐有位香港朋友曾分享，為了準備兩歲女兒的托兒所面試，全家都承受極大的壓力；還好女兒最後被錄取，大家都鬆了一口氣。

中國學生十五歲受完九年義務教育，如果想再升學，就得通過高中聯考（中考）。學生依聯考成績分發到普通高中或高職。想獲得高中文憑，學生得修滿規定的學分，並考過高中會考，或是所謂的高中學業水平考試。

雖然會考對多數學生來說只是一種形式，但算是前哨戰，緊接在後的是另一場攸關存亡的戰爭：全國高等教育入學考試（簡稱高考）是進入大學必須通過的資格考試。[15]二〇一七年，中國有九百四十萬名學生參加高考，多數省份是六月初進行高考，在為期兩天的考試中，全中國都屏息凝氣。第一天各大報紙的頭版多半是高考的新聞。考場附近的工程全都暫停、交通改道，以免干擾考生。各地鐵站廣播要大家禮讓考生優先上下車。救護車也在考場外待命，隨時協助因緊張而昏倒的考生和家長。當局祭出嚴厲措施來防止作弊：考生被抓到作弊要坐牢七年。[16]監考手段非常嚴密：使用監視無人機和金屬探測器來偵測違法設備，學生還必須掃描指紋確認身分。

高考成敗關係重大，它不僅決定學生是否能繼續升學，還決定能進哪間大學。高考總分排名讓成績最好的學生優先選擇要讀的學校與科系。中國的大學品質良莠不齊，若能從頂尖學校畢業則好處無窮。高分者能進入一流的大學，包括北京的北京大學和清華大學、上海的復旦大學和交通大學、杭州的浙江大學等。高考總分也是進入香港頂尖大學的重要憑據。這些學術機構有極高的國際排名，有著各國師生經常交流的國際化氛圍（法布里奇歐會定期訪問浙江大學）。頂尖大學的學生成為未來精英份子，包括政府高級官員和大企業與銀行的主管。而排名後段的大學則沒有這種機會。每年約有四分之一的考生落榜，無法進入大學。金榜題名是一生幸事，名落孫山則是不可抹滅的詛咒。也難怪愛孩子的父母一心催促孩子努力追求成功。只要高考得高分，就算犧牲其他方面（例如想像力和獨立等特質）也在所不惜。

孩子讀的科目也能反映現實。高考只考幾個核心科目，近年來科目範圍有刪減的趨勢。共同測驗科目包括中文、數學和外文（通常是英文），此外，學生可以選擇不同類組，像是社會科學或自然科學等。[17] 藝術、音樂和體育不屬於高考測驗科目，因此在高中課程中逐漸失去重要性，父母沒什麼誘因去培養孩子的藝術細胞和創造力，企圖反傳統也許會付出巨大代價。

中國學校系統將極大的心理壓力加諸父母、老師和學生身上，成效很有爭議性。一方面，許多中國父母質疑這麼大的壓力是否有用；但另一方面，這種強大的誘因又成功敦促學生創造出優異成績。中國學生的數學測驗分數尤其令人刮目相看。以二〇一五年的國際學生能力評量計畫為例，在參與的地區（包括北京、上海、江蘇、廣東）中，超過四分之一的學生數學測驗表現優異。專家指出，這些學生能用符號表徵處理需要複雜解題能力的問題。西方國家無一能與中國標準匹敵。其他表現優異的地區還包括香港、新加坡、台灣，這些國家都以華人占多數，並且採行和中國類似的學校系統。[18]

現有系統的擁護者認為，高考能激發學生努力用功、提高整體學業水準，是創造均等機會的手段。原則上，無論是哪一所高中、住鄉下或城市、家裡有錢或貧窮，各社經背景的考生都有機會透過高考進入一流大學。但若說高考提供了機會均等的競賽場地，則未免流於誇大。以城鄉差距為例，中國平均約有一半的中學生選擇升學，但在上海這樣的富裕城市，比例則高達九七%。城裡學校的課程品質一般比鄉下學校好。全國平均班級人數是五十名，而偏鄉學校的班級人數是平均的兩倍。家庭也扮演重要角色，中產階級家庭通常送小孩去昂貴的「補習班」。

教育程度高的父母也更密切關注孩子的進步，還能教他們功課。結果，高考成績反映出極大的社經差距。例如考進北京大學的學生，只有一〇％來自偏鄉，而且差距愈來愈大——在一九九〇年代的比率還有三〇％。[19]

機會差距的擴大，是因為中國人民無法為了讓小孩接受更好的教育，任意從鄉下搬到城裡。遷移受到戶籍制度（戶口）的規範，可追溯至一九五八年，當時共產黨政府為了控制城鄉人口流動，祭出居住證和戶口登記簿等嚴格系統。如今，人民雖然已可以從鄉下搬到城裡，但多數鄉下移民無法登記成為城市居民。非居民勞工無法享受居民專屬的健康保險和公立學校等社會服務。精英私立學校也不是貧窮鄉下移民所能負擔，因此只能送小孩去專收非居民的學校，而這些學校的學業成績標準比公立學校低，讓移民子女在高考上很難準備充足。

大學對於不同地區的學生設下錄取名額，讓不平等的情況更加惡化。除了高考結果以外，大學給予所在地居民優先入學的優惠。由於一流大學都集中在上海、北京等一階大都市，當地的學生具有優勢。二〇一六年，一群河南省居民寫信給中國國務院抗議歧視。信上指出，二〇一三年河南省有七十五萬八千名學生競爭北京大學八十五個名額，北京市則有七萬三千名學生競爭兩百二十六個名額。[20]

儘管存在著不公平，但高考提供出人頭地的機會，仍是影響中國父母教養誘因的重要因素。金榜題名得靠用功讀書，貧窮但有天賦的孩子有發揮的空間；就算是學歷高的有錢父母，其子女也不保證一定進得了名校。[21]

然而，我們不能忽視這升學系統的副作用，批評者怪罪它扼殺了學生的創造力，認為準備高考側重死記硬背，而記誦既有資訊犧牲了發展獨立批判思維的機會。此外，批評者也責備沉悶的學習方法，會導致孩子不快樂的童年和長久的創傷。許多中國成年人都提到經常會做高考的惡夢。二〇一五年國際學生能力評量計畫的結果顯示，在自述生活滿意度上，中國學生全球排名最低。壓力和不滿意有時會引起悲劇，根據二〇一四年的《中國教育年度報告》（*Annual Report on China's Education*），有極高比率的年輕人自殺案例，是因為受不了測驗和考試的巨大壓力。[22] 該報告提及幾個不幸案例：內蒙古一名中學生因測驗分數低而跳樓；南京一名十三歲男孩因為跟不上課業而結束生命；四川一名女學生因為高考成績不理想而自殺。[23] 一項針對二〇一三年青少年自殺案例的研究發現，九三%案例與準備考試所產生的壓力及焦慮有關。此外，六三%的自殺案件發生在大考期間。

二〇一二年，網路上流傳一系列湖北省中學生一面準備高考、一面吊點滴的照片，醜聞因此爆發。該校的說法是，他們是給學生打能提振精神的胺基酸，之所以把注射地點安排在教室，是為了避免學生往來診所和教室而浪費時間。[24] 這是單一事件，當然不表示一般中國學校都是如此，但它在媒體上引發軒然大波，顯示出人們對這話題感覺有多強烈。

高考系統造成不良影響的相關爭論，引起教育系統改革的壓力。改革者支持減緩過度競爭、更以學生為中心。另一股改革的動力則是對現狀的反思，也就是說，現有系統並不重視獨立和創造力，但如果中國經濟模式要從模仿與生產既有科技，轉向更重視創新，那麼學生得開始培養這些價值觀。[25]

有些改革已在地方上實行。從二〇〇一年起，上海使用自己的高等教育入學考試來取代高考。和標準考試相比，上海的系統偏向測試學生的天生智商，考試內容是關於各學科的申論題，而非一味測驗學生能死背的知識。上海市還立法規範最大作業量，並且規定學生一天至少要有一個小時的體能活動。[26] 不過這些規定常常沒有被落實。根據經濟合作暨發展組織的統計，上海市十五歲學生平均每週花十三．八個小時寫功課，而且很多人還另外去補習班。[27] 這些補習班提供下午班，學校一放學就開始上到晚上。相較之下，北歐國家的孩子一週寫功課的時間不到三個小時，但家長已抱怨功課量太多，主張完全取消家庭作業。至於英國和美國的高中生，每週寫作業的時間分別是五個小時和六個小時。

中國學校系統高風險考試就是含有強大誘因的極端例子。孩子未來成功與否端賴通過一場考試，學生全心全力準備、死記硬背，以及只專注於幾個核心科目。我們在第三章提到，有九

○%的中國家長相信，勤奮是必須灌輸給小孩的重要價值觀，只有二三%的家長重視想像力。之前我們認為社會的高度不平等能解釋中國父母的態度，此處又看到教育系統讓成敗風險更高，也使中國父母有更多誘因採取密集教養。

日本：高風險與獨立

日本再度和中國形成有趣的對比。日本社會所得不均程度很低，這與中國很不一樣。但學校系統也側重高風險的測驗，學童一樣承受學業表現的壓力。日本父母也會敦促子女的學校表現，只是在程度上與中國父母稍有不同。

在日本，追求成功的競賽從小就展開。《日本時報》（*Japan Times*）一篇名為〈從搖籃到大學〉的文章描述「手扶梯學校」的現象。[28] 這類精英學校最特別的地方是，他們提供幼兒園一路到大學前的教育，學生不需要考試就能升級。走上這條精英途徑的學生，最後大多能進入東京大學或京都大學等頂尖大學。

手扶梯學校的錄取過程讓家庭承受極大壓力。《日本時報》這篇文章描述一名五歲幼兒如何準備她的「受驗」，也就是決定她能否進入理想學校的考試。「她已經成功說出圖片上的水果名稱，接下來將聽到一段熊貓的故事，然後必須畫一幅圖畫，編出故事結局。這些活動表現會決定她以後能上哪一所大學，最緊張的莫過於在隔壁接受面試的父母。」孩童從三歲就得開始準備這至關重要的考試，錄取過程競爭非常激烈。在東京，五歲大的孩子中約有八%進入手扶梯學校，但有更多人根本不得其門而入。選拔過程包含面試父母和孩子，孩子依據其迅速做到精準指示的能力，以及精神敏銳度和反應來排名。測驗還評估家庭動能、禮貌和紀律。

之後，日本教育系統還有許多別國沒有的額外障礙。高中入學考試決定學生進哪所高中，而高中的品質和目標各異。高中畢業後，學生爭取進入大學。日本的國立與公立大學（其中包含最好的學術機構）錄取過程有兩大步驟。首先，學生必須通過「大學入試中心試驗」，考試涵蓋所有科目，包括理科和文科。然後，學生得參加各大學獨立主辦的招生考試。[29] 頂尖大學的考試尤其讓人擠破頭，所以第二步驟的挑戰最大。有些學生為了考上想讀的科系而重考多年，並且被取了一個綽號──浪人，這原本是指沒有主子的武士。

由於大學入學測驗非常重要，因此許多日本學生跟中國學生一樣去補習，讓原本就沉重的學校課業再多一層負擔：日本學生一年上學兩百四十天，比美國學生還多了六十天。補習班和漫長的上課日足以說明，為何日本學生說自己每週只花三．八個小時寫學校作業。到頭來，雖然太陽在日本確實較早升起，但一天還是只有二十四個小時！

補習班是個重要的社會障礙。學費很貴，富裕家庭的學子就算考試落榜，還是能報名全天補習班，隔年再重考。較不富裕的家庭就無法這麼做了。

和中國一樣，高風險測驗迫使家庭教育強調紀律和勤奮。在敦促孩子追求成功、灌輸正確的價值觀方面，父母扮演了重要角色，尤其是母親。[30]不過中國和日本的教養價值觀仍有很大的差異。世界價值觀調查數據顯示，只有三四%的日本父母強調勤奮，遠低於中國的九〇%。我們相信主因是日本社會不像中國那麼不平等。儘管一試定江山的制度可能使日本父母督促子女努力讀書，但他們覺得學校成績的報酬率相對較低，於是產生抵消的力量。這項觀察符合我們的主要論點，證明經濟因素的確很重要。

另一項有趣的觀察是日本人非常重視獨立（這在中國也一樣），一部分原因是獨立在東亞文化的意義不同於西方國家。日本父母培養孩子獨立精神，但不會到讓他們為所欲為的程度，而是要他們像大人一般去完成勞務。例如孩子在學校必須打掃、可以自己走路上學、負責保管好自己的獨輪車（騎獨輪車是很受日本小學生歡迎的休閒活動）。午餐時間是很重要的教育機會，孩子們到廚房取餐，自己打菜，然後回到教室和老師及同學一起吃飯；午餐後必須清理乾淨。學生有時會自己栽種並收割要吃的食物。強調獨立在於孩子必須迅速做出負責任的行為，並且能自立自強。在教養方式方面，這些例子都顯示日本的獨立與威信（而非放任）教養密切相關。

芬蘭：低壓力與學業成就

中國的學校系統著重競爭和高風險，而北歐國家（丹麥、芬蘭、挪威、瑞典）則強調團隊合作和輕鬆的教育方式。其中芬蘭被認為是最成功的例子，也是值得各國效法的典範，因為芬蘭學生完全沒有高風險測驗，卻在國際學生能力評量計畫的各種學生成績評量持續拿高分。

芬蘭教育的最大特色是競爭低、壓力低，兒童很晚（七歲）才上開始上小學。所有學齡前孩童都有資格去上托兒所或幼兒園，就學率幾乎一〇〇%。無論是公立或私立的托兒服務都（幾乎）免費。教育信念是從遊玩中學習，不採正規教學。托兒所和幼兒園全都不教閱讀、寫字或數學。在芬蘭父母聽來，「透過面試挑選孩子進精英學校」簡直是天方夜譚。

絕大多數芬蘭小孩讀公立學校。私立學校並不多，也不能收學費，但政府會提供補助。學校不得挑選學生，家長多半讓小孩就讀住家附近的學校。除了學費全免之外，學生還有免費的教科書、免費餐點、健康檢查、牙齒保健，以及校車接送上下學。課堂上的氣氛很輕鬆：學生不穿制服，並且直呼老師的名字。

學校之間沒有排名，一律奉行相同的國家教學目標，老師都是全國徵選的大學畢業生，唯一的差別是學區和各校可以自行調整課程。因此，芬蘭偏鄉孩子所受的教育內容及品質，與住在大學城或都市的孩子沒兩樣。儘管各校名聲不一，但多半是因為校長的管理技巧不同，實際差異並不大。大學也是如此。

芬蘭學生在學業上幾乎沒有高風險測驗，老師會定期評估學生表現，但評量系統旨在讓老師了解學生的進步狀況，以此改善教學方式，而不是為了成績排名或使學生更用功。芬蘭國家教育委員會（Finnish National Board of Education）在頒布的指南中建議評量方法要有鼓勵性，而且能協助學生實際了解自己的進步。在此原則下，小學老師評量時從不採取能力測驗的方式。評估結果從「非常好」到「需要練習」，完全不使用分數。孩子和家長通常看不到這個結果，只有老師用以做為課程規劃的參考。

芬蘭學生的輟學率非常低。[31]這反映出學校不讓學生落後的做法很成功，也顯示該國教育以協助較弱的學生為優先，而非鼓勵資優生更用功。德國和南歐國家常見的留級制度在芬蘭非常少見，並且普遍被視為不合時宜。

芬蘭的課程中有兩次結業考試。第一次是在學生十六歲結束基礎教育時，這考試讓成績較好的學生能選擇名聲較好的學校，不過前面已提過，各高中的品質差別不大。第二次是在高中畢業時舉行，是所謂的預科考試，做為大學入學標準，通過就有資格讀大學；該考試評量學生的整體成熟度，包括他們是否準備好繼續接受高等教育。學生不僅得回答標準的學業問題，更必須展現處理現實世界問題（例如失業、節食等）的能力，還要能討論政治、運動倫理、性、毒品、流行音樂等議題。這和中國教育只強調核心科目非常不同。

芬蘭老師對他們的系統非常自豪。帕思・薩爾博格（Pasi Sahlberg）曾當過學校老師和政府顧問，更寫了一本介紹芬蘭教育系統的得獎著作，指出沒有標準化測驗是芬蘭的一大優勢。[32] 他認為幫學生準備考試會讓老師無法專心改善孩子的學習和理解，公布標準化測驗結果並進行學校排名會導致「毒性競爭」，阻礙彼此團結、互助與進步。[33] 然而，芬蘭學生在標準化國際學生能力評量計畫的測驗中名列前茅，似乎和薩爾博格的觀點互相矛盾。

要如何解釋芬蘭的成功呢？就如薩爾博格所說，沒有競爭性考試也許有好處。但芬蘭教育系統的另一個特色是極度強調老師的素質。芬蘭國家教育署（National Agency for Education）規定各級學校老師都需具備碩士資格。此外，就連有教育學位的國小老師也得修其他科系的課程，至少再專精兩門領域。儘管對老師的條件要求嚴格，薪水也大致等同國際平均水準，但當老師是最受芬蘭大學生歡迎的選項。申請接受師資訓練的學生非常踴躍，因此能選出條件最好的申請者。

芬蘭是如何在薪資不高的情況下，又能維持老師的高素質呢？我們可以用經濟學家宣文・羅森（Sherwin Rosen）創造的「補償性工資差異」來解釋。[34] 他的理論是，勞動市場的競爭等於各種需要相同條件工作的淨優勢。學界工作就是範例之一：經濟學教授的薪水一般比在私人部門工作的經濟學博士低，原因並非我們不在乎錢，而是認為自己做研究、沒有上司的學術工作比較有趣；因此，私人企業得提供經濟學博士更高的薪水才能吸引人才。補償性工資差異也能說明地域加給的做法。例如在離岸鑽油平台工作的挪威工程師，收入遠高於在奧斯陸工作的同業。工資差異是為了補償他們日夜待在遙遠的鑽油平台，下班後無法在首都與家人、朋友聚餐的不便。

雖然薪水普通，但教育程度高又有能力的芬蘭人一心想當老師，其中一個原因是老師社會地位很高。嚴格的教育程度要求不但確保最優秀的學生能當上老師，也讓他們獲得受敬重的地位。從一項統計可以看出老師有多受歡迎：只有一〇%至一五%的老師離職轉換跑道。[35] 芬蘭老師對工作的高滿意度，讓納稅人的錢付得非常值得。在其他國家，老師這工作比較不受歡迎，為了吸引同樣素質和教育背景的人才，政府得支付更高的薪水。芬蘭能為老師創造出高滿意度的極佳工作條件，這也是該國教育成功的主因。

瑞典：和芬蘭不盡相同

反對競爭教育與高風險測驗的人士特別喜歡芬蘭的案例，他們主張，強調合作與孩子內在動機的低壓力方法是芬蘭成功的真正原因。不過瑞典的情況對這種解釋提出挑戰，主張孩子學習需要某些壓力和適度的誘因。

瑞典學校系統的組織大致和芬蘭類似，強調低競爭、低壓力和團隊合作；課程也和芬蘭很像，所有孩童都能上托兒所和幼兒園，而且多數上公立學校，教學強調透過遊戲來學習。小學跟芬蘭一樣從七歲開始，私立學校不得收費。

瑞典的教育系統旨在抑制不平等，輟學率很低，沒有正式的成績追蹤系統，不過近幾年逐漸有能力分班的趨勢。但瑞典國家教育署規定，能力分班只能是暫時的，而且只適用於特定學術目的。學童在六年級以前沒有成績，之後才開始收到各科分數，並在九年級結束時獲得期末分數，做為申請高中的基礎。

瑞典沒有高風險測驗，這點和芬蘭一樣。學生在九年級畢業後會參加只考主科（英文、瑞典文、數學）的全國標準化測驗，目的是確認全國學生的學習標準相近。幾乎所有學生都繼續就讀為期三年的高中。高中成績是大學的錄取標準。

家庭作業量很少。根據二〇一五年國際學生能力評量計畫所做的統計，瑞典學生每週只花三．八個小時寫功課，即使如此，家長還是抱怨功課太多。二〇一四年，哈斯塔哈瑪（Hallstahammar）市議會裡的左翼政黨提案全面廢除家庭作業，[36] 雖然此舉最後沒有成功，卻顯示多數父母的心聲。

整體來說，芬蘭和瑞典的學校系統有諸多相似之處，同樣強調機會均等，讓孩子在支持性環境下無憂無慮的學習。但如果國際測驗分數是可信的，這兩個國家有一個重大差異，二〇〇〇至二〇一二年間，在三十二個有數據的國家中，瑞典學生退步最多。這些不佳的分數，使瑞典暫時位居經濟合作暨發展組織國家末段班，直到二〇一五年才又出現重大反彈。觀察結果也和數據相符，如果芬蘭人對他們的教育系統感到自豪，瑞典人則多半對國家的教育比較挑剔與不滿。

這可能是因為芬蘭和瑞典的教育系統不如表面上那麼相似。[37] 其中一個差別是：瑞典老師的社會地位不像芬蘭老師那麼高。瑞典老師的工作滿意度很低，根據瑞典教師工會的調查，九成的小學老師表示工作量太多，而且行政工作占掉太多寶貴的教書時間。[38] 三分之一的瑞典老師表示「可能」或「絕對」不會教到退休。老師的低地位和低滿意度讓招聘變得更加困難。[39]

另一個差異是，瑞典在一九九〇年代推出一項改革，似乎是導致教育沉淪的元凶。該改革發給家長教育券，在公立學校和私立學校都能使用。即使在改革之後，私立學校仍受政府規範，跟公立學校一樣不得選擇學生，除了教育券之外，不得收取費用。若註冊人數超過名額，選擇過程要依循瑞典學校督導局（Swedish Schools Inspectorate）認可的一般無差別待遇標準（不過，實際上很常出現例外）。

儘管有這些限制，但仍是一項重大改變。這項改革推出時，瑞典還沒有幾家私立學校。如今，全瑞典共有八百家「獨立」學校，許多都是由盈利企業經營。一二%的義務教育學生與二四%的高中生上獨立學校。獨立學校的理念尤其受中上階級的父母歡迎，他們急於讓子女和公立學校的「普通」學生做出區隔。有些家長認為這樣的做法，是從公立學校所謂的社會民主價值觀中解放出來。

身為經濟學家，我們理解私立學校的競爭能敦促公立學校做得更好，但是這並未在瑞典發生。不少研究文件明顯指出，教育券系統對學生的表現有負面影響。[40]

是哪裡出了問題呢？我們推測應該是主流教養文化和改革精神相互衝突。瑞典家庭多採放任原則，這是因為經濟不平等程度很低，所以追求個人成功的經濟誘因很弱。在這種環境下，市場機制顯然迫使獨立學校迎合家長對樂趣和遊戲的需求，而不以創造優異學業為號召。競爭似乎轉移到「分數膨脹」（grade inflation）上，不論公立或獨立學校都是如此。

有些獨立學校採取極為放任的方法。舉例來說，在斯德哥爾摩市郊的希斯塔，有間獨立學校提供個人化的學習方式，讓學生與學校討論屬於自己的課程表，要多上或少上幾堂課都可以。學生訂出自己的學業目標，而且隨時可以修改。[41] 在此要先聲明，我們無意批判這間學校，也不評斷這種做法是好是壞，以這間學校為例是想要證明，私校與公校間的競爭似乎使學校愈來愈不重視學業強度，而這顯然不是改革想要達到的目標。

比較芬蘭和瑞典的教育，顯示想將學校組織的成功模式輸出到另一國家，似乎比想像更複雜。即使兩個國家有諸多相同特性，普遍採行類似的教育系統，但國內情況的微小差異可能造成天差地遠的結果。想將芬蘭模式用在中國或美國，難度可能比讓瑞典父母和孩子採納成就導向的價值觀還高。

另一個教訓是，教養價值觀和學校系統是相輔相成，北歐父母對於想像力和獨立的重視遠大於勤奮和順從；這些國家學校系統的組織也反映出相同價值觀。家長支持學校強調低競爭、低壓力、團隊合作。但因果關係是雙向的：學校系統的組織加上經濟不平等程度低，更加深了父母的放任態度。這並不表示瑞典和芬蘭的孩子長大會不事生產。儘管北歐國家的工時比美國和中國都短，但芬蘭和瑞典卻是全球創新資優生。這也許是放鬆教育制度中的意外經濟收穫。

法國：垂直教學法

高風險測驗不是學校系統組織影響教養方式的唯一面向，經濟學家亞恩·艾爾剛（Yann Algan）、皮耶·卡胡克（Pierre Cahuc）、安德烈·施萊佛（Andrei Shleifer）最近做的一項研究指出，各國採用的教學方法差異很大。[42] 有些國家主要採取「垂直」教學法，這是以師生關係為課堂互動核心的階級體系；老師講課，學生做筆記或看教科書。對學生成績的評量標準，是以複述老師講課內容的能力為主。有些國家的學校提倡「平行」教學法，也就是師生關係與學生之間互動相得益彰的無階級體系。在平行的環境下，學生分組合作、一起準備報告、被鼓勵向老師提問甚至提出挑戰。

綜觀各種測量標準，發現平行教學法最常出現在北歐國家、荷蘭、瑞士，另外還有英國和美國。垂直教學法則在法國、日本、比利時、土耳其、俄羅斯、東歐受歡迎。介於兩者之間的，則有義大利、德國、西班牙、澳洲，以及（讓我們有些意外的）芬蘭。

艾爾剛、卡胡克和施萊佛證明，教學法會影響人成年後信任他人、願意與他人合作的程度。小時候接受垂直教學法的人比較不信任別人，合作意願也較低；在課堂上團隊合作與公開討論，則能培養出更善於合作的個體。

不同的教學法和我們提出的各種教養方式相關。圖九．一標出艾爾剛等人提出的垂直教學法（橫軸）與父母採行三種教養方式的比率。[43]在垂直教學法普遍的國家，放任型家長的比率較低，而威信型家長的比率較高。有點令人意外的是，專斷教養和教學法的相關性並不高，這主要是因為德國和日本採用垂直教學法的程度比較高（德國）或非常高（日本），但父母不認為順從是重要美德。在其他國家，垂直教學法和專斷教養的相關性高，而且具有統計意義。

法國是特別有趣的案例。我們在第三章提過，法國的不平等程度低，父母卻意外重視子女勤奮，很少強調想像力和獨立。法國父母還比其他歐陸國家父母更重視順從，如圖九．一所示，在該樣本中，採行垂直教學法的法國學校遠多於其他國家，這顯示學校系統組織影響了法國家長的育兒價值觀。

法國教學法高度垂直化，這符合該國的傳統智慧。加拿大記者貝涅．納杜（Jean-Benoit Nadeau）和茱莉．巴羅（Julie Barlow）寫了一本關於法國文化的書，把學校描述成無情又專制的地方：「法國教育最大的特色是教師權威。法國人不認為童年是純真年代，而是無知時代。孩童必須被規範與糾正。」[44]這樣的描述雖然過於誇張，卻符合人們普遍的印象：法國學校認為由老師強制傳授正式知識給學生，遠比鼓勵孩子發揮學習本能的正向強化觀念更重要。評量系統很嚴格，有些人甚至會說它過分苛刻。有學習困難的孩子普遍會被留級，這和北

圖九・一：

經濟合作暨發展組織國家垂直教學（垂直及平行教學差距）與父母採取放任型（左）、威信型（右）、專斷型（下）教養方式的關係

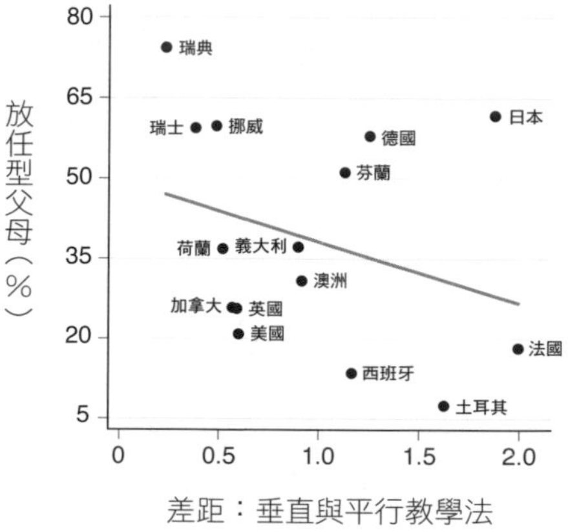

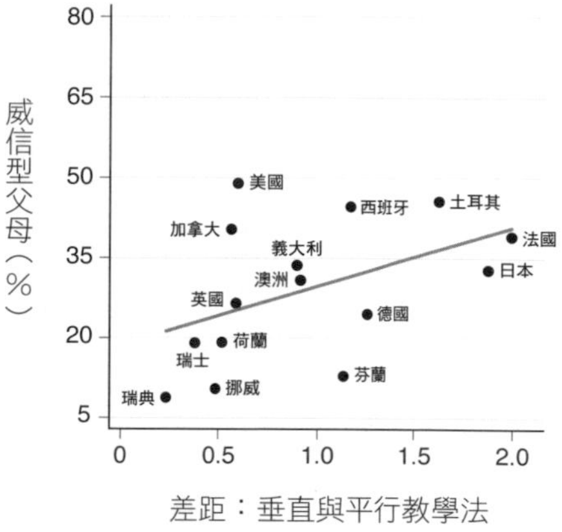

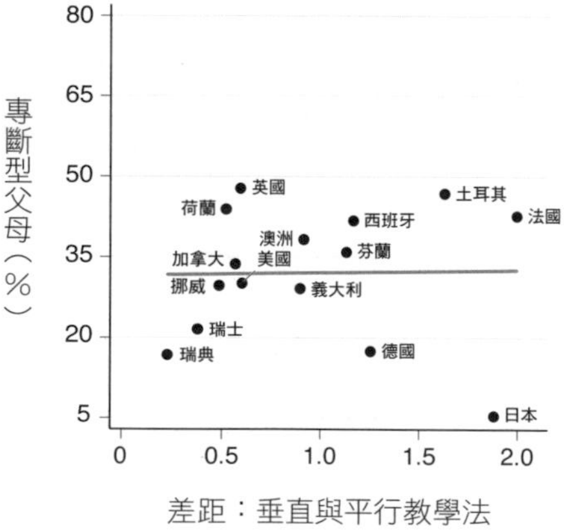

歐學校很不一樣。超過四分之一的法國學生曾至少被迫留級一次，這比率是經濟合作暨發展組織國家平均的兩倍以上。這種不協助成績差的學生，而是放棄他們的教育體制，會讓家長採取額外行動以防止子女失敗。因此，法國父母才特別強調順從和勤奮。

法國學校制度的其他特色也助長了嚴格的教養方式。首先，有二〇%的法國學生上私立學校，比率遠大於英國或美國。這些私立學校多半是天主教學校，宗教教育也是課程的一部分。天主教私立學校收費低廉，招收了來自各種社經背景的學生。嚴格紀律是教會學校的典型特色，這也表示學業成功與否是取決於紀律和勤奮，獨立和創造力則沒那麼重要。

法國父母之所以如此重視順從和勤奮，還有另一個更重要的原因，那就是各學校和大學之間的不平等。以歐洲的標準來看，法國各高中間的不平等情況已非常嚴重。儘管理論上所有公立中學都依循國家教育系統的課程架構，但實際上各校表現差異很大。有些高中享有很高的聲望，像是巴黎的路易大帝中學（Lycée Louis-le-Grand）、亨利四世中學（Lycée Henri-IV）、圖盧茲的費馬中學（Lycée Fermat）等。直到最近，最優秀的學校都還是公立學校，但近年來有愈來愈多私立中學排名持續爬升，巴黎的大型天主教私立中學斯坦尼斯拉學院（Collège Stanislas）就是其中一例。

各大學間不平等的狀況更是嚴重。大學錄取透過高風險測驗，也就是所謂的「中學畢業會考」（Baacalauréat），這是高中畢業生都要參加的期末考，也是大學入學的重要參考。更重要的是，法國的高等教育有雙重系統，分別是一般大學和「高等商業學院」（Grandes Écoles），後者是自外於一般大學的精英學院，為法國政府、行政和私有部門的全國優秀人才提供最高級的教育。只有不到五%的學生能進入高等商業學院。學生必須在高中畢業後先申請進入預備課程，而且必須全力以赴（每週四十個小時的課、頻繁的課堂測驗、大量的回家作業）。兩、三年後再參加競爭激烈的考試，以期擠入高等商業學院的窄門。

高等商業學院的錄取標準不只有智力，申請者的努力和毅力也很重要。有些人認為入學最困難，一旦被錄取就輕鬆了。在法國，進入一間有聲望的高等商業學院是人生成功的保證。雖然只有少數家長會考慮讓孩子追求這條精英之路（高等商業學院大部分學生的父母都是校友），但這個競爭激烈的選拔過程還是提供強大的誘因，讓有野心的父母更強調耐力和適應力的價值觀。因此，這也能說明為何有那麼多法國父母強調勤奮，程度不下於社會較不平等的美國。

全面評估

在本章，我們主張學校系統的組織是各國父母選擇教養方式的強大因素。有些例子顯示，教育制度強化了經濟基礎對教養的影響。例如中國和美國都是所得高度不均、教育投資報酬率高和社會安全網極弱的經濟體，我們認為是這些特色促使家長採取密集教養方式：美國父母選擇威信型，中國父母偏向專斷型。這兩國的教育體制都放大了採取密集教養的誘因。美國是透過頂尖學校和大學激烈的錄取過程，除了學業和考試成績外，還得參考學生的履歷和課外活動；中國教育系統對教養影響最大的層面在於高風險測驗，尤其是升大學的高考。至於在芬蘭與瑞典等國，我們看到一個高度平等主義的社會，學校不給學生壓力，強調團隊合作與平行教學法，這些國家的經濟環境與學校系統，提供家長採取放任教養方式的極大誘因。

最有趣的是經濟基礎與學校體制背道而馳的國家，我們提出了兩個例子：法國和日本。法國的高風險測驗和垂直教學法等制度，促使家長更多干涉孩子。這可以說明為何法國經濟不均程度不高，家長卻比預料中更威信和專斷。日本同樣具有低度不平等和高風險的學校系統，父母重視孩子的獨立性，但整體來說不如中國父母那樣咄咄逼人，較不要求勤奮和順從。不過日本媒體常探討的「教育媽媽」和「教育爸爸」現象，說明了日本教養文化仍具有低度不平等國家少見的密集教養元素。這些例子顯示，經濟不均和學校系統的組織互為表裡、相輔相成。

第十章

教養的未來

本書運用經濟學的工具來調查現代世界影響教養的力量。為什麼教養在上一代似乎輕而易舉，如今瘋狂的父母卻送孩子參加一個又一個活動，努力逼迫他們成功呢？為什麼過去幾乎盛行全球的體罰，近幾年父母與老師會避之唯恐不及呢？只要了解父母的經濟誘因，就能回答這些問題。

我們的看法是，古今中外的父母多半有相同的目標，那就是讓自己的孩子一生快樂成功。這原則當然有例外，有些父母疏忽甚至虐待孩子，這是嚴重的社會問題，還好這只是少數，大部分的父母都愛孩子，希望他們生活順利。我們的分析對象就是這些一心為孩子好的父母，他們在所處的經濟條件下，努力為子女的成功鋪路。

哪一項經濟條件最重要？

所得不均和教育風險是關鍵。如果孩子只有在學業和課外活動表現優異才保證成功，父母就會努力逼迫他們達到目的。反之，如果經濟不均程度很低，或是孩子無須太努力就能享受舒服的中產階級生活，教養好壞的影響也比較低，父母就能輕鬆一點。我們在探索教養的過程中，研究了全球各國的教養法，並且分析學校組織和教育系統如何影響父母的選擇，試圖解釋不同教養方式的起源和影響，以及驅使教養方式產生歷史性改變的動力。

過去兩百多年來，經濟生活出現劇烈轉型，這都要拜工業化、技術進步、都市化，以及主流產業從農業及工業轉移到服務業所賜。這些經濟轉型同樣大幅改變了家庭決定。人力資本與公立學校的需求增加，激勵家長使孩子接受教育，而不再讓子女從小開始工作。同樣的改變也提高育兒成本，能夠解釋現代發展過程中生育率持續下降的現象。

二戰之後，西方國家的經濟不均在一九六〇至一九七〇年代急劇下降。這些改變加速了專斷教養及其副產品（體罰）的式微，取而代之的是更自由的教養方式和教學方法，著重於培養孩子的獨立和想像力。之後情勢又出現轉變，一九八〇年代以後，由於經濟不平等加劇與更高的教育投資報酬率，提高了孩子努力用功與學業成功的重要性。父母為了因應情勢，只好更多干涉小孩，以致出現了「直升機教養」的現象。我們的資料顯示，在一九八〇年代教育經濟報酬率開始提高後，父母的教養手段的確更為強烈，此前的二十多年，教養文化偏向放任型，教育投資報酬率也一直處於低檔。

我們還提到一些工業化國家的教養方式也很不一樣。近幾十年來，虎媽和直升機父母在不平等程度急速升高的國家愈來愈多，美國就是其中一例。反之，這種教養方式在經濟不均程度較低的國家就沒那麼受歡迎，像是北歐國家、德國（程度較小）、瑞士、荷蘭等。

原則上高經濟風險應該會讓父母變得專斷與威信，但主要的改變是變得更威信，專斷教養方式繼續沒落。我們相信主要原因是，現代社會的孩童終將做出讓自己未來不成則敗的決定。在知識愈來愈重要的經濟裡，人力資本的累積多半由正規教育來完成，而且這過程會持續到成年之後，父母無法一直監督孩子，告訴他們該怎麼做。因此，專斷教養方式注定失敗。父母唯一的選擇是激勵孩子，灌輸他們正確的態度，而這些都是威信教養方式的典型特色。

我們何不乾脆寫一本教養指南？

我們一直避免推薦什麼是稱職父母該做的事，並且不認為有哪一種教養方式比其他的更好。身為經濟學家，我們主張所有教養方式都有取捨。例如在社會流動性低的國家，專斷教養方式也許效果較好，因為在這些地方，想成功就得謹守傳統角色，反傳統的態度只會讓孩子長大後惹上麻煩。最近一項關於發展心理學的研究指出，過於嚴格的教養會對孩子造成負面的情緒與行為後果。我們並沒有要反駁這些發現，但認為至少在某種程度上，這些是現代社會特有的負面影響，如今專斷型父母屬於例外而非通則。我們的上一輩並不會抱怨他們的父母太嚴格，那個時代大家都是這樣做，偶爾打巴掌或打屁股並不被認為是不人道或虐待。在傳統社會中，父母多半愛他們的孩子，孩子也多半愛他們的父母，情況和今日並沒有不同。

侵入式威信教養能強化孩子成功的動力，但同時也可能扼殺孩子的獨立自主和想像力。此外，雖然威信型父母能成功提高孩子的學校成績，但對社會不見得有益。在教養普遍放任的北歐國家，孩子競爭力較低，也比較不願意太過努力，可是他們非常善於團隊合作。

至於直升機父母，我們視之為威信型父母的溺愛版本，在他們完備的保護下，可望成功形塑孩子的偏好和態度，並且讓他們遠離麻煩。但這麼做的代價是延遲了孩子自然成熟的時間，創造出許多三十多歲還跟父母同住的「媽寶」。

我們也不認為自由派教養是萬靈藥。放任教養也許有助於培養孩子的想像力和獨立，但在某些環境中放任孩子自行其是，可能會讓他們想去嘗試酒精、毒品或其他危險的事。若缺乏父母引導，有些孩子會養成短視近利的心態，而不思考未來後果，還可能疏於努力，以致沒有受到良好教育。在競爭激烈的環境中，成績是進入大學的重要依據，懈怠的下場更加嚴重。

雖然我們著重在經濟誘因上，但教養方式的選擇也受許多更廣大的文化因素影響，它們並不自外於經濟力量，而是彼此互動，有時強化、有時抵消經濟誘因。我們還討論了宗教信仰的影響，提到虔誠的父母更重視順從的價值與遵守傳統。因此想當然耳，宗教信仰和專斷教養比較相關。篤信宗教的父母重視灌輸絕對價值，反對讓孩子發展自己的世界觀。有趣的是，隨著社會愈活躍與流動，一些信仰對宗教觀點採取更彈性的解釋。在廣泛的經濟變遷與社會轉型下，宗教信仰的傳統模式跟著式微，專斷教養因而逐漸沒落。

女孩和男孩

教養方式有另一個似乎富含文化底蘊的層面，那就是男女教養大不同。女權運動認為讓社會長期存有性別角色歧視的元凶是教養，因此，現代人普遍認為家長應該對男孩和女孩一視同仁，以免出現任何性別刻板印象。從性別角色起源的觀點來看，教養方式受到文化力量極大的影響，父母的身教也影響男孩和女孩長大從事的職業。我們的研究發現了反向通道，也就是經濟條件影響了教養的性別角色。

想想看，在一個生育率高的社會裡，家裡若沒有現代電器，持家的工作會有多繁重。在這種經濟環境下，男女自然各司其職，有自己專精的角色，和男女在就業市場平等競爭、托兒服務便利的現代社會很不一樣。在男人和女人經濟社會角色差異極大的社會，家長的教養往往是男女大不同。從這角度來看，我們在許多社會觀察到父母平等對待男孩和女孩的趨勢，並非受獨立的文化力量影響，而是反映了經濟條件的改變。

久而久之，經濟變遷和文化動力會互相影響、彼此強化。如果文化價值恆久不變，則一開始會放慢新角色榜樣的傳播。然而，一旦文化觀點出現調整，就會加速經濟變遷。舉例來說，如果父母教養孩子時，期許女孩和男孩有一模一樣的職場機會，就會支持職場反歧視法令的通過，實現男女平等的願景，並且強化這樣的教養趨勢。

反過來說，社會與經濟歧視更鞏固性別偏見的教養方式。如果女人在勞動市場受歧視，父母在女兒人力資本上的投資誘因就比較弱，因為投資報酬率很低。回到個人經驗，法布里奇歐有位朋友認識來自西撒哈拉、當時在西班牙就醫的女孩，並且暫時當了她的養母。這女孩是很優秀的學生，那位朋友表示願意支付她在西班牙的所有學費，女孩的家人很是感激，但婉拒了她的好意，因為他們認為這對女孩來說一點用處也沒有，如果是男孩，他們就會接受幫助。

總之，本書主張教養決定主要是受經濟因素影響。教養方式的經濟理論能夠分析育兒文化的長期主要趨勢和潮流、說明各國採取不同教養方式的原因，以及解釋經濟和文化力量如何共同影響教養選擇。

用經濟方法預測未來？

我們相信未來的教養方式會持續受經濟變遷影響，儘管未來充滿不確定性，但過去兩百年的經濟成長與轉型經驗，讓我們能合理預測教養的未來。我們已發現教育投資報酬率的增加和獨立報酬率的驟升，是工業化後改變教養方式的兩大要素。特別是家庭規模變小、對子女教育投資增加的趨勢，以及專斷教養的式微與威信教養的興起，都可以追溯到這些長期趨勢。

思考開發中國家的教養未來時，工業化世界影響教養轉型的趨勢，應該能在這裡發揮一樣的作用。技術進步將取代低技術勞工，並增加對高技術勞工的需求。而獨立報酬率之所以低落，一部分原因在於阻止流動的壁壘與財務限制，這兩項因素在現代全球化的經濟應該會持續失去重要性。

因此，子女人數少、重視教育的典型中產階級家庭模式，很可能會流傳到目前還在早期發展階段的國家。在生育率還處於高檔但開始快速下滑的國家，教養方式的改變會特別明顯。人口轉型是經濟發展的共通特色：每個成功發展出以知識為本的經濟體，都經歷過生育率降低的人口轉型。現今在多數發展中國家，人口轉型已經在快速進行，我們有充分的理由相信，生育率降低的趨勢會持續下去。

本書闡述的教養經濟學理論，預測家庭子女人數減少會對教養方式產生深遠的影響。少子化導致人力資本投資增加，讓工業化國家已出現的密集教養方式更加普及。想想中國的例子：一九七九年祭出一胎化政策，要求多數中國家庭只能生一個小孩，這改變了中國家庭的教養方式，使父母不得不盡全力提升獨生子女的人力資本，我們稱之為「小皇帝」效應。就算其他發展中國家沒有立法限制生育，仍很可能重演中國曾發生的事。在許多國家，低生育率還提高了女性的勞動市場參與率，最後為女孩與男孩立下不同的角色榜樣。隨著時間推移，直升機父母這種現象會從已開發國家外溢到世界各個角落。

中空化的中產階級

至於工業化國家的教養，未來將持續受經濟不平等影響。工業化社會的長期趨勢是降低不平等。在一九六〇和一九七〇年代，富裕社會的所得分配比過去兩百年任何時期都更平等，但這趨勢在過去三、四十年已經反轉。包括皮凱提在內的經濟學家推測，這趨勢會持續下去，讓世界又回到像英國維多利亞時代與美國「鍍金時代」貧富極度不均的狀態。[1]若未來真是如此，我們預料同樣的高度反差也會出現在教養方式上，將有愈來愈多的上層與中上階級更努力提升子女的實力。

影響教養選擇的不僅是不平等，還有社會流動性。[2]在社會階級已經決定、無法靠學歷改變的社會（例如前工業化時期階級分明的歐洲），看不到什麼密集教養的誘因。經濟學家邁爾斯・寇拉克（Miles Corak）指出，除非政府推出加強弱勢兒童人力資本的公共政策，否則預計未來幾年美國的跨世代薪資流動會下降。[3]但我們不認為未來社會將像前工業化世界那樣充滿階級藩籬，這些研究發現的反而是某些族群被排除在美國夢之外的風險——我們在第四章探討過其原因。富裕家庭裡的孩子由於父母逼得緊，多半比較成功。而較不富裕的家庭可能愈來愈不鼓勵孩子參與勝算不高的激烈競爭，以致最後出現社會流動性下降的現象，尤其是最低與最高階層。不過我們認為，中上階級的家庭仍會繼續拚命追求成功。

最近有個被廣泛討論的現象，叫「中產階級中空化」。[4]新科技和機器逐漸取代中級技術工作，像是銀行職員、白領工廠勞工和公共部門員工等。企業組織改變讓下層管理工作消失，而賦予上層主管更多自主空間和權力(還有更高的薪資)。[5]在所有經濟合作暨發展組織國家中,中級技術職業都比高技術和低技術的工作消失得更快。社會兩極化的現象令人擔憂,因為許多經濟學家和政治學家視中產階級共識為支撐民主順利運作的力量。中產階級瓦解將破壞社會凝聚力,一方面導致社會下層階級愈來愈不滿,另一方面也讓精英份子不願為大眾投資公共財。在教養方面,這種技術發展趨勢可能會加劇對教育機會(孩子爬上社會上層的保證)的競爭。

那麼,未來幾年的情況會「和現在類似」,也就是密集教養愈來愈普及嗎?答案是「不見得」。將來先進國家的父母會面臨一個新問題,自動化並不局限於中級技術工作,很快就會入侵今日最負盛名的專業領域。艾力克斯・威廉斯(Alex Williams)為《紐約時報》專欄撰文,討論父母該如何防範孩子未來被機器人取代。[6]如今機器已取代放射醫學和手術等許多工作,高技術醫學專業的人力需求預計將會下滑,其他工作(例如律師、機師、金融部門等)也會遇到同樣的情況。

然而,我們無須擔心這轉變會使全民失業或普遍貧困。技術需求會重新洗牌,不同工作的薪資將大幅改變。醫生將需要了解更多關於機器的複雜知識;對程式設計者、應用數學家、工程師和物理學家的需求會持續增加;頂尖律師的事業會更成功,但很可能僅限於少數幾人,而律師事務所的總收費時數會下降,因為機器將取代人力來執行例行工作;一流大學必須調整教育服務內容，尤其是文學院。

如果以上設想成真，威信型父母可能會大失所望，因為他們驚覺自己多年的努力居然得不到回報，孩子的前途並不因為拿到精英學校文憑就一片光明。「選對科系」漸漸比「進對學校」更重要。

教養落差與居住隔離

正如普特南所強調，在美國密集教養方式興起的過程中，來自不同社經背景的孩童成長環境差距愈來愈大。[7] 我們提過教養落差會變成教養陷阱，貧窮家庭沒辦法讓小孩接受良好教育，尤其某些國家的公立學校是由地方籌資，非富裕地區的學校往往資金拮据，使得中產階級家庭搬離貧窮社區，因而加劇了居住隔離。對於貧窮孩子來說，愈是隔離，愈是沒希望進入社會上層階級。更糟糕的是，家境較不富裕會弱化家庭關係，這種現象的表現之一就是「不婚」；愈來愈多人一輩子沒有成家。

在其他地方，像是南歐國家，家庭制度比較有韌性，但令人憂心的發展還是以不同的形式出現。由於二〇〇八至二〇〇九年的金融風暴，尼特族（ＮＥＥＴ，指的是不工作、不上學、不進修的年輕人）現象激增，西班牙語又簡稱為「Ni-Ni」。二〇一六年，義大利十五至二十九歲的男性人口中，有二五%既沒就業也沒就學。[8] 尼特族在希臘、保加利亞、羅馬尼亞和西班牙也都超過二〇%，他們一般來自於低收入、低學歷的家庭，長大後放棄自力更生的希望，繼續與家人同住，共用全家有限的資源。

義大利和其他許多國家一樣，婚姻人口一直在減少，但特別的是，減少主因並不是離婚，而是小孩長大後（尤其是年輕男性）繼續與父母同住。全國各地疲軟不振的勞動市場、不穩定的工作、低迷的教育品質和高居住成本，讓繼續住在家裡更有吸引力。不過，尼特族浪潮也反映許多家庭對現代的種種挑戰感到無力，還不如直接給孩子穩定的金援與美味的食物。這些父母一樣愛孩子，但認為對抗逆境沒有意義。

這種惡性循環持續滲透到下一代，貧窮家庭愈來愈少參與子女的教育，而他們的孩子長大之後，也不會提供教育機會給自己的孩子。反之，有錢的父母付出愈來愈多時間和資源幫助孩子進步。中空化的中產階級讓貧富的反差更加顯著。

時間分配與凱因斯的預言

在考慮家庭可以用來幫助孩子的資源時，金錢只是其中一個環節，另一個教養孩子的重要付出則是時間。對許多家庭來說，育兒的時間成本（以花時間陪孩子而少賺的收入來衡量）比金錢支出還要侷促。因此，我們在思考教養的未來時，一定要考慮時間的分配狀況是否會改變，而最重要的莫過於未來父母上班的時間。

在經濟發展的過程中，工時會有下降的趨勢。一天工作八小時、週末不上班、每年休假，以及退休後安養天年，這樣的人生在我們看來是理所當然，但上幾代的人連做夢都想不到。如果這些趨勢持續下去，我們可以預期工作時間會繼續減少，空出更多時間來做其他的事，例如教養孩子。

早在一九三〇年，經濟學家凱因斯就做出完全一樣的預測。[9]他指出未來一個世紀內，成長和技術變遷將讓人類能夠解決經濟問題：工作時間將大幅減少，也許變成每週十五個小時。他還預測新時代將帶來「道德法則的巨大改變」，新社會將「尊崇那些能教導（我們）如何將每時每刻過得充實而美好、能盡情享受萬物的樂觀之人。」[10]

他的預測有多少準確度呢？今日人們花在工作上的時間確實比較少，可是生活水準和工作態度則依國家與個人而有差異。[11]工作習慣預期之後還會出現重大改變。機器已經改變我們的家庭生活，像是家事勞務可由家電代勞，這技術革命的早期階段導致女性勞動參與率大增，當時工時因此提高而非下降。相較之下，如今自動化設備和其他機器直接取代了職場上的勞動服務。如果機器能讓例行工作的效率更高，我們將能得到更便宜的產品來滿足物質需求。這種自動化流程還會持續提升勞動市場的技術要求。

隨著自動化持續發展，我們預期人們會從兩方面來調整時間的使用：花更多時間在人力資本投資上面（包括讓子女受益的教養時間），以及花更多時間從事好玩的休閒活動。這兩者都符合凱因斯的預測。不過在時間利用上，休閒活動的增加趨勢遠不如教養子女明顯。

凱因斯也許太過樂觀，技術進步的力量縮減了勞動時間，不表示社會能夠將技術進步的利益與眾人分享。如果社會做不到這一點，則可能淪為一個高度競爭的世界，眾人無不費時費力想爬上社會階梯。為努力勝過別人而投入過多，最後反而無法從技術進步中獲益，經濟學家稱這種機制為「尺碼競爭」（yardstick competition）。[12]有個笑話可說明這類競爭：一隻凶惡的熊向兩位露營者跑來，其中一人趕緊把球鞋鞋帶綁好，另一人說：「你在幹什麼？你跑不過熊的！」第一個人說：「我不需要跑得比熊快，只要跑得比你快就行了！」愈來愈受歡迎的密集教養，也許就是這種社會低效率體制的產物之一。

縮小不平等與教養落差的政策

總而言之，我們絕對有理由擔心在不遠的未來，廣大的經濟趨勢很可能讓來自不同背景的孩子落差更大，加劇社會不平等，進而限制社會流動。不過這些後果並非不可避免。就如我們在全書不斷強調的，儘管社會的經濟條件是決定父母做法的重要因素，但政府政策也很重要。我們看到同樣富裕的國家在教養上出現極大差異，像美國、德國和瑞典都受到類似的經濟和技術變遷力量影響，但他們的機構組織和社會與教育政策卻截然不同。

從這角度來思考，可以把高度不平等和低度社會流動的趨勢視為對立法者的考驗，他們需透過更新制度與政策，迎合經濟變遷帶來的挑戰。在此澄清一點，身為經濟學家，我們並不相信對抗不平等是最終目的。有些不平等是有益的，因為能為企業家和創新者提供誘因；而在重視個人自由的社會裡，每個人的所得不一樣是可被接受的。不過談到教養，我們有理由相信順其自然並非上策，需要政府某種程度的介入。

我們支持政府介入的第一個原因具有哲學意義，雖然個人自由是現代自由民主的基石，但機會均等也很重要。孩子無法選擇出生在怎樣的家庭或社會，如果不同背景家庭提供給小孩的機會差距愈來愈大，則需要政府介入來創造公平的環境。確實，今日許多計畫和政策（從公共教育到兒童健保等）已經證明其合理性。

第二個需要介入的原因，和經濟學家主張政府在其他領域也必須介入的看法相呼應，那就是外部成本的可能性。商業外部成本常見的例子是汙染。如果某工廠的汙染影響到當地居民的健康和福利，順其自然絕不是最佳解決方案；要透過立法規範或創造汙染排放權的交易市場，強制工廠承擔其所有汙染的代價。外部成本也可能因「公地問題」而產生，例如許多漁船在同一海域捕魚，每艘船都消耗魚類資源，因而對他人造成負面影響。

同樣，如果有人為障礙限制了某些孩子的機會，負面外部成本也可能出現在教養中。讓我們回到尺碼競爭的討論。如果只有從少數精英大學畢業的人，才有機會爬到社會中最有利益與影響力的地位，而進入這些大學的唯一方式是通過某項測驗，那麼父母就有誘因敦促孩子全力準備測驗，好擊敗其他競爭對手。可是，不管父母逼得多緊、孩子多努力用功，錄取名額都不會增加。因此，即使勤奮苦練能讓個人進步，但從社會的角度來看可能是浪費精力。在這種情況下，政策介入有其道理，例如可以增設提供高品質教育的大學，並且增加入學管道。

我們討論過許多國家都有這種激烈的入學競爭，並了解它如何折騰中產階級家庭，讓父母與子女筋疲力盡，無暇享受共處時光。在美國，期望子女成功的父母不僅得擔心成績和考試，還要兼顧課外表現（像是志工服務、創業精神、音樂或體育成就），這樣才能把小孩送進最頂尖的大學。

這些家庭外部成本的例子，說穿了都是肇因於制度特色，像是教育系統和錄取政策的設計等，這些都能夠由立法者控制。公共政策也能影響不平等，例如透過累進稅制、轉移及養老金系統內的重新分配。

我們在本書一再主張，教養選擇是人一生中所做的最大決定，也是改善社會不平等的重要因素。因此我們相信，在討論這方面的稅賦、重新分配和教育政策時，應該要考量會對教養產生什麼影響。許多關於不平等和社會流動令人擔憂的趨勢，可望透過慎選政策來抵消甚至反轉。

最重要的政策領域是教育。一個從小就決定孩子經濟未來的教育系統，將會引發家庭間的「教養戰爭」，家長爭相要給子女最佳成功機會。反之，一個強調公平入學、淡化早期競爭的教育系統，則讓父母和子女有放鬆的餘地。我們比較富裕國家的教育系統與教養方式，見到不同的教育系統分別造成不同的教養方式與社會不平等程度。若經濟力量加劇不平等，立法者可以調整教育系統，減緩學生擠入升學窄門的競爭。

其他家庭政策也很重要。貧窮家庭財務資源缺乏和時間不足（例如需要工作的單親），無法提供像富裕家庭一樣的機會給孩子。諾貝爾獎得主赫克曼近期所做的經濟研究證實，對小孩早期（出生至四歲）的投資尤其重要。像是提供優質托嬰服務、產假福利和及早介入等政策有很大的作用，能緩和家庭間所得不均對孩子未來的衝擊。赫克曼等人的研究顯示，對弱勢孩童及早介入能拉近未來成就落差、改善健康、減少犯罪，並且有效增加收入。[13]

結論

許多政策都能有效反轉令人憂心的不平等趨勢，因此我們能做出樂觀的結論。眼前顯然有諸多挑戰，但我們有充分理由相信能夠去克服。我們的信心來自於對長期經濟發展的觀察，教養方式往往愈變愈好。但也許並非在每時每地都是如此，包括美國在內的國家，許多父母無疑感覺教養孩子比幾十年前更棘手、更有壓力。不過即使只看我們的時代，也有其他我們樂見的趨勢。當然，孩子應該慶幸專斷教養和體罰已轉變成給予更多獨立性的教養方式。對父母來說，更密切關注孩子也許會有壓力，但也可以是一種獎勵。

由於兩性育兒分工趨於平等，像我們這樣的爸爸因而能和小孩建立起更親密的關係，這是我們的父輩與祖父輩做不到的。當上爸爸是一生最快樂的事，如果可以選擇，我們仍喜歡留在這時代當個「緊張」爸爸、而不偏好古早時代的教養方式。若社會能根據本書列出的教養經濟基礎，做出符合經濟趨勢的政策選擇，我們就可以樂觀的預期，未來的父母會和我們一樣幸運。

金錢如何影響愛與教養？：貧富不均下的育兒經濟學／馬蒂亞斯．德普克（Matthias Doepke）, 法布里奇歐．茲里波提（Fabrizio Zilibotti）著；吳凱琳, 劉復苓譯 -- 第一版 -- 臺北市：親子天下，2021.05
400 面；14.8×21 公分 --（家庭與生活；70）
譯　自：Love, money, and parenting: how economics explains the way we raise our Kids.
ISBN　978-626-305-013-6（平裝）

1. 家庭教育　2. 教育經濟學

520.1855　　110007079

家庭與生活 070

金錢如何影響愛與教養？

貧富不均下的育兒經濟學

Love, Money, and Parenting:
How Economics Explains the Way We Raise Our Kids

作者／馬蒂亞斯・德普克（Matthias Doepke）
法布里奇歐・茲里波提（Fabrizio Zilibotti）
譯者／吳凱琳、劉復苓

責任編輯／楊逸竹、陳子揚（特約）
文字校對／魏秋綢
封面設計／ Bianco Tsai
內頁設計／連紫吟、曹任華
行銷企劃／蔡晨欣

發行人／殷允芃
創辦人兼執行長／何琦瑜
總編輯／陳雅慧
總監／李佩芬
副總監／陳珮雯
特約副總監／盧宜穗
資深編輯／陳瑩慈
資深企劃編輯／楊逸竹
企劃編輯／林胤孝、蔡川惠
版權專員／何晨瑋、黃微真

出版者／親子天下股份有限公司
地址／台北市 104 建國北路一段 96 號 4 樓
電話／（02）2509-2800　傳真／（02）2509-2462
網址／ www.parenting.com.tw
讀者服務專線／（02）2662-0332　週一～週五 09:00~17:30
讀者服務傳真／（02）2662-6048
客服信箱｜ bill@cw.com.tw
法律顧問／台英國際商務法律事務所・羅明通律師

製版印刷／中原造像股份有限公司
總經銷／大和圖書有限公司 電話：（02）8990-2588
出版日期／ 2021 年 5 月第一版第一次印行
定　價／ 500 元
書　號／ BKEEF070P
ISBN ／ 978-626-305-013-6（平裝）

訂購服務：
親子天下 Shopping ／ shopping.parenting.com.tw
海外・大量訂購／ parenting@cw.com.tw
書香花園／台北市建國北路二段 6 巷 11 號 電話（02）2506-1635
劃撥帳號／ 50331356 親子天下股份有限公司